品三国演义，学知识产权

智财三国

董新蕊◎著

知识产权出版社
全国百佳图书出版单位

图书在版编目（CIP）数据

智财三国/董新蕊著. —北京：知识产权出版社，2019.1

ISBN 978 – 7 – 5130 – 5934 – 3

Ⅰ.①智… Ⅱ.①董… Ⅲ.①《三国演义》—应用—知识产权—研究—中国

Ⅳ.①D923.404

中国版本图书馆 CIP 数据核字（2018）第 239777 号

内容提要

本书结合我国古典四大名著之一《三国演义》，将三国的争斗比喻成企业之间的竞争，运用现代管理学知识，将三国竞争比喻成三个公司成功上市的故事，用诙谐、幽默、充满知识产权科普的语言描写出来，在寓教于乐的同时，能使读者学到企业管理中的新思路、新做法和新观点。

责任编辑：王瑞璞	责任校对：潘凤越
封面设计：张　冀	责任印制：刘译文

智财三国

品三国演义，学知识产权

董新蕊　著

出版发行：知识产权出版社 有限责任公司	网　　址：http：//www.ipph.cn
社　　址：北京市海淀区气象路 50 号院	邮　　编：100081
责编电话：010 – 82000860 转 8116	责编邮箱：wangruipu@cnipr.com
发行电话：010 – 82000860 转 8101/8102	发行传真：010 – 82000893/82005070/82000270
印　　刷：北京嘉恒彩色印刷有限责任公司	经　　销：各大网上书店、新华书店及相关专业书店
开　　本：720mm × 1000mm　1/16	印　　张：18.75
版　　次：2019 年 1 月第 1 版	印　　次：2019 年 1 月第 1 次印刷
字　　数：310 千字	定　　价：68.00 元

ISBN 978-7-5130-5934-3

特别鸣谢

益都慧（北京）咨询有限公司

北京青州企业商会

深圳邦益基金管理有限公司

石　坚	王晓民	董润泽	杨柳行	李　璞
杨云春	郭美玲	刘玉琳	刘世平	杨春发
赵经纬	马志磊	马新刚	张　凡	田　超
李　军	刘启诚	兰顺明	赵同州	朱宪民
朱振宇	谭　凯	崔　磊	毛　昊	马天旗
马秀山	贾振勇	税亚东	王朋飞	周　鹏
季　节	朱顺军	时良艳	郭　锋	王晋刚
严　欢	吕德军	杨　熙	夏淑萍	梁心新
刘　洋	王昱阳	王昱程	彭　锐	刘景逸
谢　明	王　一	张方元	胡文彬	刘云鹏
曹建飞	郑知方	陈民刚	张晓霖	徐　珂
李德堂				

插图：杨　琳

看过各种角度的品三国，从知识产权角度品三国还是第一次。在知识产权越来越重要的今天，本书生动、详细地讲述知识产权的策略应用，值得一看。

罗军——途家及斯维登集团联合创始人兼 CEO

《智财三国》用历史的视角、实用的工具和大量鲜活的案例解读知识产权，是一本中国企业家和创业者值得一看的好书。

邢志清——格局商学总设计、创始院长

三国时，曹孟德依靠青州兵鼎分天下；看当今，为青州老乡新蕊的新书点赞。

丁法剑——青州市副市长

《智财三国》一书自带管理信息和逻辑思维，不装系统随时插拔，知识产权随时得到。

罗振宇——得到 APP 创始人

每个人都有解读历史的权利，本书从创新和知识产权的角度解读三国，本身就是一种很好的创新。

王忠民——原全国社保基金理事会副理事长、西北大学校长

三国是智慧的源泉、财富的源泉、营销的源泉。看完本书，你能够成为一个拥有创新思维和经营头脑的文化人。

申晨——熊猫传媒集团董事长、新媒体营销专家

曹操煮酒论英雄，关公温酒斩华雄。知识产权遇上三国，真是一壶浊酒喜相逢！

汲英民——云门春酒业公司董事长

品三国，学知产（自序）

三国时代，正值东汉土崩瓦解之时，汉室倾颓，四海分崩，这时候就有很多人看到了机会，因为历来都是时势造英雄，凡成大事必定得借助大的时代潮流。而三国时代无疑正是一个"大众创业"的黄金时代，于是各路英雄辈出，各显神通，金戈铁马踏遍华夏大地。当时光的列车驶入了 21 世纪，当年三国古战场上的腥风血雨和兵戎相向虽早已万象更新，但在同样激烈的知识产权战场，却仍到处都能闻见激烈悲壮的火药气息，大家都在玩命地诉讼、玩命地炒作、玩命地打价格战、玩命地扩军兼并，在貌似平和的现代商场上，同样漫布无止境的硝烟和兵戈。

现代知识产权制度起源于西方，然而其中很多的基本哲理都与中国思想文化有不谋而合的地方。随着国家对知识产权重视程度的逐步加码，通过一本耳熟能详的经典名著来普及、解析晦涩的知识产权问题，使得学习、体会、理解、运用知识产权理论与运营模式变得简单可行，从而易于在社会大众中普及知识产权常识，我认为是很有必要的。

四大名著之一的《三国演义》，将高度的文学性与精辟的兵法战略、管理战略思想以及宏大的历史感观熔为一炉，较为深刻地揭露了三国对峙局面的形成和演化轨迹下的必然性根源，对于企业的战略管理、知识产权战略和专利运营有着很高的参考价值。通过结合现代管理学知识，解读三国中的人物故事，挖掘我国传统文化中蕴涵的知识产权管理理念，知古而鉴今，将这些管理理念充分运用到知识产权的创造、运用、保护、管理和服务中来，必将对以后的知识产权研究带来新的思考方式，也会对企业的知识产权运用带来一定的价值。

我在撰写本书的过程中，对于《三国演义》这样一个大家耳熟能详、烂熟于心的题材，试图做到趣味性与实用性并存：一是尝试着从知识产权角度解读、揭秘一些三国故事，让知识产权穿越到几千年前的三国时代，令二者擦出智慧的火花；二是尝试着在讲故事的同时，将企业在管理和运营过程中遇到的知识产权相关问题进行归纳梳理，借助三国故事对知识产权进行答疑解惑，寓教于乐。

三国里，诸葛亮、刘备、曹操、孙权、司马懿、周瑜……这些人的智慧和故事，早已如恒星般嵌入了历史的长空，我只愿这些人的智慧和处世之道能够照亮当今知识产权从业者的智慧之灯；空城计、美人计、苦肉计、连环计、智借东风、七擒七纵……这些计谋穿透时空的尘埃熠熠生辉，我只想这些闪耀光芒的智慧能够成为企业知识产权经营的财产。

本书作为我的专利著作三部曲《专利三十六计》《专利分析运用实务》《智财三国》的收官之作，不求本书"具备突出的实质性特点和显著的进步"，只求本书"能够产生积极有效的效果"，通过挖掘故事背后的故事，普及知识产权文化，并能指导企业如何创造、运用、管理、保护自己的知识产权。

本书不光是一本讲三国、讲创业、讲知识产权的故事书，更是一本以企业知识产权为主线，指导企业进行知识产权智慧和知识产权财产管理的工具书，适合广大中小企业管理者、知识产权从业者、高校和科研院所科研人员、政府科技工作人员、大学师生和对知识产权感兴趣的广大读者阅读。借用一首《南乡子》的词来说，正是：

若要谈神州，三国故事说不够。千古兴亡多少事，悠悠。不尽长江滚滚流。

创业万般难，资金门槛垄断流。中小企业咋发展？专利。智财三国为您谋。

由于作者水平有限，时间紧迫，难免文辞粗浅，揣摩不精，望读者不吝指教。

董新蕊

2016 年 10 月 10 日于北京

前言：古今多少知识事，都付产权笑谈中

有一秀才司马貌，酒醉后骂老天之不公，又道："我若作阎王，世事皆更正。"于是，玉帝命其暂代阎王，审理最难的汉高祖冤杀功臣案。

司马貌分别听取了韩信、彭越、英布、项羽、刘邦等人的申诉后，叫判官将名册拿来，一一发落，各去投胎出世，主要安排如下：韩信托生为曹操，挟天子以令诸侯；英布投胎为孙权，享有一国之富贵；彭越投胎为刘备，后为蜀帝，与曹操、孙权三分鼎足；刘邦投胎为汉献帝，一生被曹操欺侮；蒯通托生为诸葛亮，做刘备军师，共立江山；项羽投胎为关羽……恩将恩报，仇将仇报，分毫不错。

阎王将其整理成奏折呈奏玉帝，玉帝赞道："三百余年冤案，亏他六个时辰断明，真乃天下奇才也。司马貌有经天纬地之才，来生仍托生于司马之家，为司马懿，一生出将入相，传位子孙，吞并三国，国号曰晋。"①

三月三王母寿辰蟠桃会后，玉帝休朝月余。这天正是 4 月 26 日，玉帝择良辰吉日开朝，端坐凌霄殿上，文武百官立于殿下。

玉帝："众卿上殿，有何本奏？"

文曲星出列，说："三国之后，曹操、刘备、孙权尘缘已了，可仙缘未了。半年之后②，世间有个东西叫知识产权，也叫智慧财产，简称 IP，正是归臣主管。知识产权这个东西，从西方极乐世界传来，广义上可细分为发明专利、实用新型专利、外观设计专利、商标、品牌、著作权、商业秘密、地理标志、集成电路布图设计等多种类别，中华大地届时将会根据社会发展的需要，大力建设知识产权强国。"

玉帝略显急躁，问："拣重要的说，曹操、刘备、孙权三人如何安排

---

① 源自《喻世明言》中第三十一卷《闹阴司司马貌断狱》。

② 俗语常说"天上一天，人间一年"，天上半年之后实际上是指 1800 年之后。

投胎?"

文曲星道："陛下莫急，早有安排！三人各有所长，各有所辖，在建设知识产权强国的路上均可发挥出自己的特长。曹操，挟天子以令诸侯颇有经验，可派他司职专利，专利尤其是标准必要专利，跟'挟天子以令诸侯'一样能号令产业界，且NPE[①]是产业界的一大顽疾，相信曹操凭借自己丰富的经验能够合理引导利用这些NPE。刘备，通过'皇叔'的商标和'仁义'的品牌起家创业成功，可令其司职商标，希望刘备能利用自己丰富的傍名牌经验管理好商标中'傍名牌'等侵权问题。孙权成功传承父兄基业后坐稳江东，可令其司职知识产权中最具传承性的著作权。"

太白金星接话说："启禀玉帝，半年之后，中华大地流行'大众创业、万众创新'，还可从公司创业的角度谋划构思，着曹、刘、孙三人根据各自的特点分别掌管三种类型的企业：曹操可掌管垄断型的国有企业——曹魏公司，刘备可掌管率先实行股份制的民营企业——刘备公司，孙权掌管传承成功的家族企业——孙吴公司，三家公司各有千秋，最终都在A股成功上市。"

财神爷出列，道："天下熙熙，皆为利来；天下攘攘，皆为利往。智财之用，或创造，或运用，或管理，或保护，或服务，或运营。废居善积，依市皆赢，须重视运营，才能盈者赢也。"

玉帝道："准奏！要加强知识产权运营，尤其是要加强与科技密切相关的专利的运营力度。"

文曲星接着说："学三国而时习之，不亦乐乎？通过《智财三国》，让21世纪的企业家学以广才，共建知识产权强国。譬如，可跟诸葛亮学发明家思路和智财智慧，跟曹操学知识产权运筹，跟刘备学知识产权管理，跟孙权学知识产权传承，跟司马懿学品牌定位、无形资产管理、知识产权联盟发展、非遗的知识产权保护……智者见智，不一而足。"

玉帝："准奏！并将今天——4月26日列为世界知识产权日，着太白金星下宣《知识产权强国战略》！同时，组建国家知识产权局，对专利、商标、地

---

① NPE 即非专利实施实体（Non - Practicing Entities），指拥有专利但直接使用其拥有专利技术产品或提供服务的公司或机构。

理标志进行统一管理；国家知识产权局归市场监督管理总局主管，以完善知识产权执法力度，把违法成本提上去，更好地鼓励创新！众卿平身，且看歌舞表演。"

此时，音乐缓缓放起，嫦娥身着戎装，英姿飒爽地献上歌舞《临江仙》：

滚滚长江东逝水，浪花淘尽英雄。

是非成败转头空。

青山依旧在，几度夕阳红。

白发渔樵江渚上，惯看秋月春风。

一壶浊酒喜相逢。

古今多少知识事，都付产权笑谈中。

目　录

1

参考文献

青梅煮酒论英雄，

谋臣武将各不同。

欲识知产真智慧，

还须梦回三国中。

第一回 企业如何申请专利——
发明家诸葛亮

　　企业作出发明创造并决定申请专利后，首先应就其获得专利权的可能性进行评估。《专利法》明确了一些不能授予专利权的主题，第 5 条规定：对违反国家法律、社会公德或者妨害公共利益的发明创造，不授予专利权。第 25 条规定：科学发现、智力活动的规则和方法、疾病的诊断和治疗方法、动植物品种、用原子核变换方法获得的物质等，不授予专利权。第 22 条规定：授予专利权的发明和实用新型，应当具备新颖性、创造性和实用性。

　　对于诸葛亮的科技才能，陈寿的《三国志·蜀书·诸葛亮传》是这样记载的："（诸葛）亮性长于巧思，损益连弩，木牛流马，皆出其意"，"整理戎旅，工械技巧，物究其极，科教严明"。可见，诸葛亮的发明思想、发明水平和发明规范在史学家眼中的地位是极高的。经考证，诸葛亮一生有 21 项发明创造记录在册，其中，军事领域 14 项：诸葛连弩、八阵图、火兽、搭桥枪、铁蒺藜、孔明灯、木牛流马、蒲元神刀、五折刚铠、云梯、冲车、诸葛鼓、诸葛筒袖铠、诸葛竹枪；休闲娱乐领域 3 项：孔明棋、孔明锁、诸葛环；生产生活领域 4 项：

诸葛锦、都江堰水位标尺、诸葛馒头、诸葛菜。

上述 21 项发明创造中，智力开发和娱乐方面 3 项（孔明棋、孔明锁、诸葛环）由于属于智力活动的规则和方法，不符合《专利法》第 25 条规定，不能授予专利权；火兽由于只为了对付藤甲兵，不具备可重复实施性，从而不具备实用性，故不符合《专利法》第 22 条第 4 款，不能授予专利权；其余的 17 项发明创造如果申请专利的话均能授予专利权，而且像都江堰水位标尺一样的发明创造在近 1800 年后的今天仍在使用！

在专利制度诞生以后，诸如瓦特、诺贝尔、爱迪生、特斯拉等近现代的著名发明家，都对自己的发明创造申请专利以获得专利权，并借此依托于对专利技术的垄断权来获利。而无论在哪个国家和地区申请专利，获得专利权的技术方案必须具备新颖性、创造性和实用性。下文中，通过探讨诸葛亮的发明创造的"三性"[1]，来教给企业如何辨析自己的发明创造是否具有"三性"。

一、从实用性角度看诸葛亮的发明

根据《专利法》的规定，实用性指的是该技术方案可以用在实际的生产、服务过程中，并且不是一次性的，可以重复性、可复制地应用。实用性重点在"可用"和"重复"两词：如果属于不能用的天方夜谭，技术方案再好，那也是没有实际意义的；而对于一些只能一次性使用的技术方案，用法律进行保护也是没有任何实际意义的。

1. 能够制造或者使用

作为发明或者实用新型的技术方案，应当是可以实施的，即如果该发明的

---

[1] 根据《专利法》第 22 条的规定，被授权的专利应该具备新颖性、创造性和实用性，在专利行业我们简称为"三性"。

新颖性，是指该发明或者实用新型不属于现有技术；也没有任何单位或者个人就同样的发明或者实用新型在申请日以前向国务院专利行政部门提出过申请，并记载在申请日以后公布的专利申请文件或者公告的专利文件中。

创造性，是指与现有技术相比，该发明具有突出的实质性特点和显著的进步，该实用新型具有实质性特点和进步。

实用性，是指该发明或者实用新型能够制造或者使用，并且能够产生积极效果。

目的是制造一种产品，那么这一产品就必须能够按照发明的技术方案制造出来；如果发明是一种工艺方法，则这种工艺方法应当可以在工业生产中使用。

诸葛亮的发明创造都能经世致用，没有把精力放在超越实用主义价值的基础科学研究方面，而是注重科技发展的实用性，选择研究应用性强的科技为国计民生服务，重点关注兵学、天文学、建筑学、农学，主张保护和兴修水利设施，发展农业。诸葛亮发明八阵图、连弩、木牛流马、精钢铠甲等，都是能够在实战中应用，并且立下盖世奇功的；关注民生，发明牛羊肉为馅的馒头（包子）来替代活人头颅进行祭祀；为了提高军士的食欲，发明诸葛菜，不但符合以人为本的原则，还开创了一种美食，为后世的蜀国后代开拓了一份足以谋生的产业——四川火锅！据互联网统计大数据显示，在重庆，每30个人里就有1个人从事火锅相关的行业。

2. 能够产生积极的效果

发明同现有技术相比，其所产生的经济、技术和社会的效果应当是积极和有益的。明显无益、脱离社会需要、严重污染环境、严重浪费能源资源、损害人身健康的发明或者实用新型不具备实用性。

首先，诸葛亮利用科学技术的首要目的，是为其"兴复汉室"的伟大抱负服务。"兴复汉室"是诸葛亮政治思想的核心，也是蜀汉建国的政治纲领，更是诸葛亮为之奋斗终生的政治理想，与其抱负相关的发明创造必然也应当具备积极和有益的社会效果。为了北伐强大的曹魏，弥补蜀国国小兵少的缺陷，诸葛亮利用科学技术，加强军事装备建设，来提高蜀军的战斗力。比如，他发明或改良了坚守阵地设伏破敌的八卦阵、一次连发十支八寸铁箭利于提高战斗力的元戎、宜于山地运输的木牛流马和减少人员伤亡的五折钢铠、筒袖铠等。

其次，诸葛亮能够利用科学技术为蜀国"内修政理"、开辟财源，服务社会发展。后主刘禅继位，作为托孤大臣的诸葛亮开丞相府治事以后，重点实施"内修政理"的既定方针。他通过选贤任能、制定法规、屯田垦荒、重视蜀锦、盐铁官营等措施，加强蜀汉政权的自身建设，收到了良好的效果。同时，诸葛亮利用科学技术为少数民族服务。例如，四川南中等少数民族地区土地广袤，物产丰富，但生产水平低下，经济文化落后。为了改变这种状况，诸葛亮积极推广汉族地区先进的农业生产技术和生产方法。他命人教少数民族人民使用牛耕，以取代原始的刀耕火种，使夷越诸族逐渐掌握了利用铁制农具进行生产的技术；发明"诸葛锦"，把织锦的方法传授给云贵地区的少数民族。这些发明和技术促进了蜀国南中部等少数民族地区经济的开发，加强了边远地区同内地的联系，有利于少数民族地区经济的发展。

3. 必须具有再现性

发明或者实用新型作为一种技术方案应当可以重复实现。即所属技术领域的技术人员，根据公开的技术内容，能够重复实施专利申请中为达到其目的所采用的技术方案。如果是一种产品，应当可以重复制造出来；如果是一种方法，则应当可以反复使用。

以木牛流马为例，其能够重复使用是毋庸置疑的。首先，能够生产一千多个木牛流马自然是具有可再现性的；其次，司马懿还会对其进行逆向工程仿制，更加证明木牛流马的技术的可再现性。

过了数日，木牛流马皆造完备，宛然如活者一般；上山下岭，各尽其便。众军见之，无不欣喜。孔明令右将军高翔，引一千兵驾着木牛流马，自剑阁直抵祁山大寨，往来搬运粮草，供给蜀兵之用。""司马懿看了，果然进退如活的一般，乃大喜曰：'汝会用此法，难道我不会用！'便令巧匠百余人，当面拆开，分付依其尺寸长短厚薄之法，一样制造木牛流马。不消半月，造成二千余只，与孔明所造者一般法则，亦能奔走。遂令镇远将军岑威，引一千军驱驾木牛流马，去陇西搬运粮草，往来不绝。魏营军将，无不欢喜。

二、从新颖性角度看诸葛亮的发明

根据《专利法》的规定，新颖性即被授权的技术方案或者外观设计与已经公开的技术方案与外观设计不相同、不近似。新颖性的重点在一个"新"字，即为新的东西，不是现在已经被大家知道的东西。

诸葛亮改革后的连弩称为损益连弩，也叫元戎（"戎"即兵器，"元"乃第一，"元戎"就是天字第一号的兵器）。经过现代科学测定，"连发十箭""箭长八寸"这两个实质性的数据是非常科学的，在当时是绝无仅有的，是具备绝对新颖性的。首先，公元3世纪的诸葛亮已经想出了类似于现代枪械的弹仓技术——"诸葛弩"的弩臂上加有一个可以装填十支短箭的箭匣，这就实现了单弩的连续射击，解决了弓箭不能连发的问题，从而加大了杀伤力。[①] 其次，"诸葛弩"运用了新式弩机并提升了瞄准器，提高了射击力度和精度，也降低了使用者的入门难度。借助于诸葛弩的威力，勇冠三军善使流星锤的王双、经过几十年沙场历练的曾经率军攻破街亭的张颌，都被蜀军用诸葛弩射死。

诸葛亮为了改进冷兵器时代的信息传播途径，发明了孔明灯。孔明灯又叫天灯，取材方便，制作简单，是根据热空气比重轻的原理发明的。在冷兵器时代战地通信基本上靠吼的时候，司令部怎么把指挥命令神不知鬼不觉地传递出去，就成为一个重大的科研命题。诸葛亮于是发明出了孔明灯——一种"天灯传信"术。我们可以想象：在公元3世纪的蜀汉军队里，可能有一套类似于现代电信密码的通信技术，而这种通信技术得以实现的载体则是夜晚天空中飘来的"天灯"，而根据天灯形制的不同，其承载的信息可能也不一样，军队内部事先规定与精心设置的密码结合之后，就形成了一支军队的通信指挥系统。据《三国志》记载，当年诸葛亮被司马懿围困于阳平，无法派兵出城求救，诸葛亮正是依靠孔明灯发出求救的信息才顺利脱险。

诸葛亮平定南蛮叛乱，班师回朝渡泸水祭祀时，为了避免杀戮，他命令士兵杀牛宰羊，将牛羊肉剁成肉酱，拌成肉馅，在外面包上面皮，并做成人头模样，入笼屉蒸熟。这种祭品被称作"馒首"。诸葛亮将这肉与面粉做的馒首拿到泸水边，亲自摆在供桌上，拜祭一番，然后一个个丢进泸水。受祭后的泸水顿时云开雾散，风平浪静，大军顺顺当当地渡了过去。从此以后，人们经常用馒首作供品进行各种祭祀。由于"首"与"头"同义，后来就把"馒首"称作"馒头"。馒头作了供品祭祀后被食用，人们从中得到启示，以馒头为食品。[②]

作为一个超级军事科技控，诸葛亮还有很多项具备新颖性的发明。比如"扎马钉"，又名"铁蒺藜"，让敌人骑兵不敢随意放马驰骋，是克制北方曹魏

---

① 1851年，比利时工程师加特林发明了世界上第一挺机枪。这种武器在两次世界大战中发挥了决定性作用，彻底颠覆了冷兵器时代集团冲锋的传统。而无论是连弩还是机枪，其中最重要的一环就是连发。

② 诸葛亮的这个做法与现代人们在祭拜祖先时，用网上祭奠、鲜花祭奠、植树祭奠等健康文明形式来代替填坟、烧纸之类的旧习俗一样，既尊重传统民俗又符合时代要求，与时俱进。

骑兵的良器。此外，诸葛亮还改进发明了一种新式锻造技术——多重淬火得到马氏体的工艺，按其法打造的三千口"蒲元神刀"锋利无比，据说可以轻而易举地把填满铁珠的竹筒一刀两断。而为了有效保护蜀汉士兵的身体，诸葛亮还发明了一种极其坚韧牢固的"诸葛铠"——五折刚铠，据说"二十五石弩射之不能入"。

更令人叹服的是，诸葛亮还是个美食发明家。我们现在常吃的四川麻辣火锅，据说也是诸葛亮当年为增强蜀军体质而发明的养生军饭——"诸葛菜"。南征孟获时，由于瘴气太重，军士水土不服、食欲不佳，诸葛亮想起了当年刘备三顾茅庐的隆冬之际，自己与朋友一起把酒论英雄时吃的"伙锅"（由于底部用炭火加热，又称"火锅"），他把"火锅"作为士兵们的伙食，并且在锅中添加白蔻、丁香、桂皮暖胃消食，添加辣子、花椒祛湿杀虫，添加白芷抗菌杀菌。现代医学研究后证明：（1）白蔻、丁香、桂皮具有良好的芳香健胃作用，《本草纲目》中亦有白蔻治气滞、除疟疾和桂皮散风寒、通血脉的论述；（2）辣子、花椒则能温中散寒除湿杀虫，可治心腹冷痛、风寒湿痹、泄泻、痢疾、疝痛、蛔虫病、蛲虫病、疥疮等疾病；（3）川白芷对大肠杆菌、痢疾杆菌、伤寒杆菌、霍乱弧菌则有一定的抑制作用，具有祛风、燥湿、消肿、止痛的功效。药食同工，士兵们每次吃出一身大汗，五脏功能尽调，精神分外抖擞，战斗力倍增，帮助诸葛亮成功地实现了南抚夷越的政治方略。

这种麻辣风味的火锅流传至今，就成了闻名天下的四川火锅。不过有人有疑问：辣椒直到明朝末年才从南美洲传到中国，辣味如何解决？其实，在秦汉三国时期的云桂滇黔一带，食物中的辣味主要源自辣子树的根茎。其树的根十分辛辣，晒干磨粉后，是辣椒引入之前的时期各种辛辣食物的主要添加剂之一，那时候叫作香辛料。如果诸葛亮穿越回当代并申请火锅专利的话，那么每一个"麻辣火锅控"每享用一次火锅美食都应该向诸葛亮交一份专利使用费；即使不交专利费，我们每次在吃火锅的时候也应向它的发明人致以崇高的敬意吧？

三、从创造性角度看诸葛亮的发明

根据《专利法》的规定，创造性是发明和实用新型专利授权的实质性条件之一，指的是发明或者实用新型的技术方案相比现有的技术具有一定的实质性特点和进步。简而言之，创造性就是要比现有技术先进，或者有其他的特点并且不能落后。判断一项申请专利的发明是否符合创造性的标准，是该项发明是否具有"突出的实质性特点"和"显著的进步"。所谓"突出的实质性特点"，是指发明与现有技术相比具有明显的本质区别，对于发明所属技术领域的普通技术人员来说是非显而易见的，他不能直接从现有技术中得出构成该发明全部必要的技术特征，也不能通过逻辑分析、推理或者试验而得到。如果通过以上方式就能得到该发明，则该发明就不具备突出的实质性特点。所谓"显著的进步"，是指从发明的技术效果上看，与现有技术相比具有长足的进步。

（1）在军队的阵法方面，诸葛亮在继承的基础上，经过创新，形成了著名的"八卦阵"，通俗点可以称为"一种排兵布阵的方法"。诸葛亮八卦阵中，加上了偏箱车、鹿角车营，包括兵力区分、地域配置、奇正运用、分合变化、金鼓旗麾制度等项目，涉及步、弩、骑、车，组成一个复杂的系统。其基本特点是阵形的不断变化和运动，可以根据地形、敌情灵活移动，攻防兼备，能够取得意料不到的技术效果，能够以一当十。[①]

（2）在后勤装备方面，诸葛亮注意改良交通运输，制作了木牛流马。诸葛亮北伐中原六出祁山，由于蜀魏双方的兵力比是 1∶9，蜀军在兵力上严重落后，因此选择的进军通道正是不利于曹魏骑兵大兵团作战的秦陇山地，但山道崎岖粮食补给跟不上，更何况蜀道难于上青天，怎么把粮食从四川运到甘陕前线就成为天大的问题。于是类似运输专列的"木牛流马"就浩浩荡荡地出现在了将近 1800 年前的蜀军粮道上。这种巧妙利用机械原理的军事运输车不但可以大大节省军粮运输的人力和畜力，同时还可通过隐形机关"牛舌"作为技术秘密来为车辆上保险，一旦扭动牛舌，引动牛腹内的机关，内部机械立即锁闭，运输车便可停止工作。敌人即使剖开牛腹进行反向工程，也难以完全复制这种木牛流马。

"三个臭皮匠，顶个诸葛亮。"从创造性的角度上讲，这句俗语是错误的，

---

① 在现代化大兵团作战中，通过电子信息指挥平台，陆、海、空三个军种配合，飞机、舰艇、坦克、远程导弹及火炮等常规武器综合使用，可以说也是"八卦阵"的一种变体。

因为对于具有突出创造能力的诸葛亮而言，其发明创造对于发明所属技术领域的普通技术人员来说都是非显而易见的，且涉及上天入地多个技术领域。我们有理由相信，除了修鞋领域之外的其余技术领域，一万个皮匠都未必能够顶个诸葛亮！在专利创造性的判断中，甚至有个专有名词"事后诸葛亮"（hindsight），用来形容审查员和法官在对专利创造性评价时遭遇的障碍，每个知识产权法官和专利审查员都不可能完全地摆脱其影响，因此曾被美国联邦巡回上诉法院称为专利审查中的"幽灵"。

对于诸葛亮的科技发明，西晋人袁准称赞说："（诸葛）亮之治蜀，田畴辟，仓廪实，器械利，蓄积饶，朝会不华，路无醉人。"评价是准确的，是令人信服的！诗人杜甫更是评价说："诸葛大名垂宇宙！"

四、企业对发明创造保护方式的决策

在诸葛亮的发明创造中，诸如八卦阵的布置、木牛流马的机关、火锅的底料配方等用商业秘密保护比用专利保护更为合理。因此，企业的发明创造在进行知识产权保护时，是选择申请专利还是作为企业的商业秘密，要综合考虑以下几方面的因素。

1. 获得专利权的可能性

企业作出发明创造后，应首先就其获得专利权的可能性进行评估。对于授权可能性大的，可以申请专利保护；可能性较低的，则可以考虑用商业秘密保护，或者不采取任何保护措施。

2. 技术解析的难易程度

通过反向工程等对他人上市的产品进行解构和分析，往往可以获知该产品的成分、结构或其制备工艺。按照我国《反不正当竞争法》的规定，通过反向工程获得他人作为商业秘密保护的技术是法律允许的。因此，如果企业的发明创造容易被他人解析，就应尽量申请专利保护，否则可考虑用商业秘密保护。

3. 技术的生命周期长短

不同技术的生命周期长短不同，由此产生经济价值的期限也不同。一般来说，生命周期过短或者过长的技术，都不适宜申请专利保护。过短，很可能申请专利还未获得授权，该技术就已被淘汰，失去了专利保护的价值；过长，则在该技术还具有很高经济价值的时候，就被迫进入公有领域，成为公众都可以使用的技术。因此，这两种情况都适宜优先采用商业秘密保护。

4. 技术的经济价值高低

专利保护是需要经济成本的，一件专利从申请到授权后的维持都需要缴纳一定的费用，而且保护时间越长，需要缴纳的年费数额越高。因此企业应对发明创造应用后可能产生的经济价值进行评估，如果经济价值大大高于申请和维持专利的成本，则选择专利保护；如果经济价值有限或很不明确，则考虑先以商业秘密保护。

5. 专利维权的难易程度

越是经济价值高的技术，申请专利被公开后，越可能出现专利侵权行为。制止专利侵权行为，例如向法院提起诉讼等，需要花费大量的财力和精力。因此，企业在作出发明创造后，也要对该技术申请专利后被侵权的可能性以及维权的难易程度进行评估。如果被侵权的可能性大，专利维权的成本又远远高于商业秘密的保密成本，则适宜选择采用商业秘密保护。

五、企业对专利类型选择的决策

当企业决定申请专利时，要结合发明创造的具体内容考虑申请专利类型。

1. 属于何种类型专利的保护对象

发明、实用新型和外观设计专利的保护对象是不一样的，诸如八卦阵、蒲元神刀的锻造工艺等有关工艺、方法的发明创造不可以申请实用新型专利；如果想获得保护的是诸如孔明棋、孔明锁、孔明灯等产品的形状、外观等，就需要申请外观设计专利。因此，确定将企业的发明创造成果申请何种专利时，首先要考虑发明创造的具体内容属于哪种类型专利保护的对象，从而明确该发明创造可以申请哪种专利。

2. 是否有利于获得最大的保护力度

发明专利保护时间长，权利较为稳定，因此对于类似于木牛流马这种创造性较高的技术方案，首先应考虑申请发明专利保护。

3. 是否有利于获得授权

如果某项发明创造，既可以申请发明专利，又可以申请实用新型专利，则可以充分运用国内优先权制度、同时申请制度，[①] 根据企业的专利战略需要，在发明专利申请和实用新型专利申请之间进行转换，最终选定最适宜的专利类型。

附录：诸葛亮的科技发明汇总

1. 诸葛连弩

以往的弩一次只能发一支箭，十分不便。诸葛亮发明的连发弩一次竟能发十支！连弩解决了弓箭不能连发的问题，从而加大了杀伤力。"损益连弩，谓之元戎，以铁为矢，矢长八寸，一弩十矢俱发"（《三国志·蜀志·诸葛亮传》注引《魏氏春秋》）。

2. 八阵图（又名八卦阵，见图 1-1）

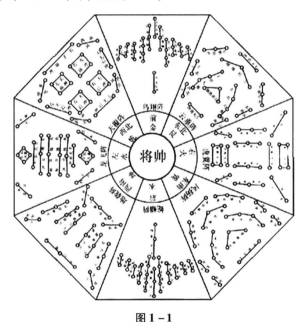

图 1-1

---

① 《专利法》第 9 条规定：同样的发明创造只能授予一项专利权。但是，同一申请人同日对同样的发明创造既申请实用新型专利又申请发明专利，先获得的实用新型专利权尚未终止，且申请人声明放弃该实用新型专利权的，可以授予发明专利。

士兵排列为八卦形，八门入，八门出，此阵不易破解，善于迷惑敌人。诸葛亮后来又多次改造此阵，并由兵阵演化为石阵、马阵（出自《三国志·蜀记·李卫公问对》）。

3. 孔明棋（见图1-2）

图1-2

军旅生涯枯燥乏味，诸葛亮发明了一种规则简单的孔明棋来活跃士兵烦闷的心情，保障军队战斗力。该棋有33个棋子排成井字形盘面，每个棋子分为有、没有两种可能，共有2的33次方（80亿以上）种盘面组合，是一种一个人就可以玩的游戏（出自《诸葛亮集》）。

4. 火兽

诸葛亮平定南方时，曾遭一败仗：南王孟获以兽为兵，利用象、虎、野牛、狼等野兽大败赵云和魏延的兵马。诸葛亮根据野兽怕火的特性，发明了一种外形似兽、朱红色、能喷火的武器来对付孟获的兽兵（出自《诸葛亮集》）。

5. 搭桥枪

诸葛亮挥师北伐时，通往北方的地形极其复杂，山多河多。爬山还好，关键是渡河，士兵们每次都要花很长的时间搭桥。诸葛亮发明出了搭桥枪，搭桥枪的枪杆和红缨枪一样长，枪头成螺状，方便搭接（出自《诸葛亮集》）。

6. 孔明灯

诸葛亮北伐被司马懿困于阳平时，发明了一种用来向救兵传递信息的孔明灯。孔明灯也是热气球的起源。现代人放孔明灯多作为祈福之用，男女老少亲手写下祝福的心愿，象征丰收成功，好运连连，幸福年年（出自《诸葛亮集》

卷四《制造》)。

7. 木牛流马

木牛流马是诸葛亮为了方便运粮而发明的一种运粮工具。据史料记载，应该是五出祁山用流马，六出祁山用木牛。木牛流马善于上坡下坡，其构造极其像牛、马，能够节省大量人力（出自《诸葛亮集》)。

8. 蒲元神刀

诸葛亮令巧匠蒲元造刀三千口，"以竹筒密纳铁珠满中，举刀断之，应手虚落，若剃水刍，称绝当世，因曰神刀"（出自《诸葛亮集》)。

9. 五折刚铠

由面帘、鸡颈、当胸、马身甲、搭后、寄生、鞍蹬（《中国军事史》第一卷《兵器》第二章）构成，形制相当完备，除四足外，全身其余部分均在铠甲的防护之中。

10. 云梯、冲车

蜀军围陈仓，"起云梯冲车以临城，（郝）昭于是以火箭逆射其云梯，梯燃，梯上人皆烧死。昭又以绳连石磨压其冲车，冲车折"（出自《三国志·魏志·明帝纪》注引《魏略》)。

11. 孔明锁（见图1-3）

图1-3

孔明锁是诸葛亮根据八卦玄学的原理发明的一种玩具，曾广泛流传于民间，相当于现代的"智力魔方"（出自《诸葛亮集》)。

12. 诸葛鼓

《益部谈资》《游梁杂记》《蛮司志》《戎州志》记载的诸葛鼓，铜铸。如今壮、布依、傣、侗、水、苗、瑶等少数民族，还十分珍爱这种乐器。

13. 馒头

《事物纪原》《三国志》《三国演义》记载的诸葛馒头，祭祀时使用面食制作以替代人头，真正做到了"以人为本"。

14. 诸葛菜

《刘宾客嘉话录》记载的诸葛菜，就是现在川菜中的"麻辣火锅"。

15. 诸葛木

《云南记》载："广都县山枥木谓之诸葛木也。"诸葛亮用诸葛木来固定河堤、码头、防止水土流失。

16. 诸葛筒袖铠、诸葛竹枪

诸葛筒袖铠有两个特点，一是整个铠甲均由鳞状甲片重叠连缀而成，二是带袖，能保护上臂和腋下这个要害部位。诸葛竹枪，竹柄矛两丈五尺长，主要用于前排步兵成排前进作战时对付骑兵使用（出自《宋书》）。

17. 铁蒺藜

铁蒺藜不管怎么扔都是三尖着地，一尖竖起，是对付骑兵的有效武器（出自《禅史类编》）。

18. 诸葛环

诸葛环，就是现在的九连环玩具（出自《诸葛亮集》）。

19. 都江堰测水位的标尺

当年诸葛亮用于清淤维护的石标尺，直到20世纪80年代才被原样仿制的钢标尺替换。而武侯立下的维护法规，直到今天仍被原样执行（出自《诸葛亮集》）。

20. 武侯锦

诸葛亮改善了制锦工艺，南征时，把织锦的方法传授给云贵地区的少数民族，所以苗族把自己织的五彩锦称为"武侯锦"，而侗族妇女织的侗锦又称"诸葛锦"。成都甚至因为诸葛锦被称为锦官城、锦城（出自《诸葛亮集》）。

第二回　企业如何对创新成果
进行保护——木牛流马

　　"兵马未动，粮草先行"这句话贴切地说明了粮草在古代战争中的重要性，诸葛亮六出祁山，褒斜道（古时穿越秦岭的山路）崎岖险阻，多次因运粮困难，粮草难以为继，最后只能"走为上"。就像当今在最烧钱的O2O领域，各家企业为抢占市场先机，不惜砸下重金通过先期打造"免费蛋糕"的方式来抢占用户流量，这时企业运营的"粮草"就是现金流，能够融资保证现金流就相当于能保证产业链的正常运行，而不至于"断炊"，毕竟巧妇也难为无米之炊！

　　陈毅元帅就曾经说过，淮海战役的胜利是老乡们用独轮车推出来的，独轮车①

---

　　①　这种独轮车，在北方与排子大车相比身形较小，俗称"小车"；在西南，由于它行驶时"叽咯叽咯"响个不停，俗称"鸡公车"；江南因它前头尖，后头两个推把如同羊角，俗称"羊角车"；也有的叫手车、鹿车、土牛、土马的，还有叫手推车、二把手、辘轳车的。

的前身据说就是就是大名鼎鼎的"木牛流马"。在《三国演义》第一百〇二回"司马懿占北原渭桥，诸葛亮造木牛流马"的故事中，诸葛亮在用木牛流马运粮的同时，还向我们展示了在商标、品牌、专利和技术秘密方面的立体化布局思想，给了我们对抗"山寨产品"的专利战思路，值得当今的发明家和企业家好好学习，有诗为证：

剑关险峻驱流马，

斜谷崎岖驾木牛。

后世若能行此法，

输将安得使人愁。

一、好的商标命名是品牌成功的一半

长史杨仪入告（孔明）曰："即今粮米皆在剑阁，人夫牛马，搬运不便，如之奈何？"孔明笑曰："吾已运谋多时也。前者所积木料，并西川收买下的大木，教人制造'木牛''流马'，搬运粮米，甚是便利。牛马皆不水食，可以昼夜转运不绝也。"

"木牛流马"的名称正是源自于此。商标命名，是一个品牌运营的开始。一个不好的商标命名，将会影响到企业与品牌的长远发展。诸葛亮给自己发明的运粮车起名时想必是费了一番功夫的，设身处地模拟一下诸葛亮给木牛流马起名的过程，应该是考虑了以下四个方面的因素。

第一，能反映产品的功能和作用。作为运粮的设备自然希望装得多、力气大，而牛和马在人们的印象中向来都是耐劳负重、力大无比的典型代表，成语"牛劲马力"就是这么得来的，所以两个设备分别用牛、马称呼，也能与三国时期主要的运输牲畜相贴合。

例 2 - 1

现代的胃得乐药片、舒肤佳香皂、立白洗衣粉、金嗓子喉宝、美加净洗面奶、宝马汽车、奔驰汽车、可口可乐等商标的名称，都直接地反映了产品的功能和作用，令消费者更容易记住，且一旦形成了固有印象就会成为忠实的用户。

第二，能反映产品的特质和性能。在当时的工艺水平下，运粮车用优质的木材制成，所以结合产品的材质，不妨先将其叫作"木牛""木马"。

例 2－2

宝洁公司的 Safeguard（舒肤佳香皂）寓意深刻，该词由"safe + guard"构成，safe 意为"安全的、平安的、可信赖的"，而 guard 意为"保护"，两个词合在一起就成了"安全保护"。这就使人自然联想该产品既安全，不刺激皮肤，同时又能起到护肤的作用。

第三，不与竞争品牌雷同。在建兴九年至十二年（公元231年至234年）发明运粮车时，博览群书的诸葛亮，想必是看过或听说过西方名著《荷马史书》的，该书中记载了公元前1193年至前1183年希腊人发动的特洛伊战争的故事，在故事中有一个著名的运兵设备叫作"特洛伊木马"。对于"木牛"的名称，基本确定没有雷同品牌；而对于"木马"，诸葛亮不希望自己倾尽全力发明的设备被后世冠上一个"傍名牌"的帽子，所以必须得重新构思。

例 2－3

GREE（格力）商标在命名过程中，就考虑到了这个问题，格力公司总裁董明珠回忆说："名字起了一堆，却全不合眼缘。后来，从英文单词 GLEE（快乐）得到启发，这个词音译过来是"格力"——格外有力（还有另一重意思："格力"——人格魅力），一下子就相中了。使用了约两年时间后，考虑到今后在世界商业市场里的竞争，担心 GLEE 这个词意思太好，将来去英语国家注册，说不定又会跟人撞车，便参照日本 SONY 公司的做法，创造了一个读音与 GLEE 相似、而英文里肯定没有的词：GREE。读起来，既有点像 GREAT（伟大），又有点像 GREEN（绿色），还有 AGREE 的意思（认同），能引起人们丰富的想象，大家一致同意就这么定了。"

第四，创新、易记、响亮，给人以想象。诸葛亮在与岳父黄承彦、妻子黄月英、弟弟诸葛钧等人进行多次头脑风暴会议后，决定把"木马"的名称改叫作"流马"。这样改的目的有三个：一是希望该设备能够像水流一样生生不息地运动,"流者,动也";二是能够有效规避与西方"木马"商标的重名的风险;三是谐音"牧牛遛马",使人联想到,士兵像放牧牛羊、遛马遛狗一样不用费太大的力气就把运粮任务给完成了,符合新时代员工"在工作中寻找兴趣,在娱乐中完成工作"的以人为本的理念,除了令员工工作时干劲十足外,还有助于打动消费者购买该产品。

例2-4

台湾顶新集团在开拓大陆市场时,将方便面的名字取名为"康师傅",原因有三:(1)"康"有健康、小康的意思,符合现代人健康饮食的理念;(2)"师傅"二字是对专业人士的尊称,具有亲切、责任感、专业化的内涵,叫起来特别有亲切的感觉;(3)"康师傅"logo独有的敦厚可亲、热情展开双臂的形象,让许多顾客熟知与喜悦,这也是"康师傅"服务顾客热情亲切的精神表现。"康师傅"方便面一经推出,立即打响。如今,"康师傅"以近一半市场的占有率,稳坐大陆方便面销售额前两名的市场宝座。

于是,诸葛亮最终确定运粮车组合的商标名称"木牛流马",功能和材质令人一目了然,读音清晰响亮、朗朗上口,可以说"木牛流马"能流传千年,名字起得好功不可没。时至今日,虽然人们依然对已经失传的"木牛流马"到底为何神器争论不休,但是后世几千年内,一提"木牛流马"就知道这是诸葛亮发明的运粮车的名称,发明人、品牌无不如雷贯耳,这就是商标的力量、品牌的魅力。

对于"木牛流马"具有如此深厚的历史文化底蕴的品牌,我国国内的多家企业也不曾忘记申请相关的商标,继续深挖利用其品牌价值。比如:山东木牛流马机器人有限公司注册了"木牛流马"商标用于机械运输设备,上海木牛流马物流有限公司注册了"木牛流马"商标用于物流运输,浙江木牛流马供应链有限公司注册了"木牛流马"商标用于产品供应链产业。

二、对产品进行专利保护

对于木牛流马的制造方法,孔明曰:"吾已令人依法制造,尚未完备。吾今先将造木牛流马之法，尺寸方圆，长短阔狭，开写明白，汝等视之。"众大喜。孔明即手书一纸，付众观看。

杨仪并众将探头一看，原来是分别关于木牛和流马的两份专利证书。众将传阅了一遍专利说明书，皆拜伏曰："丞相真神人也！不光构思巧妙，专利文件写得也妙！"

1. 木牛的权利要求书和说明书

【权利要求书】

1. 一种能够用于崎岖山路的运输工具，其特征在于：其形似牛，良木制成，方腹曲头，一脚四足；头入领中，舌着于腹。

2. 根据权利要求1所述的运输工具，其中，曲者为牛头，双者为牛脚，横者为牛领，转者为牛足，覆者为牛背，方者为牛腹，垂者为牛舌，屈者为牛肋，刻者为牛齿，立者为牛角，细者为牛鞅，摄者为牛鞅轴。

3. 根据权利要求1或2所述的运输工具，其中，牛仰双辕，人行六尺，牛行四步。

2. 木牛的说明书

一种用于运粮的木牛装置

【技术领域】

本发明涉及一种运输工具，尤其是一种可以在崎岖的山间小道通行的省力粮食运输工具，具体涉及一种用于运粮的木牛装置。

【背景技术】

蜀道难难于上青天，蜀国地形地势险要、易守难攻，但是兵出祁山时如何解决在崇山峻岭中运送军粮的问题，怎么把粮食从四川运到甘陕前线就成了讨伐中原的一个障碍，因为马车牛车不能通行，肩挑人扛又不能保障整个部队的后勤供应。现有技术中，《汉工制》中记载了双轮的"鹿车"，《后山丛谭》《稗史类编》等典籍中记载了木制独轮小车，这些装置虽然能够实现运送一定的军粮的功能，但是这些装置均难以在坎坷崎岖的山路、沟壑、弯道及栈道中实现大批量的运粮功能。

【发明内容】

本发明提供一种适合在所有栈道和崎岖山路上运输的、具有机械优势、比普通的运输工具省力的运粮装置——木牛，其形似牛，木牛最多可一次性装载军粮650斤，这种运输车如果单辆行驶，一天可走七八十里，如果连接到一起集体行驶，则一天行20里。

该装置制作工艺简单，便于大规模制造；该装置操作使用技术简单，便于大规模推广应用。使用该装置运送军粮后，不但可从战术上解决前线运粮的难题，还可在战略上起到极其重要的作用：令对方军队坚守不出、待敌粮尽自退的战术将不再有效。

从本发明的技术效果上看，与现有技术相比是具有长足进步的：

本发明解决了人们一直渴望解决，但始终未能获得成功的技术难题——在山地和栈道上方便、快捷运粮的问题。

本发明克服了技术偏见——克服了大家固有的崇山峻岭间无法大规模运粮的技术偏见。

本发明取得了意料不到的技术效果——除了具有"牛马不食，人不大劳"的效果，打破了曹魏方面统帅司马懿原本制定的"坚守不出，等诸葛亮粮尽"的战略部署。

除此之外，本发明还能够在商业（军事）上获得成功——通过利用技术秘密"牛舌"，不但能抢过来魏军制造的木牛补充自己的装备，还能"顺手牵羊"得到魏军木牛流马中的粮食补充自己的粮草，可谓一石二鸟。

【附图说明】

图2-1是本发明的结构原理示意图。

附图标记为：1角，2头，3舌，4齿，5肋，6前足轮，7脚，8牛鞦轴，9后足，10辕手柄，11后腹，12前腹，13后足轴，14体轴，15背，16前足，17辕，18领，19前足轮轴，20鞦轴孔。

【具体实施方式】

在其中一个实施例中，"牛头是曲的"，是指牛头2具有曲柄结构，便于动作变化和引导拐弯。"牛脚是双的"，是指牛脚7是联动结构，能够跟随牛腿的变化而相应变化。"横者"就是牛头要水平放置的意思，因为需要在牛领18中包含牛头，并且牛头要左右上下移动，所以必须设计为水平的结构才能实现。"头入领中"是指包含限制结构，该设计目的是便于牛头以任意角度移动而不脱落。"转者"意思是循环变化。"覆盖者为牛背"，指装粮食的箱子上面有牛背15，盖上盖防止雨水侵蚀和老鼠、鸟兽偷使用，同时也可以上锁上封。"方者为牛腹"，牛腹11、12起到装载作用。"刻者为牛齿"，牛齿4是用来标记载重量的，比如有五个牙齿表示最大装载荷为500斤粮食，有三个牙齿表示能装300斤粮食。"立者为牛角"，通过耸立的牛角1则可以看见牛头的转向情况，便于判断操作。"细者为牛鞅"，用来牵牛控制方向。"摄者为牛鞦轴"，通过牛鞦轴8来调节迈步节奏的档位。

单辆木牛最多可一次性装载军粮650斤，单人操作单辆木牛一天可走70～80里；多辆木牛连接到一起，由单人操作集群行驶，则一天可行20里。行军任务急时，可令兵士一人驾驶一辆木牛加快行军速度；行军任务不紧急时，安排少数人操作集群驾驶木牛，其余兵士则能够抽调出来完成其他任务。

【说明书附图】

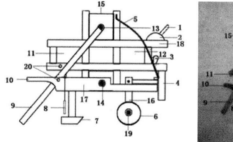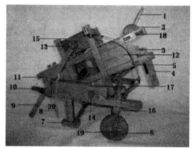

图 2-1　木牛的结构原理示意图

3. 流马的专利说明书

流马和木牛的区别主要体现在说明书的具体实施方式中，用具体的尺寸描述了流马的结构："肋长三尺五寸，广三寸，厚二寸二分：左右同。前轴孔分墨去头四寸，径中二寸。前脚孔分墨二寸，去前轴孔四寸五分，广一寸。前杠孔去前脚孔分墨二寸七分，孔长二寸，广一寸。后轴孔去前杠分墨一尺五分，大小与前同。后脚孔分墨去后轴孔三寸五分，大小与前同。后杠孔去后脚孔分墨二寸七分，后载克去后杠孔分墨四寸五分。前杠长一尺八寸，广二寸，厚一寸五分。后杠与等。板方囊二枚，厚八分，长二尺七寸，高一尺六寸五分，广一尺六寸：每枚受米二斛三斗。从上杠孔去肋下七寸：前后同。上杠孔去下杠孔分墨一尺三寸，孔长一寸五分，广七分：八孔同。前后四脚广二寸，厚一寸五分。形制如象，靬长四寸，径面四寸三分。孔径中三脚杠，长二尺一寸，广一寸五分，厚一寸四分，同杠耳。"

其操作原理是：当人们按上杠时流马走前脚，按下杠时流马走后脚，把整体运动变成了部分运动，实现了省力。当按上杠时，前部载重行走结构会以前轴为支点旋转，使前脚前迈带动前地轮前进；此时作为连接结构的脚杆会把来自上杠的力传至后脚上，使后脚向后支出，前后共同完成迈前脚的运动。按下杠时后部载重行走结构会以后轴为支点转动，使后脚前迈带动后轮前进，而作为连接结构的脚杆把来自下杠的力转变为向前的支力，使前部载重行走结构作按上杠的反向运动，使前后脚靠拢，前后共同完成迈后脚的动作，就这样产生了协调运动。流马一次可载军粮140斤，行进速度比木牛要快，单人操作单辆流马一天可走150里。

如图2-2所示，附图标记如下：1上杠，2前箱，3前杠，4前脚，6前轴，7下杠，8后箱，9后杠，10后脚，11后轴，12支脚杆，13后脚轮，14后脚轮轴，15前脚轮，16前脚轮轴，17肋下，18体，19肋。

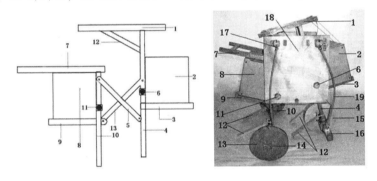

图2-2　流马的结构原理示意图

4. 木牛流马的实用性

发明的实用性，顾名思义，就是说这个发明必须能够制造或使用且能产生积极效果，并且能够批量制造。从以下三点上看，木牛流马是具备实用性的。

首先，木牛流马还需人力驾驭，它是一个省力机械而不是一个永动机。诸葛亮说，使用木牛流马不是"人不劳"而是"人不大劳"，因此它们并不是不符合能量守恒定律的永动机，而是一种适合在栈道上运输、具有机械优势、比普通的运输工具省力的运粮设备。一种可行的技术方案可能是这样的：在木牛流马的肚子中设置一个发条，下山时通过刹车机构的反作用力将动能储存起来变成弹性势能，上山时储存的弹性势能的能量释放出来变成动能辅助木牛流马上山。①

其次，木牛流马的制作工艺简单，便于大规模制造，它的应用技术也不难，便于大规模推广应用。根据《三国演义》中记载，木牛流马的制作不是一个或是几个人的工作，而是几十人或上百人同时在制作，技术难度不高，同时引进了流水线的管理理念，这样才能大量生产以完成军队运粮的需要。作为大批量被使用的机械，操纵的兵士应一学就会，这样才能被大多数人使用，来完成军队运输粮食的任务，且既能单兵操作又能集群操作，大大增加了战略机动性。

最后，木牛流马产生了令曹魏军队被迫进行战略转变的技术效果。据《三国演义》中记载，载重量大的"木牛"最多可一次性装载军粮650斤，而载重量小的"流马"一次可载军粮140斤，这种运输车如果单辆行驶，木牛一天可走70～80里，流马则一天行150里。这不但从战术上解决了前线运粮的难题，还在战略上起到了极其重要的作用，曹魏军队坚守不出、待敌粮尽自退的战术将不再有效。

木牛流马造成后，懿大惊曰："吾所以坚守不出者，为彼粮草不能接济，欲待其自毙耳。今用此法，必为久远之计，不思退矣。如之奈何？"

三、对产品进行商业秘密保护

1. 司马懿通过逆向工程山寨木牛流马

司马懿大惊之后，最有效的一招也是唯一一招，就是拼命抢过三五匹木牛

---

① 这种原理像极了现在的混合动力汽车丰田普锐思所用的能耗储存原理，即将刹车时产生的能量储存起来在需要时再使用。

流马，并将这些木制的牛马拆卸开来来研究其奥秘，让工匠描图画形加以仿造。

（司马懿）急唤张虎、乐綝二人分付曰："汝二人各引五百军，从斜谷小路抄出；待蜀兵驱过木牛流马，任他过尽，一齐杀出；不可多抢，只抢三五四便回。"司马懿看了，果然进退如活的一般，乃大喜曰："汝会用此法，难道我不会用！"便令巧匠百余人，当面拆开，分付依其尺寸长短厚薄之法，一样制造木牛流马。不消半月，造成二千余只，与孔明所造者一般法则，亦能奔走。遂令镇远将军岑威，引一千军驱驾木牛流马，去陇西搬运粮草，往来不绝。魏营军将，无不欢喜。

司马懿所用的就是逆向工程，又称逆向技术、反向工程，是一种产品设计技术再现过程，即对一项目标产品进行逆向分析及研究，从而演绎并得出该产品的处理流程、组织结构、功能特性及技术规格等设计要素，以制作出功能相近，但形式上又不完全一样的产品。逆向工程源于商业及军事领域中的硬件分析，其主要目的是在不能轻易获得必要的生产信息的情况下，直接从成品分析，推导出产品的设计原理。

2. 诸葛亮通过技术秘密对付"山寨产品"的策略

逆向工程往往会被认为是对知识产权的不尊重，对于技术创新的严重侵害，通过逆向工程做出来的仿制品则被戏称为"山寨产品"。对于严重侵害自己知识产权的司马懿，诸葛亮是如何应对"山寨木牛流马"的呢？诸葛亮正是通过提前设定技术秘密（Know–How）来进行应对的！

却说高翔回见孔明，说魏兵抢夺木牛流马各五六四去了。孔明笑曰："吾正要他抢去。我只费了几匹木牛流马，却不久便得军中许多资助也。"诸将问曰："丞相何以知之？"孔明曰："司马懿见了木牛流马，必然仿我法度，一样制造。那时我又有计策。"数日后，人报魏兵也会造木牛流马，往陇西搬运粮草。孔明大喜曰："不出吾之算也。"

孙子曰："形兵之极，至于无形；无形，则深间不能窥，智者不能谋。"诸葛亮早就料到了司马懿会派人抢木牛流马，一切以逸待劳尽在掌握之中。

（诸葛亮）便唤王平分付曰："汝引一千兵，扮作魏人，星夜偷过北原，只说是巡粮军，径到运粮之所，将护粮之人尽皆杀散；却驱木牛流马而回，径奔过北原来：此处必有魏兵追赶，汝便将木牛流马口内舌头扭转，牛马就不能行动，汝等竟弃之而走，背后魏兵赶到，牵拽不动，扛抬不去。吾再有兵到，汝却回身再将牛马舌扭过来，长驱大行。魏兵必疑为怪也！"王平受计引兵而去。

"将木牛流马口内舌头扭转，牛马就不能行动，敌兵走后，再将舌头扭转回来就可。"这便是诸葛亮对木牛流马所用的技术秘密。根据现代机械原理的相关知识，这个技术秘密很有可能是这样的：牛舌是一个控制车轮锁止功能的旋转手柄，刹车片通过连杆机构与牛舌相连接，平时与牛舌联动的顶杆在最高的位置，刹车片不能接触车轮，没有刹车的作用；旋转牛舌使刹车片接触并紧紧卡住车轮，就会使车轮不能转动。

诸葛亮在用木牛流马运粮的同时，叫司马懿吃够了苦头，令自己美名千年流传。同时，诸葛亮从商标、专利到商业秘密的立体化知识产权布局思路，给了我们当今的企业，尤其是众多中小微企业，很好的知识产权保护策略借鉴。正是：

> 木牛流马美名扬，
> 知识产权把忙帮。
> 商标品牌助推广，
> 专利技术真正强。
> 要想对付山寨仿，
> 技术秘密能护航。

第三回　企业如何进行知识产权攻防——藤甲兵

为了彻底平定南方，以保障北伐曹魏时无后顾之忧，诸葛亮采取了"欲擒故纵""攻心为上"的作战方针，对西南少数民族首领孟获实行捉住就放的"猫玩耗子"的办法，以使其彻底折服。果然，孟获不是诸葛亮的对手，在六次交战六次被擒六次被放后，孟获只能祭出自己的杀手锏——"藤甲兵"。

藤甲兵为什么被孟获视为无价之宝呢？因为藤甲兵刀枪不入，作战勇敢，号称无敌。除此之外，藤甲兵放到现代甚至还能享有地理标志、发明专利、外观设计专利等全方位的知识产权保护！

一、藤甲兵的全方位知识产权保护

乌戈国……藤甲；其藤生于山涧之中，盘于石壁之上；国人采取，浸于油中，半年方取出晒之；晒干复浸，凡十余遍，却才造成铠甲；穿在身上，渡江不沉，经水不湿，刀箭皆不能入：因此号为"藤甲军"。

诸葛亮第六次释放孟获后，孟获回去后向乌戈国王求援，领了三万藤甲兵来桃花渡口与诸葛亮对阵。诸葛亮派大将魏延迎战。谁知藤甲兵厉害非常，刀箭不入，藤甲还有附加功能——当船渡河，喝了有毒的桃花水还能跟喝了兴奋剂一样疯狂，蜀军难以抵挡，只得败走。

由此可知藤甲相对于常规的铠甲具有以下优点：除了具有渡江不沉、经水不湿、刀箭皆不能入的特点外，还具有造价便宜（便于装备全军）、透气性好（穿着后不易中暑）、质量轻盈（穿着时不易疲劳）等特点。

1. 藤甲的地理标志保护

地理标志是指标示某商品来源于某地区，该商品的特定质量、信誉或者其他特征，主要由该地区的自然因素或者人文因素所决定的标志。其中，自然因素是指原产地的气候、土壤、水质、天然物种等，人文因素是指原产地特有的产品生产工艺、流程、配方等。

藤甲具有其自然因素：只生产于四川南部乌干国地界山涧之中、盘旋于峭壁；也具有众多人文因素：乌干国军民世代使用其作为铠甲、油浸多遍的复杂工艺等。由于其同时具备了构成地理标志的两个必要条件，是基于原产地的自然条件和原产地的世代劳动者的集体智慧而形成，因此藤甲申请作为地理标志产品完全当之无愧。

地理标志作为知识产权受到保护时，不能脱离知识产权保护的基本原则。

第一个基本原则是地域性原则。也就是说，一个地理标志如果在本国不受保护的话，想要它在别的国家受到保护是不可能的。

第二个基本原则是排他性原则。如果已经存在一个注册的商标，再申请注册原产地标志，就不应该被批准成为原产地标志，或者至少这个原产地标志不应该和已经注册的商标相冲突。

第三个基本原则是优先权原则。已经有一个在先商标，就不应该批准后面相似的一个地理标志。

当然，深化地理标志产品保护工作，需要各界加深对地理标志产品保护的认识和理解，真正把资源优势转化为经济优势，经济优势转化为可持续发展优势，从而促进农业发展、农民增收，有利于"三农"的发展。

2. 藤甲的发明专利保护

藤甲的制作工艺除了可以通过技术秘密的形式进行保护外，还可以结合发明专利进行保护（见图 3 - 1）。

图 3 - 1　身着藤盔甲的藤甲兵

例如，藤架的加工工艺和产品的权利要求可如此撰写：

1. 一种藤甲的制造工艺，选取生长于涧边悬崖之上二年生的青藤，经过修剪后，其工艺特征在于：第一步，用具有防虫防蛀效果的草药进行浸泡；第二步，用带干性植物油浸泡让藤甲更具韧性，浸泡48小时后，将藤甲拿出晾晒2个月以上；然后再重复第二步骤反复5次以上，最后将藤条编制成盔甲和盾牌。

2. 根据权利要求1所述的藤甲的制造工艺，其中所述的带干性植物油为桐油，因为桐油具有干燥快、比重轻、光泽度好、附着力强、耐热、耐酸、耐碱、防腐、防锈、不导电等特性，且桐油有类似胶质的特性，能够让相邻的藤条黏成一块增加稳固性。

3. 根据权利要求1所述的藤甲的制造工艺，编制工艺采取经纬编织法，通过纵横相间的青藤构造分散压力，提高盔甲的疲劳应力。

4. 一种根据权利要求1或2所述的制造工艺制造的藤盔甲，人穿上后能够实现渡江不沉、经水不湿、刀箭皆不能入的技术效果。

3. 藤甲的外观设计专利保护

真正的藤甲到底是什么样子的呢？据记载，在七擒孟获的过程中，诸葛亮设计火烧了三万藤甲兵来平息叛乱，三万藤甲兵死者无数，生者四处逃亡，部分几经迁徙，后人辗转到达贵州省安顺市幺铺镇歪寨村，被称为布依族。古时战争的硝烟早已散尽，歪寨村的布依族老人们，一直将藤甲视为保护村寨平安的神物，并认为神秘古朴的藤甲里承载着祖先的无限智慧，将藤甲的制作工艺世代口授相传。2011年5月17日，歪寨村村委会主任韦达泽根据祖传的手艺申请了藤盔甲的外观设计专利（申请号为201130123019.2，如图3-2所示），这套藤甲由头盔、护肩、护胸、护臂、围裙和盾牌组成，主要用于演戏的道具，于2012年12月5日获得授权。依靠专利保护和创新思维，韦达泽带头利用祖先们留下的独特的、有着三国文化符号的藤甲，在歪寨村大力发展乡村旅游，不但有效地保护了藤甲这项非物质文化遗产，还让藤甲兵的后人们自此过上了衣食无忧的好日子。

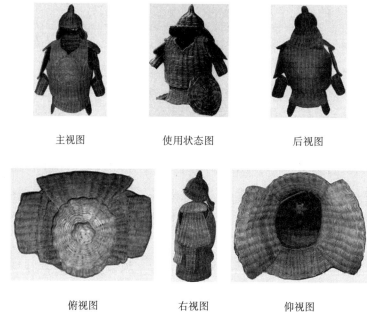

主视图　　　　　　使用状态图　　　　　　后视图

俯视图　　　　　　右视图　　　　　　仰视图

图3-2　外观设计专利 ZL201130123019.2 中的藤盔甲示意图

二、"七字经" 专利进攻策略

藤甲兵这么厉害，貌似无隙可乘，诸葛亮是怎么攻克的呢？《三国演义》第九十回"驱巨兽六破蛮兵，烧藤甲七擒孟获"的故事中，记录了神机妙算的诸葛亮是如何大破藤甲兵、七擒孟获的经过。

同样，在专利战中，面对对手刀砍不入、枪刺不进，还时不时给你"点眼药"的专利布局，如何反攻进而"反客为主"？诸葛亮大破藤甲兵的故事给了我们很好的启示，本节将诸葛亮的策略应用在知识产权战中进行分析探讨。

1. 预

诸葛亮在隆中时，就已经预料到取得益州后南方日久必定生乱，并通过可靠消息得知乌戈国国王"其手下军士，俱穿藤甲……穿在身上，渡江不沉，经水不湿，刀箭皆不能入：因此号为'藤甲军'"。

面对地理标志产品——乌戈国的藤甲，诸葛亮早有耳闻，并且在隆中耕读时就已经知之甚详，这反映了诸葛亮的信息收集能力和预判水平。早在"三顾茅庐"之前暂隐山林的诸葛亮，就注意以各种方式，从各个方面搜集信息，了解社会、政治、军事的种种动向。他平时刻苦读书，而且读书方法是"独观大略，广泛涉猎"。他注意交际，颖州的石广元、博陵的崔州平、汝南的徐庶和孟公威、"凤雏"庞统、水镜先生司马徽，都是他交往甚密的朋友。其兄诸葛瑾在东吴参与朝政机密，其妻舅蔡瑁在荆州掌管军事机密，其弟诸葛均、岳父黄承彦都是博学多识、思想敏锐的非常人物。诸葛亮与这些人或书信来往，或聚首畅谈，或通过云游四方，借以勘察山川地理、关扼要塞，了解风俗民情、气候物产等，形成了一个较为完整的情报网络。出山后的诸葛亮在每次战斗之前，他或者派出"细作""探子"，或者利用降将俘兵，或者亲历实地调查敌方兵力部署，探听敌方将领的素质、本领、心理，观察地势地形，然后制定有利的作战方案，从而击败敌人。

预，是指专利情报的收集分析和专利预警。"凡专利事，预则立不预则废"，专利情报和专利预警是专利战成功的基础，知己知彼方能百战百胜。企业在战略决策和进行专利战之前，首先要尽可能全面而详尽地掌握与决策有关的情报信息。这些信息因素既有诸如人力、物力、财力、自然条件、信息获取能力、技术专利的多少、商品信誉的好坏等企业的内部条件，又有社会、政治、文化等外部条件，进而在整体和动态中清晰地了解专利战的决策背景，准确地预测未来。

2. 试

次日，乌戈国主引一彪藤甲军过河来，金鼓大震。魏延引兵出迎。蛮兵卷地而至。蜀兵以弩箭射到藤甲之上，皆不能透，俱落于地；刀砍枪刺，亦不能入。蛮兵皆使利刀钢叉，蜀兵如何抵当，尽皆败走。蛮兵不赶而回。魏延复回，赶到桃花渡口，只见蛮兵带甲渡水而去；内有困乏者，将甲脱下，放在水面，以身坐其上而渡。

知己知彼，百战不殆。诸葛亮深信"耳听为虚、眼见为实"的道理，派出魏延去试探藤甲兵，果不其然，与之前自己得到的情报完全一致！这试的过程，也更加坚定了诸葛亮实行原定作战计划的信心。诸葛亮的用兵习惯是，即使有了自己的初步考虑，也还要摆一摆、想一想、听一听正面和反面的各种意见，最后还要派出小股兵力试探一下。

试，就是打草惊蛇、投石问路。在专利战中，通过试探性的专利诉讼、专利谈判等手段，找到竞争对手的弱点，验证自己专利分析的预判点，从而做到专利布局时心中有数，专利作战时心中不慌。

3. 瞒

孔明笑曰："非汝二人之罪。吾未出茅庐之时，先知南蛮有驱虎豹之法。吾在蜀中已办下破此阵之物也：随军有二十辆车，俱封记在此。今日且用一半；留下一半，后有别用。"遂令左右取了十辆红油柜车到帐下，留十辆黑油柜车在后。众皆不知其意。

跟藤甲兵初次作战失败了之后，诸葛亮并没有怪罪部下。诸葛亮在未出茅庐之前就已经为火烧藤甲兵准备好了十辆油柜子车，且保密信息做得好，谁都不知道（"众皆不知其意"）。因为诸葛亮知道，天下没有不透风的墙，保密工作做不好就会影响作战效果。诸葛亮在布置战斗任务对，他有时"附耳低言"，有时预设锦囊，嘱咐不到危急时刻不得拆看，是为了严防失密和泄密。第二次北伐开始后，为了拿下陈仓这个战略要地，他明里令魏延、姜维三日后去攻城，暗地里却亲率关兴、张苞，暗出汉中，以迅雷不及掩耳之势取得成功，甚至把前锋大将魏、姜二人都一直蒙在鼓里。

瞒，是指专利情报的瞒天过海和技术秘密。因为专利权保护的前提条件是：以技术方案的公开换取 10 年或 20 年的法律保护权，只有专利技术和技术秘密结合起来应用，才能构建实虚结合得更为完备的知识产权布局，才能将市场的主动权掌握在自己手中。

4. 布

次日，孔明令土人引路，自乘小车到桃花渡口北岸山僻去处，遍观地理。忽到一山，望见一谷，形如长蛇，皆光峭石壁，并无树木，中间一条大路。孔明问土人曰："此谷何名？"土人答曰："此处名为盘蛇谷。出谷则三江城大路，谷前名塔郎甸。"孔明大喜曰："此乃天赐吾成功于此也！"遂回旧路，上车归寨，唤马岱分付曰："与汝黑油柜车十辆，须用竹竿千条，柜内之物，如此如此。可将本部兵去把住盘蛇谷两头，依法而行。与汝半月限，一切完备。至期如此施设。倘有走漏，定按军法。"马岱受计而去。又唤赵云分付曰："汝去盘蛇谷后，三江大路口如此守把。所用之物，克日完备。"赵云受计而去。又唤魏延分付曰："汝可引本部兵去桃花渡口下寨。如蛮兵渡水来敌，汝便弃了寨，望白旗处而走。限半个月内，须要连输十五阵，弃七个寨栅。若输十四阵，也休来见我。"魏延领命，心中不乐，怏怏而去。孔明又唤张翼另引一军，依所指之处，筑立寨栅去了；却令张嶷、马忠引本洞所降千人，如此行之。各人都依计而行。

诸葛亮经过实地调研之后，遂按照前期制定的战略进行了布局和排兵布阵，马岱、赵云、魏延、张翼各将都依计而行。《孙子兵法·虚实篇》云："凡先处战地而待敌者佚，后处战地而趋战者劳，故善战者，致人而不致于人。"

布，就是专利布局。以服务企业的整体战略为核心，除了坚守住自己固有的专利阵地外，还应在同类产品、产业链的上下游进行专利布局，专利布局围而不攻、以不变应万变，在一定范围内形成详细、稳固的专利壁垒，使竞争对手专利申请无法突破我方专利布局。

5. 疲

兀突骨即差二俘长引藤甲军渡了河，来与蜀兵交战。不数合，魏延败走。次日，魏延又去立了营寨。不数合，延败走。次日，二俘长请兀突骨到寨，说知此事。兀突骨即引兵大进，将魏延追一阵。蜀兵皆弃甲抛戈而走，只见前有白旗。延引败兵，急奔到白旗处，早有一寨，就寨中屯住。兀突骨驱兵追至，魏延引兵弃寨而走。蛮兵得了蜀寨。次日，又望前追杀。魏延回兵交战，不三合又败，只看白旗处而走，又有一寨，延就寨屯住。次日，蛮兵又至。延略战又走。蛮兵占了蜀寨。

话休絮烦，魏延且战且走，已败十五阵，连弃七个营寨。蛮兵大进追杀。孟获大笑曰："诸葛亮今番被吾识破！大王连日胜了他十五阵，夺了七个营寨，蜀兵望风而走。诸葛亮已是计穷；只此一进，大事定矣！"兀突骨大喜，遂不以蜀兵为念。

诸葛亮令魏延连败15阵弃了7个营寨，通过主动的"走为上"手段故意示弱，这样做的目的一是令藤甲军疲惫，"人疲则力衰"，二是令藤甲军轻敌，"轻敌则漏见"。

疲，就是令竞争对手疲惫。《孙子兵法·军争篇》又云："善用兵者，避其锐气，击其惰归，此治气者也。以治待乱，以静待哗，此治心者也。以近待远，以逸待劳，以饱待饥，此治力者也。"在专利战中的应用技巧是，通过不断地向竞争对手发律师函，请求宣告专利无效，提出专利异议、专利诉讼和专利并购等疲惫策略骚扰竞争对手，使其疲于应付，最终被我方拖垮或进入我们的专利埋伏圈或在专利谈判中按照我方既定的方向推进。

6. 诱

至第十六日，魏延引败残兵，来与藤甲军对敌。延拨马便走。后面蛮兵大进。魏延引兵转过了盘蛇谷，望白旗而走。兀突骨统引兵众，随后追杀。兀突骨望见山上并无草木，料无埋伏，放心追杀。赶到谷中，见数十辆黑油柜车在当路。蛮兵报曰："此是蜀兵运粮道路，因大王兵至，撇下粮车而走。"兀突骨大喜，催兵追赶。将出谷口，不见蜀兵，只见横木乱石滚下，垒断谷口。兀突骨令兵开路而进，忽见前面大小车辆，装载干柴，尽皆火起。兀突骨忙教退兵，只闻后军发喊，报说谷口已被干柴垒断，车中原来皆是火药，一齐烧着。兀突骨见无草木，心尚不慌，令寻路而走。只见山上两边乱丢火把，火把到处，地中药线皆着，就地飞起铁炮。满谷中火光乱舞，但逢藤甲，无有不着。将兀突骨并三万藤甲军，烧得互相拥抱，死于盘蛇谷中。

诸葛亮在诱使藤甲军进入自己的埋伏圈时用了两招：第一，继续放"钓饵"，通过魏延诈败引诱；第二，藤甲兵自己必然知道怕火，因此在行进时会规避树木茂盛的地方，因此火攻时选取的地方是草木不生的峡谷，"藤甲兵见山上无草木，放心追杀"，这时采用替代技术——火药来实施火攻，攻其不备，令藤甲兵防不胜防。

诱，就是诱敌深入，诱其露出破绽。通过结合三十六计中"抛砖引玉""打草惊蛇""欲擒故纵"等战策，让竞争对手逐渐暴露自己的专利布局的缺陷，从而有可能牵着对手鼻子进入己方既定的专利包围圈中，这时可以用竞争对手的替代技术来重新占领对手的市场；另外，还要有备用方案，一计不成，使用"连环计"立即跟上，主动做局使之满足"以逸待劳"的条件。

7. 结

孔明归到寨中，升帐而坐，谓众将曰："吾今此计，不得已而用之，大损阴德。我料敌人必算吾于林木多处埋伏，吾却空设旌旗，实无兵马，疑其心也。吾令魏文长连输十五阵者，坚其心也。吾见盘蛇谷止一条路，两壁厢皆是光石，并无树木，下面都是沙土，因令马岱将黑油柜安排于谷中，车中油柜内，皆是预先造下的火炮，名曰'地雷'，一炮中藏九炮，三十步埋之，中用竹竿通节，以引药线；才一发动，山损石裂。吾又令赵子龙预备草车，安排于谷中。又于山上准备大木乱石。却令魏延赚兀突骨并藤甲军入谷，放出魏延，即断其路，随后焚之。吾闻：'利于水者必不利于火。'藤甲虽刀箭不能入，乃油浸之物，见火必着。蛮兵如此顽皮，非火攻安能取胜？使乌戈国之人不留种类者，是吾之大罪也！"众将拜伏曰："丞相天机，鬼神莫测也！"

诸葛亮胜利后，首先办的事情是会议总结，将自己的思路告诉大家，总结经验。众人皆拜伏！诸葛亮的成就感油然而生，威信也更增，这是一个领导者所应该做的，成则总结经验，败则吸取教训，让大家心服口服！

结，就是总结。创业企业，尤其是依托自主知识产权的创业企业在做成了事情后的总结，显得尤其重要，知彼而知己者战难胜，而总结经验是知己的最好的手段，同时借此机会对员工进行一次实战职业培训，也是领导者立言立威的绝好机会。

专利战争是商业战争的高级体现形式，是知识产权战争的最高表现形式，必须在每场硬战来临之前做好充分的迎击准备。在专利战中也必需一个明确而具体的总体设计和战略调整策略。笔者根据诸葛亮大破藤甲军的整个过程，总结出了以下"七字经"——预、试、瞒、布、疲、诱、结，尝试为企业打造在运用专利的过程中有章可循的策略基础。

正所谓：

> 地理标志乌戈国，采藤油浸制铠精。
>
> 刀枪不入水不沁，自称无敌藤甲兵。
>
> 预试瞒布疲诱结，孔明摇扇帷幄定。
>
> 利于水者必惧火，黑油柜车扬威名。
>
> 知识产权攻坚战，策略还需问孔明。
>
> 避其锐气击惰归，专利战争风波平。

第四回　企业如何进行专利运营——三顾茅庐

　　"三顾茅庐"是《三国演义》中最精彩的故事之一，表面上是刘备三顾茅庐邀请诸葛亮出山的故事，实际上整个过程形象地展示了孔明一次极为成功的自我营销。在从躬耕于南阳的一介平民，一跃成为被寄予厚望的军师过程中，诸葛亮通过制定详细周密的营销组合策略，步步引导，环环相扣，成功地在刘备麾下谋到了集团 CEO 的职务，为刘备公司的成功上市立下了汗马功劳。其出山时展示的自我营销术闪烁着现代营销学的光芒。

　　三国争雄时代，人才是最宝贵的社会财产，也是各集团投资战略决策的最主要因素。进入 21 世纪，知识产权一跃成为和人才并列的最宝贵的社会财产，专利技术成为企业最有活力的生产要素，在企业的战略投资中具有举足轻重的地位。

专利运营，指企业为获得与保持市场竞争优势，谋求获取最佳经济效益，而将专利作为载体进行的将技术、经济、法律、市场、金融相结合的一种商业化运作方式。诸葛亮初出茅庐时营销自己的成功经验值得我们在专利营销、专利管理、专利运营中学习和借鉴，那就是，好的专利运营等于"价值+定位+宣传+机遇+包装+展示+实战"。

一、专利交底书 "底子"要厚实

对于优秀人才而言，拥有学术优、见识远的好功底是必不可少的因素，诸葛亮是通过以下三个方面来打基础的：一是"隐居"隆中，距离兵家必经之地荆襄不远，争取能做到未出茅庐而晓天下事；二是饱读经典，攻读兵书、史书，独观其大略而不读死书，借以广开思路；三是广交崔州平、石广元、孟公威、徐元直等在业务上"务于精纯"的豪杰朋友，答辩交流、学其所长、取长补短。

"面壁十年图破壁"，企业只有专利技术研发的"底子"厚实，才能将自己的发明创造转化为一份合格的技术交底书，并将其作为企业进行专利申请和布局的基础。在专利运营中，"底子"则指专利储备，好的专利储备是专利运营的基础，企业除了做好专利技术研发培育自身优质专利外，还可以通过专利收购、专利许可、加入专利池、组建专利联盟等多种方式来完善自己的专利布局。

二、权利要求 "定位"要明确

诸葛亮给自己的定位很明确：将自己比作管仲、乐毅，就是要人知道他志存高远、与众不同。他的朋友们也很配合，徐元直将他比做吕望、张子房，水镜先生将他比为兴周八百年之姜子牙、旺汉四百年之张子房，隆中的农夫传唱"南阳有隐居，高眠卧不足……"通过不同领域"技术人员"的口口相传，凸显了诸葛亮具有"区别技术特征"的同时，还具备"突出的实质性特点和显著的进步"，简单地说就是"制造差异，吸引眼球"。

《专利法》规定，权利要求书用来限定专利申请的保护范围。在专利权授予后，权利要求书是确定专利权范围的确权依据，也是判断他人是否侵权的依据，是专利文件最有法律效力的组成部分。因此在专利运营中，对权利要求的定位直接限定了专利运营的价值范围，权利要求的定位可包括核心技术、外围应用、规避设计、战略阻碍等类型，与此同时，对权利要求的撰写也应十分严格、准确，具有高度的法律和技术方面的技巧。

三、专利许可 "对象"要找准

相对于高官厚禄，诸葛亮更需要的是能够充分体现其价值的平台，以能够最大程度上实现其匡世、报国、安民的抱负。在曹操、孙权、刘备三个集团中，诸葛亮将服务对象确定为实力最弱的刘备显然是作了精心策划的。首先，刘备是刘氏宗亲，属于汉室"正统"，对自己名誉有益，入职后进一步提升自己的身价；而曹操和孙权，都属于"非正统"。其次，草根起家的刘备礼贤下士，帐下缺乏真正有才干、有见识的谋士，若投其帐下，一定会受到加倍的尊敬和重用。最后，刘备手下的关羽、张飞、赵云等都是万人难敌的虎将，执行力强，能够最有效地协助自己实施战略规划。

在专利运营中，对于权利人而言，首先应当找准专利许可的对象，因为同样一件专利技术对于用得着的企业价比黄金，对于用不到的企业则是视如粪土。其次还应当明确限定被许可人的主体范围，明确是否包括被许可人的关联公司。如果被许可对象不够明确，可能出现多个被许可人同时生产、销售的情形，权利人难以监督许可合同的履行，从而损害权利人的利益、违背权利人的许可初衷。

另外，必须明确约定许可方式是独占许可、排他许可还是普通许可。独占许可是指除被许可人之外，包括权利人在内的第三方均不得在许可期限和地域内实施专利；排他许可是指除被许可人、许可人之外，任何第三方不得在许可期限和地域内实施专利；普通许可是指被许可人有权在许可期限和地域内实施专利，许可人在许可期限可以自行实施专利，也有权许可第三方在许可期限和地域内实施专利。如果约定不明，则视为普通许可。

四、专利运营 "宣传"要到位

诸葛亮深知作为行业新人，在未来老板对自己毫不了解的情况下，必要的宣传手段必须到位。首先，通过水镜先生之口提出"卧龙、凤雏得一可安天下"的惊人预言，吊足了刘备的胃口，引起了刘备的好奇心和求贤若渴之心。其次，在刘备面前证明了自己才能的徐庶在临别之际回马荐诸葛，并再三言明自己不如诸葛亮："以某比之，譬犹驽马并麒麟，寒鸦配鸾凤尔"。最后，自己的身边人农夫、小童、崔州平、石广元、孟公威、诸葛均、黄承彦等在刘备到来时或作歌或吟诗，"物以类聚，人以群分"，刘备对诸葛亮的好感和仰慕自然会愈加浓厚。

在专利运营过程中，如果用专利配合产品的商业宣传，在提高企业声誉、塑造企业技术形象等方面会效果显著。相对于商标、版权等对技术要求低的知识产权类型而言，专利由于其自身的专业技术属性，在前期可能只是一个市场关注度较低的名词，因此要对专利进行有效、高效的营销，必须与市场关注度更高的因素进行黏性关联，如热点的产品、事件和话题等。同时，在了解专利技术特点的基础上，还要了解消费者对相应的产品的感知评价。

例 4-1

电器品牌"格力"的宣传口号是"用专利打造核心科技"，首饰品牌"梦金园"的宣传口号是"采用无焊料焊接技术的专利品牌"，2016 年巴西里约奥运会专用食用油"金龙鱼"的宣传口号是"专利好油，为冠军加油"：通过专利技术展示自己的高科技特性，进而进占消费者的心智，无疑会起到更好的宣传营销效果。

五、专利谈判 "公平"要保证

诸葛亮深知，刘备的身份是皇叔，自己的身份是山野村夫。要做大事，打造不平等身份下的平等合作基础至关重要，且人们对于容易到手的东西一般不会特别珍惜，因此等到刘备三顾茅庐后他才现身，一方面是给自己这个卖家市场造势，另一方面是借机考察未来老板刘备的人品仁德与创业决心。

专利运营中的专利谈判，既是技术上的谈判，更是商业上的博弈。在专利许可、转让、纠纷等谈判过程中的公平性至关重要。尤其在标准必要专利的许可谈判过程中，当专利被纳入标准之后，由于生产符合标准的产品必须实施标准中所包含的专利技术，专利权人据此能够获得巨大的市场控制力，因而产生两个问题：一是专利挟持，即标准实施者在标准制定之前已经投入大量资金用于相关产品的设计、生产和销售，在标准制定以后，专利权人凭借标准必要专利的不可替代性而获得的巨大谈判优势和控制力迫使标准实施者支付高额的许可费用；二是专利许可费叠加，即当某一标准由多个专利组成，而组成标准的专利分属于不同权利人时，标准的实施就必须获得多次授权，多次支付许可费，从而加剧专利挟持带来的问题。

专利挟持和专利许可费叠加，导致标准必要专利许可谈判成本剧增，标准实施成本随之飙升。因此，在标准必要专利的许可中必须遵从"公平、合理、无歧视"原则［又称 FRAND（Fair，Reasonable，and Non–discriminatory）原则］，即标准必要专利权人不得拒绝许可，且许可费率不得高于该专利被纳入标准之前、有替代技术与之相竞争时的许可费率。

六、专利战略 "蓝图"要清晰

在诸葛亮为刘备量身打造的商业计划书《隆中对》中，首先进行了环境分析、优劣势对比、路径选择、培育核心竞争力的分析，然后为刘备制定了清晰的战略规划，战略原则是："北让曹操占天时，南让孙权占地利，将军可占人和。"战略实施分三步走："先取荆州为家，后取西川建基业，以成鼎足之势，然后两路出击，进取中原。"最终实现"兴汉室，成霸业"的战略目标。

企业在专利运营中，只有具有清晰的专利战略蓝图，才能获得与保持竞争中的技术和市场优势，并通过运用专利信息和专利保护手段，谋求获取最佳经济效益。企业的专利战略包括通过专利技术研究、开发战略来取得专利保护权，通过进攻性专利战略、防御性专利战略和专利竞争战略来获得市场竞争优势地位两方面的内容。另外，无论是在宏观上的社会、政治、经济、技术等发生变化时，还是在微观上的企业外部竞争关系和市场形势发生变化后，企业的专利战略必须作出相应、及时的调整，"能因敌变化而取胜者，谓之神"。

七、运营实战 "立功" 才服众

诸葛亮深知，要做成大事仅有刘备一人的支持是远远不够的，还必须通过实战来证明自己，使众人皆服，因此出山之后的实战立功非常关键。接下来诸葛亮通过火烧博望坡、舌战群儒、草船借箭、七星坛借东风等手段高调地展示了自己的才能，成功确立了自己的地位，而且使刘备集团合伙人关羽、张飞对诸葛亮的态度从疑虑到折服，最后到了拜服的程度。

在专利运营方面，专利只有转化为实际的价值，才能垄断市场，才能服众。第一，有了技术突破后，要尽快申请专利获权，并不遗余力地进行法律维权，因为"法律不会主动保护躺在权利上睡觉的人"；第二，积极进行海外专利申请，唯有这样，才能进军国际市场并获取巨大的价值回报；第三，积极进行全面而完善的专利布局，防止竞争对手捡漏或弯道超车；第四，打造标准必要专利，争取实现"技术专利化、专利标准化、标准全球化"的三级跳；第五，积极上市经营，促进知识产权资本化，利用融资进一步加强专利运营力度。

八、运营策略 "对比" 显高明

在诸葛亮通过创新性的自我营销取得极大成功的同时，当时另一位与其齐名的"凤雏"庞统，由于只采用常规的"投简历"的求职模式，在曹魏公司、孙吴公司求职屡屡受挫，在刘备公司面试后也只被委任了个县令的职务。

专利运营模式，传统意义上主要包括：许可、转让、诉讼、融资和投资，在现阶段也包括通过更加复杂的许可模式和金融运行手段实现专利价值，但是这些传统意义上的专利运营已无法满足日新月异市场的需要，运营模式创新是时代要求，势在必行。但无论如何，充分实现专利价值才是运营的最终目标。对于专利收购后如何进行运营、运营思路如何创新，《庄子·逍遥游》中的一个故事能够给予我们很多思考。

例 4 - 2

战国时期的宋国有个人善于炮制防止冻裂的不龟（jūn）手之药，他的家族靠着这个祖传秘方，在冬天别的店铺歇业时也能够接活做生意，于是逐渐在漂洗行业形成了垄断地位。有位远道而来的齐国商人，听说了不龟手之药的秘方，愿以百两黄金求购。面对高价，不龟手之药的主人动心了，但一想到祖传的秘方要卖出去增加竞争对手，心中也还是感觉不爽。宋国漂洗人经过与齐国商人进行谈判后，达成以下合作协议：不龟手药的秘方可以转让给齐国商人，但是必须签订《禁止同业竞争协议》，齐国人不能在宋国从事漂洗行业。

齐国商人得到不龟手药秘方以后，立即奔赴吴国，对吴王说，我有不龟手药的秘方，能够保证今后将士在寒冬打仗，再也不用为冻手冻脚犯难了，因此我建议在隆冬之计进攻宿敌越国。吴王于是委任此人为水军大将统帅大军，并选择在严冬之际进行水战决战。本来势均力敌的吴越双方，由于不龟手药的专利技术而使得胜利的天平发生了明显的偏转：吴军将士涂抹了不龟手之药战斗力不受影响，而越国军队由于手脚冻伤而战斗力下降明显，吴军因而大胜越军。班师回朝后，吴王大喜过望，颁诏犒赏三军，同时将献药的齐国商人视为有特殊贡献的统帅，千金赏赐的同时还对其封侯封地。

同样是这个不龟手之药的专利秘方，宋国人世世代代用来漂洗丝絮，结果始终只能维持温饱，生活在社会底层，卖掉配方后终于步入小康生活；而齐国商人获得配方使用权后，变换运营思路将该药用于军队作战，则可以封侯赏地，增值千万倍。由此可见，同样一个专利技术，由于运营方法、对象和商业化路径的不同，其结果和收益也会有天壤之别。

九、专利规划　"方向"要差异

庞统被刘备任命为副军师后，决定挥师入川。这时作为军师的诸葛亮主动向刘备提出："荆州重地，必须分兵守之"，通过主动申请分工做事的做法，避免与自己特点相似的庞统产生分工矛盾。这在管理学中叫作"分槽喂马"理论：不能让两匹千里马在一个槽中吃草，不能安排两个能人做同一件事情，如果安排两个能人做同一件事情，就算他俩不争，他们的下属也会明争暗斗造成企业内耗。在专利界，这叫作"防止重复授权"理论，同样的发明创造只能授予一项专利权，否则会因为权责不明造成市场混乱。

在市场竞争日益激烈的时代，一家企业很难在一类产品或某个技术领域的各方面完全超越其他竞争者而占据绝对的垄断优势，企业尤其是众多跟随型企业在产品或技术上的竞争优势，往往是通过其产品或技术上的一项或几项差异化的特性或功能来体现的。反映在专利上，亦是如此。因此，企业的专利运营也需要紧紧围绕这些差异化的技术竞争优势或运营策略的创新来展开，通过点上的突破来推动企业整体专利竞争优势的提升。唯有紧密扣住企业自身的技术特色和经营特点，挖掘具备差异化竞争优势的专利运营方案，进而围绕这些方案进行统筹运营，巩固和强化企业在这些优势点上的控制力，力争在这些优势点上占据行业领先地位甚至引导整个行业的发展，才有可能使自身的专利武器更具威胁和攻击力，专利运营的价值才能最大化。

第五回 企业如何在专利运营中
借势——借东风

　　一个"借"字，在罗贯中的生花妙笔之下变幻无穷，放射出斑斓的色彩。在《三国演义》这部艺术化的兵书之中，借火的有之：陈宫濮阳烧曹军，曹操奇兵烧乌巢，孔明火烧博望和新野，周瑜、孔明火烧赤壁，陆逊火烧连营七百里，孔明火燎藤甲军……一部《三国演义》，描写的大大小小火攻，竟有41次之多；借水的有之：曹操决沂、泗之水淹下邳，引漳河之水淹冀州，关羽放襄江之水淹七军……借水之多，可谓开兵家之先河；借天时的有之：孔明草船借箭靠的是"漫江大雾"，周瑜火烧赤壁乘的是"一夜东南风"，曹操冰城拒马超趁的是"天气骤冷滴水成冰"；借力抗敌的有之：孙权、刘备的赤壁取胜，靠的正是彼此联合，借友之力；另外还有更绝的，曹操"借天子之诏以令诸侯"，借粮官王垕之头以稳军心，刘备借"荆州"之地作为跳板以立足。

　　《三国演义》中的众多谋略家，靠借，弥补了自己力量的不足；靠借，强化了自己的优势；靠借，突破了那个时代科学技术落后的局限，创造了可怕的战斗力和杀伤力，可谓高明之极。在"借"的璀璨天空中最闪亮的那颗星，无疑是诸葛亮！只要涉及诸葛亮的精彩故事，基本上都与"借"字紧密相关——利用自己的智慧无中生有，"借"势营销、草船"借"箭、"借"来东风、"借"来荆州、"借"曹操之手牵制孙权、"借"孟获之心安定南疆、"借"胆唱空城、"借尸还魂"吓仲达等。这大大小小的借，都透露出诸葛亮的非凡智慧。而借的关键是：抓住问题的根本，利用发散性思维，变被动为主动，走捷径促使事物向有利于自己的方向发展。

　　学习近1800年前诸葛亮借势、借人、借物、借才、借天、借地的智慧，将之应用于当今企业的专利运营过程中，就是通过借钱财、借技术、借人才、借设备、借资源、借政策、借形势、借盟友等方式，寻求专利共赢的同时壮大发展自己。

一、智借荆州获取地盘，借才兴业开发专利

历史的 DNA 总是无比强大，无论朝代怎么更替，真理总是永远那么相似，那就是在创业时根据地的重要性。刘备没有遇到诸葛亮之前，今日投靠公孙瓒，明日结交陶潜，后又归曹操、顺袁绍、依刘表……成天靠打游击、依附他人过日子，搞得半生漂泊、十分狼狈。赤壁大战后，孔明巧设计策，乘乱袭取了荆州。在鲁肃索取荆州时，诸葛亮巧以"借"字搪塞，写成正规的文书签字画押，有保人、有公证、有期限。诸葛亮的巧"借"荆州，使得孙吴公司作为《孙刘联盟赤壁大战》项目中的甲方竟然没有任何收益，而作为乙方的刘备公司没有任何实际投入却几乎囊括了全部收益。自从借取荆州之后，刘备以此为根据地和跳板，乘机取得了西川与汉中等地，终成三足鼎立之势。可见，在战争中，巧妙地借用他人地盘，开辟自己的根据地，进而扩大自己的势力范围，是一项十分重要的战略措施。

在当今专利战中，"智借荆州"可灵活体现在专利金融中的"借财之力"和专利技术开发中的"借才兴业"两个方面。

（1）借助于金融服务转化，扩散技术创新成果，促进知识产权转移转化，使知识产权尤其是专利，与银行、证券、保险、基金、风险投资等各类金融资本与知识产权资源进行有效的对接。

例 5-1

2015 年 12 月 31 日，我国首支由中央、地方财政共同出资引导发起设立的知识产权运营基金——北京市重点产业知识产权运营基金成立，基金规模达到 10 亿元。中国首个知识产权投贷联动基金于 2016 年 3 月 17 日在上海浦东启动，知识产权金融产品创新能够助推小微企业实现知识产权价值，为企业创新创业提供新的动力。

（2）合作双方提供各自无法单独进行产业化的专利技术，进行技术整合和

业务运营模式创新，这对于在较短时间内解决替代技术研发难题，完成高水平的研发成果突破，是一种上水平、争时间、抢速度、高效率的专利技术开发模式。当然，也可采取一方提供专利技术，另一方提供已经开拓的市场共同进行产品推广的模式。

例 5 -2

作为世界最大智能手机制造商、拥有全球巨大市场的三星电子，与用于平台专利技术"安卓"操作系统的谷歌，2014 年协商达成了 10 年的专利合作协议，共同对抗行业霸主苹果。

二、草船借箭获取武器， 合理利用失效专利

草船借箭，像极了著名的《游击队之歌》中所唱的："没有枪没有炮，敌人给我们造。"有了好的地盘作阵地，有了有利的客观环境条件，没有真正过硬的武器，要想取得战争的最后胜利也是不可能的。在现实的专利经营管理活动中，也不乏"草船借箭"进行创新的成功典型，那就是：在专利布局中合理利用失效专利。

所谓失效专利，泛指因不符合法律规定的各种条件而失去专利权、不再受专利法律保护的专利。这类专利有专利技术含量而不受专利法律保护，成为公利技术。在全球专利中，失效专利比例占到85％。失效专利除了极少部分是因保护年限过期失效外，大部分是半途而废的。有的是专利权人没有按规定缴纳年费而失效；有的是专利权人没有能力开发、又没有将技术转让他人而自动放弃；有的是仅通过试制、实验结果的总结，其技术方法或技术方案还必须进一步完善或通过中间试验，因无能力继续实施而放弃权利的；还有的是在申请中途因种种原因放弃。

正因为如此，有些发达国家如日本和韩国，把失效专利作为宝贵的信息和技术资源，充分挖掘失效专利价值，再进一步创新。据日本人自己估算，通过引进国外专利和使用失效专利来掌握国外先进技术，大约节省 2/3 的时间、9/10 的研究开发费用。企业在失效的专利中找到的不仅是可免费使用的、企业急

需的适用技术，而且从失效的专利技术中受到启发，萌发了许多新的发明点，并开发出新的方法、新的产品，开拓出新的市场。从免费使用中获得，从免费使用中提高，从免费使用中再创新，并申请自己的专利保护，形成企业创新与专利保护的良性循环。

例 5 —3

利用失效专利发展最成功的一个领域就是"仿制药"产业，专利悬崖①为仿制药企制造了巨大的机会，原研药一般需要 10 ~ 15 年左右研发、报批及量产，重磅品种的研发费用可能高达数十亿美元，相比之下，仿制药的流程大为简化且成本降低了很多。预计 2020 年前后，将是药品专利权到期的高峰期，这一庞大的市场，让不少以新药为主的外资药企开始重新调整战略规划。

三、创造条件巧借东风，善抓机遇树上开花

要想取得一场战争的胜利，没有有利的客观环境条件是难以设想的。而诸葛亮的高明之处在于，在他自己不具备环境条件时，可以千方百计地借用决定战争局势的、队友最不可或缺的客观环境条件，为取得战争的胜利奠定基础。赤壁大战之前，周瑜使用"反间计"醉赚蒋干，计杀蔡瑁、张允；又让黄盖使用"苦肉计"、阚泽密献诈降书；委托庞统巧献"连环计"，已经布下了"天罗地网"。然而，若没有一夜东南风相助，周瑜的"火攻"战略安排得再周密，也将无法得以施展。在曹操大兵压境、周瑜急火攻心的危急时刻，通晓天文地理的诸葛亮，早就准确地作出了天气预报。诸葛亮利用自己掌握的天气预报，佯装观天察云，登坛作法，"借来"了三天三夜的浩荡东风，为取得赤壁大战的胜利，提供了不可或缺的环境条件。正如杜甫诗中所叹，如若"东风不与周郎便"，曹操早已是"铜雀春深锁二乔"了。

由此可以启示我们，在激烈的专利战争中，如果企业自身的专利战条件尚

---

① 专利悬崖（Patent cliff）是指一个专利保护到期后，依靠专利保护获取销售额和利润的企业就会一落千丈。在药品行业，一些大型制药企业一旦迈出悬崖即失去专利保护，那么销售额和利润无一幸免就会出现断崖式的一落千丈。

不具备，就应充分进行专利信息分析后掌握市场的"天气预报"，借用分析所了解的客观环境条件，达到为我所用的目的。"善专利战者，求之于势"是借专利之势；"水涨船高，借风使舵"是用专利之势；"挟重要专利以令诸侯"是谋专利之势。

当产业发展的良好机遇摆在面前时，就要充分借助社会环境、政策背景、社会心理状态、热门事件等进行市场推广、专利布局以及专利战略的制定，"机不可失，时不再来"。利用舆论热点聚焦产品创新和专利技术推广，将企业的专利技术放置于产业发展的"台风口"，让专利技术研发做到顺势而为，以发现、满足或创造产业需求为专利布局的核心理念，使市场拓展和专利布局相辅相成。

例5-4

截至2018年，我国已连续15年通过中央一号文件聚焦"三农"、关注农业建设，说明我国政府政策倾向于"三农"问题，国家在政策补贴、资金投入、财税优惠等方面多方扶持，中联重工就抓住良机"树上开花"，通过并购奇瑞重工等运作，使自己的专利布局和市场规模迅速壮大。2016年开始，借着"共享经济"和"绿色出行"的东风，"共享单车"异军突起，承担起"最后一公里"的责任，成为创业"饿殍遍地"中的新气象，ofo、摩拜、小鸣单车、小蓝单车近20家共享单车企业乘风而起，并都已陆续对自己的技术进行了专利布局。

四、孔明借术甲天下，专利巧借营全球

《荀子·劝学篇》道出了"借"的真谛，曰："假舆马者，非利足也，而致千里；假舟楫者，非能水也，而绝江河。君子生非异也，善假于物也。"诸葛亮的"智借荆州""巧借东风"和"草船借箭"其实还是战术上的"小借"，宏观地看赤壁大战，诸葛亮战略上"大借"指的是大战之前借孙权打击曹操，大战之后放曹操一条生路而借曹操打压东吴。无论是"小借"还是"大借"，实质是借用客观环境和别人的优势条件，为己所用，以达到自己的目的。

企业在专利的经营管理过程中，既会有有利的条件，又会有不利的环境；

既有自身的优势，也有自身的不足。只要学习诸葛亮的"三借"精神，善于借势、巧于借势、勇于借势，取长补短，就一定能够取得良好的经济效益。

在专利运营中，没有一家企业能够仅仅依靠自身的力量而不借助外力就能成大事的，一定要学习诸葛亮"借的智慧"，巧借"无用之用"的内部或外部力量，通过过人的胆识和超人的专利经营谋略，或抓住时机迅速崛起，或令企业起死回生、东山再起，或反客为主、雄霸一方。企业还要善于根据客观情况，借势定计，灵活运用，见人之所未见，想人之所不能想，用人之所不能用，千方百计地利用一切可以利用的与专利相关资源，来协助己方达成专利战略目标。

例 5－5

20 世纪 80 年代中期，美国德州仪器公司濒临破产。为了改善财务状况，它迅速发起专利侵权诉讼，获得 3.91 亿美元赔偿；同期，它连续对以日本公司为主的竞争对手发起多个专利侵权诉讼，几年内获得 40 多亿美元的专利许可费。这些兜底保命的专利诉讼获得的费用拯救了德州仪器公司，使之从破产临界状态回到盈利丰厚的健康状态，并在之后的一段时间内主导了行业的发展。

五、善借天下无难事， 会借才能当董事

除了诸葛亮善借外，刘备公司、孙吴公司、曹魏公司的董事长都是善借之人。

借兵对于创业初期的刘备是常见的事，刘备向自己的同学公孙瓒借兵救徐州，硬是感动得陶谦三让徐州。借地对于创业初期无立锥之地的刘备更是家常便饭，陶谦、吕布、刘表、孙权、刘璋等都有借地给刘备的历史，尤其是刘备以白条的形式向孙权借的荆州，成了三国时代最大的土地借用纠纷案，除了成就了"刘备借荆州——一借不还"的成语外，荆州借地纠纷案还成了关羽被杀、张飞被害、刘备兵败夷陵的最大导火索。

孙策利用父亲得来的传国玉玺作为抵押物，向袁术借得三千兵马，一举开创江东六郡八十一州的基业，成为三国史上最成功的借兵创业的典范。

曹操也是借术大师。攻打袁术时由于粮草不足，借仓管员王垕的头来平兵

怨；刚下达践踏麦田斩首的命令，自己的宝马就失控碾压了一大片麦田，不想食言的曹操"借发代首"；更绝的是，曹操借天子的印玺、借朝廷的名义来号令诸侯，为自己到处征伐找借口，某种程度上，曹操的"挟天子以令诸侯"才是天下第一借。

在知识产权领域中，"善专利战者，求之于势"，华为诉讼三星是借专利储备之势；"大众创业、万众创新"，导致知识产权水涨船高，企业借风使舵重视专利，是用政策之势；掌握核心技术的企业，借重要专利以令天下，是谋专利运营之势。

例 5 -6

尼古拉·特斯拉（Nikola Tesla，1856～1943 年）是世界上最伟大的发明家、物理学家、机械工程师和电机工程师之一，拥有 1000 多件发明专利。由于不懂得借势，不会将专利技术商业化，他的交流电技术专利以仅仅 21.6 万美元的价格出售给了西屋电气（只有市场估计价值的 2%）以对抗爱迪生的直流电技术。由于特斯拉不擅长借自己的专利进行商业运营，他的财务状况非常差，最后穷困潦倒，身无分文在纽约的一个小旅馆病逝。

而特斯拉的"粉丝"埃隆·马斯克就非常会借势，致力于用最具创新力的技术，进行商业化生产。首先，借纪念尼古拉·特斯拉的名义，于 2003 年在硅谷成立特斯拉汽车公司（Tesla Motors），让公众怀念尼古拉·特斯拉的同时记住了自己公司和产品的名字；其次，公开开放自己的几百件专利，借情怀的名义高调地喊出"我们的专利属于你！"的口号，借专利开放的势头做大了电动汽车的蛋糕、为自己赢得了市场，至 2016 年，特斯拉汽车市值已达 327.35 亿美元。

用一副对联概括，正是：

上联：孔明，因，出南阳，借曹箭，借东风，借荆州，收二川，排八阵；凭，六出七擒，鞠躬尽瘁，终成万世美名。

下联：专利，虽，搞运营，借技术，借机遇，借资金，劳四季，跑九州；若，三心二意，泡沫横生，难有千金价值。

横批：善借天下无难事。

第六回 企业如何制定知识产权战略——隆中对

在三顾茅庐之前，刘备虽有皇叔这个"驰名品牌"，也有攻城拔寨、能征善战的"核心专利"关羽、张飞、赵云等猛将，但由于没有运筹帷幄、切实可行的战略规划，在具体的"市场竞争"中却屡战屡败，几被拥有"挟天子以令诸侯"战略的曹操所吞灭，无任何根据地可立锥，只能到处颠沛流离。三顾茅庐得见诸葛亮后，被其一篇《隆中对》所惊，"未出茅庐，三分天下"，短短数百字，就在刘备心中确立了诸葛亮三国首席战略家的地位。

短短的一篇《隆中对》中，包含了战略制定的环境分析、优劣势对比、路径选择、培育核心竞争力等主要方面，即使把《隆中对》的战略思维方式放到现代，也是可以为企业制定知识产权战略决策提供思路和参考的"战略指南"。因为，企业知识产权战略同样指的是企业运用专利、商标、版权、商业秘密等知识产权保护手段，获得并保持市场竞争优势并遏制竞争对手，谋取最佳经济效益的总体性规划。

一、环境分析

自董卓造逆以来，天下豪杰并起。……荆州北据汉、沔，利尽南海，东连吴会，西通巴、蜀，此用武之地，非其主不能守；是殆天所以资将军，将军岂有意乎？益州险塞，沃野千里，天府之国，高祖因之以成帝业；今刘璋暗弱，民殷国富，而不知存恤，智能之士，思得明君。

诸葛亮在环境分析中认为，自董卓篡权之后，原来的汉室基本上气数就已经到头了，刘备虽然是"帝室之胄"，但作为臣子试图去恢复汉室的机会基本上消失。还不如趁着曹操、孙权等群雄并起的乱世，借势而为成就一番事业，抓住机会再造江山。

企业在知识产权经营中，同样需要首先了解所处的知识产权内部环境和外部环境。内部环境包括企业专利战略、商标战略、商业秘密战略等知识产权战略的资源配置、组织架构、综合管理和具体实施等内容；外部环境包括 PEST（政治、经济、社会、技术）等宏观因素。要清楚整个外部环境是知识产权强保护还是弱保护，再结合行业状况、竞争形式等微观因素，来调整企业的知识产权战略。

例 6 -1

世界蓝色巨人 IBM 是美国四大工业公司之一，拥有 40 多万名员工，年营业额超过 500 亿美元，几乎在全球各国都有分公司。IBM 是世界公认的从优秀到卓越的公司，是基业长青的高瞻远瞩公司。1947 年，世界上第一台电子计算机问世，主流观点认为计算机将主要用于科学运算，而托马斯·沃特森敏锐地发现将来计算机的用途在于数据处理，因此 IBM 进行战略调整，集中力量研发商业数据处理用计算机，并进行完备的知识产权布局，凭借超前的知识产权战略，IBM 最终成为世界上最大的计算机企业。

了解知识产权环境后，在作出战略决策之前，还要尽可能全面而详尽地掌握与决策有关的情报信息，重视决策前的信息收集和系统分析。例如，专利情报的检索、分析、加工在企业专利战略制定中具有非常重要的作用，因为它具有信息量大、公开性、新颖性、创造性、实用性、法律性等特点。信息收集之后还要进行信息分析，通过信息分析一是能够发现环境中可以利用的机遇，二是预测局势发展的轨迹。

例 6 -2

经过 2003 年与思科一役的失利，华为深刻认识到知识产权战略在其全球扩张中的重要性，开始着手建立系统而严密的知识产权战略计划，注意收集竞争对手的专利技术情报，对竞争对手的技术实力、技术发展动向、技术战略进行全面的分析评估，同时调整了研发过程中对专利的使用，加大专利申请力度，开启系统化、职业化的专利申请之路，截至 2017 年底，华为累计已授权专利 74307 件，申请中国专利 64091 件，国外专利申请累计 48758 件，且 90% 以上为发明专利。

华为知识产权战略有三大抓手：一是在核心领域不断积累自主知识产权，并进行全球专利布局；二是积极参与国际标准的制定；三是学习、遵守和运用国际知识产权规则，处理知识产权事务。正是依靠完备的知识产权战略基础，华为才能够主动与爱立信、苹果达成专利交叉许可协议，敢于向三星提起专利诉讼对簿公堂，勇于叫板高通，在5G通信标准的制定中发出自己的声音。

"分久必合、合久必分"，就是所谓的"顺天乘时"，企业在专利战略制定过程中，一定要通过专利分析明晰自己产品的专利技术发展变化趋势、技术发展路线图、技术生命周期等元素，适时进行产品转型或产业链纵深扩展。

另外，在重视知识产权保护的社会背景下，为了规避侵权，往往会存在以下四种技术路线共存的环境，企业也可根据实际情况完善自己的知识产权战略。

第一，不同企业在同一时期分别研发同一技术的类似产品，但采取的技术方案各有千秋。

第二，为了规避对已有专利技术的侵权，而采取绕道策略。

第三，为了避开已有技术路线下的高额专利许可费，而另行发展新的技术。

第四，由于产业联盟或专利联盟间的利益分配出现分歧，导致各自分道扬镳，分别发展的情形。

二、优劣势对比

今操已拥百万之众，挟天子以令诸侯，此诚不可与争锋。孙权据有江东，已历三世，国险而民富，此可用为援而不可图也。荆州北据汉、沔，利尽南海，东连吴会，西通巴、蜀，此用武之地，非其主不能守；是殆天所以资将军，将军岂有意乎？益州险塞，沃野千里，天府之国，高祖因之以成帝业；今刘璋暗弱，民殷国富，而不知存恤，智能之士，思得明君。

在优劣势对比分析中，诸葛亮认为曹操"挟天子以令诸侯"，占据天时之利，拥兵百万，事实上已经"坐大"，"此诚不可与争锋"；而孙权据江东之险，占据地利之势，"国险而民富，贤能为之用，此可以为援而不可图"；而刘备"帝室之胄，信义著于四海，总揽英雄，思贤如渴"，有人和的优势。

同样道理，企业制定知识产权战略时一定要分析与判断竞争对手的情况，通过"SWOT态势分析法"等厘清敌我双方的优势对比情况，知己知彼、避实击虚。知己就是要清楚自己的专利实力和专利战略，知彼就是要了解竞争对手的专利实力和专利战略意图。具体而言，通过调查、研究、分析、预测专利信息情报，了解竞争对手，掌握专利市场行情，认清产业链和供需链各个环节的技术现状和趋势，发现产业的技术热点和空白点；通过专利风险监控、专利风险评估以及专利预警机制，在对相关技术领域和产品的专利申请信息、专利授权信息、专利纠纷信息以及国内外市场信息和国家科技、贸易、投资等活动中的重大专利信息进行采集、分析的基础上，能够分析潜在竞争对手，能够预测可能发生的重大专利争端和可能产生的危害，并确定其风险等级。

例 6-3

美国艾利公司（Avery Dennison）的压敏技术和标签系统处于全球领先地位，该公司利用薄膜专利开发新市场，就是一个做好优劣势对比后，合理利用自己专利优势的很好案例。

1994年，艾利公司新成立的一个业务单元——Avery标示薄膜产品部，并开发出一种用于粘贴产品标签的新型薄膜，是一种耐久性感压胶薄膜材料。该部门已经拿到了几个重要合同，为宝洁、联合利华、欧莱雅和资生堂等提供洗发水瓶子上的标签，该公司高管普遍认为该部门有着巨大的增长潜力，打算投入巨资大干一场。然而，在一次专利信息分析中发现，行业巨头陶氏化学（Dow Chemical）正在进军这个领域，并已经开始专利布局。在可能正面陶氏化学这一强劲的竞争对手的情况下，艾利公司是投入大量资源继续支持薄膜部门开发这一市场"敢于亮剑"，还是知难而退"走为上计"呢？

这时，艾利公司在对现有专利信息进行采集、分析的基础上，预测可能发生的重大专利争端和可能产生的危害及其程度，确保企业能够及时准确厘清专利技术现状和竞争对手的专利信息动态，通过合理配置专利资源和有效利用专利技术，通过反馈的信息制定相应的专利战略。

经过SWOT法分析后，艾利公司发现在该领域自己拥有更多的基础专利，而且还可进一步申请外围专利来巩固自己的专利布局，这一点陶氏化学难以规避。此时，艾利公司底气十足地与陶氏化学开始接洽，给对方摆明双方的专利实力对比情况，声明陶氏化学得停止相关的工作且不应该继续生产这种薄膜，否则艾利公司将发起专利侵权诉讼战。陶氏化学经过综合考虑后，同意停止相关的研发工作、解散研发团队、将相关的产品从市场上撤出。艾利公司在标示薄膜产品方面从此独霸市场。

正是由于艾利公司明晰敌我双方的力量对比，利用自己的知识产权优势，敢于亮剑挑战行业"巨头蛇"，遏制了陶氏化学对自己市场的侵蚀，从而基本主导了该产品的全球市场。

三、路径选择

将军既帝室之胄，信义著于四海，总揽英雄，思贤如渴，若跨有荆、益，保其岩阻，西和诸戎，南抚彝、越，外结孙权，内修政理；待天下有变，则命一上将将荆州之兵以向宛、洛，将军身率益州之众以出秦川，百姓有不箪食壶浆以迎将军者乎？诚如是，则大业可成，汉室可兴矣。"先取荆州为家，后取西川建基业，以成鼎足之势，然后两路出击，进取中原。兴汉室，成霸业。"

诸葛亮在路径选择中确定了刘备公司的发展战略，要解决师出有名的问题，得先从挖掘品牌文化开始：刘备可打出汉室宗亲的招牌，然后再招揽天下英雄，先图荆州，后取益州，和东吴孙权等联合，通过这一系列的战略步骤和实施计划，最终形成三分天下的格局。

从竞争的角度来说，所谓路径选择，一方面就是企业定位选择，比如是做行业领导者还是做跟随者？是偏安一隅还是全球争霸？是做高端产品还是做大众产品？另一方面，路径选择就是在优劣势对比分析的基础上，如何利用已有的优势战胜对手，并在竞争中发展壮大的过程。

比如，当企业确定核心技术不被自己掌握的相对劣势局面下，可从整体专利布局着手，通过"农村包围城市"的方式巧妙地寻找外围专利技术突破；或"以迂为直"地攻击上下游产业链，来实现"围点打援"的战术策略；或通过结合"隔岸观火""远交近攻""离间计"等计策设法瓦解其专利联盟，寻求各个击破。

一般而言，如果一家企业能将基本专利与外围专利相结合，它就获得相当大的竞争优势。对于无法开发、申请基本专利的企业而言，可以绕开对方的基本专利，发掘对方的"空隙技术"，形成外围专利网以达到与持有基本专利的竞争对手分庭抗礼的目的。

例 6－4

英特尔（Intel）作出开发微处理器芯片的决策方式和诸葛亮提出的策略类似，就是实现弯路超车。首先，英特尔判断日本的存储器生产拥有绝对成本优势，竞争下去自己必败，而信息产业将进入微机时代，微处理器芯片会成为核心业务，然后，英特尔认为自己在微处理器上已经有一定的积累，相比于其他对手有开发优势，因此选择开发微处理器芯片而大获成功，同时，英特尔从半导体的知识产权、设计、制造、封测到销售一手包办来获取垄断地位。

同样是微处理器企业，ARM 公司则反英特尔的垄断之道而行之，更热衷于与别人分享利润。ARM 公司通过出售芯片技术授权，建立起新型的微处理器设计、生产和销售商业模式。ARM 公司将其技术授权给世界上许多著名的半导体、软件和 OEM 厂商，每个厂商得到的都是一套独一无二的 ARM 公司相关技术及服务。ARM 公司向合作伙伴网络（包括世界领先的半导体公司和系统公司）授予知识产权许可证，这些合作伙伴可利用 ARM 的知识产权设计创造和生产片上系统设计，但需要向 ARM 公司支付原始知识产权的许可费用并为每块生产的芯片或晶片交纳专利许可费。

ARM 公司新的商业模式相对于英特尔传统的商业模式，具有以下优势：

优势一：只卖设计收专利费，不用负担制造与销售。

优势二：跨界应用，从家电到手机都适用它的设计。只吃鱼头，靠着卖头脑的 ARM 公司，虽然毛利率只有英特尔的30%，英特尔将所有半导体供应链从鱼头、鱼肚到鱼尾全都吃下，净利润也只比 ARM 公司多赚不到6个百分点，ARM 公司架构的应用范围，却比英特尔广得多。论获利能力，它不输英特尔；论前景，它未来被看好，这正是资本市场给予的高度评价，让它每位员工平均创造的市值是英特尔5.2倍的原因。

优势三：伙伴关系分享利润不通吃，具成本优势。若以 ARM 公司针对智能手机、平板电脑开发的 Cortex A9 双核心处理器为例，在重度使用的情况之下，平均电耗还不到单核心英特尔 X86 上网本处理器装置的 50%。不仅省电，因为与半导体供应链共同分享利润，就连成本，ARM 公司架构也比英特尔更具优势。

四、培育核心竞争力

将军欲成霸业，北让曹操占天时，南让孙权占地利，将军可占人和。

诸葛亮为刘备规划的核心竞争力就是"人和"，在"人和"的基础上可以内修政理，外结同盟。内修可以总揽英雄，百姓拥戴，对外结盟可以创造一个有利的环境。

在知识产权战略中，核心竞争力的确定对于一个企业来说至关重要，一般要综合调查研究、文献检索、科学认证等各种手段进行，在知识产权战略的实施过程中，还要根据形势的变化对自己的知识产权核心竞争力进行及时、灵活的调整。将培育核心竞争力纳入企业战略规划中，则是给企业安装了一颗强有力的"心脏"，即使企业的外壳被摧毁，只要"心脏"还在跳动，企业就有东山再起、卷土重来的能力。培育核心竞争力实际上是培育企业长期发展的竞争优势。

例 6-5

美国可口可乐公司的总裁曾经说过：即使把可口可乐在全球的工厂全部毁掉，凭借"可口可乐"的品牌，仍然可以在一夜之间东山再起。世界四大豪华车企奔驰、宝马、沃尔沃和奥迪的知识产权核心竞争力也各有千秋，除了都非常重视品牌战略外，奔驰重视汽车制动的核心专利竞争力，宝马主张汽车发动机的核心专利竞争力，沃尔沃偏重汽车安全的核心专利竞争力，奥迪则强调车灯外观专利的别具一格性。

第七回　企业如何保护商业秘密——张松献图

保守军事机密是保证作战胜利的决定性条件，诸葛亮在作战前给部将分配任务，多是附耳低言或付给临战才能打开的锦囊妙计，这是最常见的保密方式。除此之外，在"安居平五路"过程中，孔明采取托病不出、对任何人都避而不见的方式加强保密；六擒孟获时，在攻打三江城遇挫的情形下，孔明连下四道命令：第一道：准备衣襟；第二道：包土；第三道：城下堆土；第四道：登城，采取把一道命令后分解下达的方式，既保守了军事秘密，又使每一道命令简捷易行，部队行动容易统一。

一、什么是商业秘密？

商业秘密（Trade Secrets），是指不为公众所知悉、能为权利人带来经济利益，具有实用性并经权利人采取保密措施的技术信息和经营信息。商业秘密是企业的财产权利，它关乎企业的竞争力，对企业的发展至关重要，有的甚至直接影响到企业的生存。商业秘密作为知识产权的一个组成部分，具有秘密性、保密性、价值性、实用性和新颖性等特点。从企业经营的角度上分析，商业秘密可分为技术秘密和经营秘密。

1. 技术秘密

诸葛亮出师北伐时，为了克服运输军粮的困难创制了木牛流马。诸葛亮早就料到了司马懿会派人抢木牛流马，于是在木牛流马中设置了技术秘密防盗，"将木牛流马口内舌头扭转，牛马就不能行动，敌兵走后，再将舌头扭转回来就可"。这便是诸葛亮对木牛流马所用技术秘密！

技术秘密主要是指凭借经验或技能产生的，在工业化生产中适用的技术情报、数据或知识，通常包括产品配方、工艺流程、技术秘诀、工业设计、操作规程、试验数据和记录等，其载体表现为图纸、计算机程序、文字资料等，而且这些技术信息尚未获得专利等其他知识产权法的保护。

2. 经营秘密

在投靠曹操受辱后，为了报答刘备的知遇之恩，张松毫无保留地把益州的"地利行程、远近阔狭、山川险要、府库钱粮"等重要情报资料，一一向刘备作了介绍，并把早已画好的那张地图献上，恳请刘备早日出兵入川。这张入川图，正是张松依靠超强的记忆力，把刘彰集团的军事秘密、营业秘密、人事秘密、管理秘密、财务秘密、组织秘密等，绘制出完整的地图，对于刘备而言，得此图就等于得到了半个西川。

经营秘密亦称"行业秘密"，是指能为企业在同业竞争中取得优势地位、带来高于同业水平经济利益的，不为公众所知的经营者的销售、采购、金融、投资、财务、人事、组织、管理等相关的经验、方法、情报和资料。包括企业尚未公开的具有秘密性质的经营策略方案、企业的发展规划、商业经验、财务报表、客户名单、销售合同和资源配置等。

二、企业如何保护商业秘密？

国舅董承提出的打击曹操的"衣带诏"商业模式，虽然前期由汉献帝作了加密处理，但是因为没有防范小人告密而失败，令汉献帝就此陷入被曹操严密监视的绝境；向刘备献图之后加盟刘备公司的张松，作为涉密人员对于秘密文件保管不当，将密信置于衣袖中，在仓促赴宴的情况下被其兄发现，被举报后最终命丧黄泉，也将其合作伙伴刘备置于了一个上下两难的境地。

在市场经济的浪潮下，企业之间的竞争日趋激烈，为了赢得市场的竞争优势，获取更大利益，企业就会不断地搞技术改造、技术革新，或开发新产品，寻求独特的经营之道。在这种竞争形势中，如果疏于防范，许多企业就会因泄露商业机密而濒临破产，或因商业秘密侵权纠纷而大伤元气。

总体而言，企业对于商业秘密的保护方式有以下七种。

1. 制定完善的保密规章制度并严格执行

一般而言，凡是有可能使商业秘密泄漏的场合都应该有相应的规章制度加以规范，规章制度应该涵盖企业商业秘密的人员、管理机构、保密义务、档案管理、处罚规定等内容。具体而言，企业应当针对商业秘密设立的保护措施有：

(1) 设立商业秘密登记制度和保密档案管理制度；

(2) 设立保密机构、保密人员、保密奖惩制度；

(3) 建立保密资料箱等保密设施；

(4) 对研发室、实验室、生产车间等涉密机构采取隔离监控措施；

(5) 与研发人员、生产人员等涉密人员签订保守秘密规定；

(6) 对涉密计算机进行加密；

(7) 处理涉密废弃物。

例 7 -1

尽管所有的高科技公司都极力采取措施保护自己的商业秘密，但苹果在这一方面的做法却是个中翘楚，为了能在平淡的市场里屡屡创造出具有革命性、爆炸性的创新产品，苹果已经将保密融为根深蒂固的企业文化。用三个例子来说明苹果对于保密工作的战略重视程度。第一个例子是，苹果的保密对象甚至包括了对该公司 30 年前的电脑设计方案；第二个例子是，为了维护严密的保密制度，苹果甚至成立了一个戏称为"苹果盖世太保"（Apple Gestapo）的组织，该组织负责审查所有可能的商业秘密泄密信息，一旦泄密会不遗余力地找出泄密嫌疑人进行处罚；第三个例子是，苹果将包括员工薪酬在内的文件放在一个公共区域内，但是却没有任何人会翻动，哪怕是想去看它一眼。

2. 通过反不正当竞争法保护

反不正当竞争法是各国保护商业秘密比较可靠常用的方式，早在 1993 年我国颁布的《反不正当竞争法》对侵犯商业秘密的行为及其法律责任作了明确的规定：侵犯商业秘密的，监督检查部门应当责令侵权方停止违法行为，并根据情节处于 1 万~20 万元的罚款；对被侵权人造成经济损失的，还应赔偿相应的经济损失。

例 7 -2

2007 年 1 月 17 日，我国公布的《最高人民法院关于审理不正当竞争民事案件应用法律若干问题的解释》更是用多达 9 条的篇幅对商业秘密的侵犯行为类型、侵犯商业秘密的举证责任、管辖法院以及法律救济方法等问题进行了细致规定，为商业秘密反不正当竞争法保护的司法实践确定了明确的操作标准。

3. 利用合同法保护

在《三国演义》中，徐庶从刘备公司离职，进入竞争对手曹魏公司后，不但没有泄露任何原公司的秘密，对政事始终一言不发，演绎了"徐庶进曹营，一言不发"的一段佳话。现代企业经营中，我们不可能奢望每个离职员工都像徐庶一样一言不发，但是企业可以用完善规范的合同来配合技术秘密保护的执行。

企业应选择与重要的员工根据《劳动合同法》第 23 条的规定签订合同：用人单位与劳动者可以在劳动合同中约定保守用人单位的商业秘密和与知识产权相关的事项。对负有保密义务的劳动者，用人单位可以在劳动合同或者保密协议中与劳动者约定竞业限制①条款，并约定在解除或者终止劳动合同后，在竞业限制期限内按月给予劳动者一定的经济补偿。劳动者违反竞业限制约定的，应当按照约定向用人单位支付违约金。

4. 通过刑法进行保护

《刑法》第 219 条规定了"侵犯商业秘密罪"：有下列侵犯商业秘密行为之一，给商业秘密的权利人造成重大损失的，处 3 年以下有期徒刑或者拘役，并处或者单处罚金；造成特别严重后果的，处 3 年以上 7 年以下有期徒刑，并处罚金：（1）以盗窃、利诱、胁迫或者其他不正当手段获取权利人的商业秘密的；（2）披露、使用或者允许他人使用以前项手段获取的权利人的商业秘密的；（3）违反约定或者违反权利人有关保守商业秘密的要求，披露、使用或者允许他人使用其所掌握的商业秘密的。明知或者应知前款所列行为，获取、使用或者披露他人的商业秘密的，以侵犯商业秘密论。

其中，关联《最高人民检察院、公安部关于经济犯罪案件追诉标准的规定》第 65 条对《刑法》第 219 条进一步细化：侵犯商业秘密，涉嫌下列情形之

---

① 所谓竞业限制，又称为竞业回避、竞业避让、竞业禁止，即要求企业员工在离职后一定时间内，禁止经营或从事与原公司业务性质相同或有竞争关系的事业，从而切断员工泄露商业秘密和技术秘密的途径。

一的，应予追诉：给商业秘密权利人造成直接经济损失数额在 50 万元以上的致使权利人破产或者造成其他严重后果的。

5. 结合专利对商业秘密进行保护

通过专利保护和技术秘密相结合，在技术保护的范围上分为专利保护部分和技术秘密保护部分，在技术保护时期上合理选择专利申请时机，在专利申请文件上采取策略性的撰写方式，来保护自己企业的新技术的知识产权，为企业的科技创新保驾护航。

在具体选择的操作手段上，对发明创造中容易被他人模仿且不容易保密的部分申请专利保护，对于技术难度大不容易被仿造的部分作为技术秘密保护。例如，在专利申请文件中首先应充分公开体现发明目的的基本技术内容，防止"公开不充分"而不能获得专利权；对于影响技术效果的工艺、优先配方、最佳实施条件等则不进行公开。这样做的好处是，即使他人按照专利说明书记载的技术方案生产专利产品，在没有掌握核心技术秘密的前提下其产品质量和工艺水平仍然不会对专利方造成威胁。

例 7-3

法国的轮胎公司米其林发明的子午线轮胎技术，大幅度提升了轮胎性能，子午线轮胎一经面世，很快就占据整个市场，被几乎所有类型的汽车使用。米其林针对相关的技术申请了系列专利进行保护，而将生产工艺等采用技术秘密的形式进行保护，令其他同行只能望其项背，由此也确立了米其林在全球轮胎行业的领导地位。米其林在保守自己的知识产权秘密方面也是做足了功夫，哪怕得罪总统也要防止泄密。1959 年 6 月 12 日，时任法国总统的戴高乐来到米其林轮胎工厂参观时，为了保守公司秘密，公司老板弗朗索瓦竟然让戴高乐一行在门外等候了好长时间，最终也没让戴高乐参观生产线，米其林宁可得罪总统，也要规避知识产权秘密泄露的风险，将自己的商业秘密"藏于地下"的做法让人钦佩。

6. 结合商标、著作权对商业秘密进行保护

商标法对隐含在驰名商品中的技术秘密能够提供间接的保护，例如即使有企业破解了可口可乐的神秘配方，也不太可能就抢占市场，因为该企业不可能占有可口可乐的商标和品牌,① 生产的可乐只能是"××可乐"而永远不可能是"可口可乐"。

另外,有些信息既满足作品的条件,又满足商业秘密的条件,这时可通过著作权的保护和商业秘密的协同保护来互补优缺。例如,对技术图纸的擅自发表会侵犯商业秘密所有人的著作权,可依照著作权法对其予以制裁;对于计算机软件,可以通过软件著作权和商业秘密相结合的方式加以保护。

7. 将商业秘密分解进行保护

诸葛亮采取把一道命令分解后下达的方式保守军事秘密,同样,企业也可将作为商业秘密的重要工序或关键配方分解成若干部分,只让每一位涉密者只接触其必须完成任务的部分,而没有机会接触其他部分,使每一涉密者不能拥有完全的商业秘密。

《例 7 - 4》

可口可乐商业秘密神秘的"7X"配方的保护方式正是通过分解的方式进行保护的。这种神秘配方由三种关键成分组成,这三种成分分别由公司总部的 3 个高级职员掌握,而且这 3 个人的身份被绝对保密。这 3 个人除了自己知道的那部分,都不知道另外两种成分是什么。

三、商业秘密被侵犯后如何维权

就像张松将刘璋集团川蜀的"经营秘密"泄漏给了刘备公司一样,企业的商业秘密也可能被侵犯,这时应视不同情况,分别向不同部门寻求法律保护,主要有以下四种途径。

1. 向仲裁机构申请仲裁解决

企业的商业秘密被侵犯,如果此前该企业与侵权人之间签订了合同,并且双方自愿达成仲裁条款的,可依据《仲裁法》向合同中双方约定的仲裁机构申请仲裁。

---

① 根据全球最大的综合性品牌咨询公司 Interbrand 发布的《2016 年全球最佳品牌报告》,可口可乐的品牌价值高达 731 亿美元,连续第四年排名全球第三,是排名第一的快速消费品品牌。

企业与员工（包括离职员工）之间因商业秘密引起的纠纷或签订劳动合同的职工，期限未满擅自跳槽，带走企业商业秘密侵犯企业利益的，企业可依据《劳动争议处理条例》向当地劳动争议仲裁委员会申请劳动仲裁。对仲裁裁决不服的，可以在 15 日内向人民法院起诉。

2. 向工商行政管理部门投诉

企业的商业秘密被侵犯，可以向县级以上工商机关投诉，并提供商业秘密及侵权行为的有关证据。工商机关的处理周期短，可以快速制止侵权行为，而且不收费、成本低。但是，工商机关只对侵权人进行行政处罚，不对侵权赔偿作裁定，只进行调解。工商部门制作行政处罚决定书后，权利人可以根据处罚决定书向法院起诉，要求侵权人给予赔偿，行政处罚决定书具有法定的证据效力。

3. 向人民法院提起民事诉讼

企业的商业秘密被侵犯，可以直接向人民法院提起民事诉讼。向人民法院起诉的，要弄清人民法院的管辖范围，一般应向被告所住地人民法院或侵权行为地人民法院起诉。订立合同的，应向被告所住地或合同履行地人民法院起诉。

4. 刑事诉讼程序

侵犯商业秘密行为构成犯罪时，企业应向公安机关报案，由公安机关立案侦查，由检察院向同级人民法院提公诉。对于犯罪行为尚未对社会秩序和国家利益造成严重危害的案件，企业可以自行向法院提起刑事自诉。在刑事公诉或自诉程序中，权利人可以提起附带民事诉讼，要求被告人赔偿自己遭受的损失。

在寻求保护的过程中，企业需要提供相关证据：首先，要证明企业是商业秘密的合法权利人，可以是所有人，也可以是被许可使用的人；其次，要清楚界定保护的商业秘密内容，便于执法机关、司法机关进行认定和裁判；再次，要证明侵权人所使用的信息与企业商业秘密具有一致性或者相同性；最后，要证明侵权人有获取商业秘密的条件或可能，比如曾是企业员工或曾有过合作关系等。

四、商业秘密如何进行价值评估

诸葛亮使用木牛流马的"技术秘密"，不但能轻而易举地把魏军制造的木牛流马抢过来补充了自己的装备，还得到了魏军木牛流马中的粮食，补充了自己的粮草；刘备得到张松所献的四川地图的"经营秘密"，就等于得到了半个西川，由此可见商业秘密的价值不可小瞧！

商业秘密这种难以定价的东西一般就从两个角度判断：市场定价——竞争对手最高愿意花多少钱来买；内在价值——如果泄露出去对公司的具体损失是多少。商业秘密的价值如何评估则主要从以下几个方面着手。

（1）商业秘密的先进性和成熟度。技术先进、成熟度高的商业秘密，价值自然较大；技术先进、成熟度不够的商业秘密，可能会受到技术市场化风险的影响而降低价值。

（2）商业秘密的保密程度。保密程度越高，评估价值自然越大。

（3）商业秘密获取专利权的可能性。商业秘密如果能够获得专利，能够增加评估价值，因为一旦商业秘密被无意泄漏，可根据《专利法》第 24 条第（3）项的规定，在 6 个月的宽限期内申请专利保密以弥补损失。

（4）商业秘密被实施反向工程、可替代技术的可能性。不容易被反向工程、不容易有可替代技术的商业秘密，价值自然更高。

（5）商业秘密还受市场应用前景、产品应用范围、可预期经济价值等因素的影响。

第八回　企业如何利用标准——挟天子以令诸侯

公元 196 年，颇具政治眼光的曹操得到了的东汉王朝最大的无形资产"汉献帝"，将颠沛流离、无家可归的汉献帝刘协迎接到许昌，改称许都，改元建安。曹操领丞相职着皇帝事，用皇帝的名义发号施令征讨各方诸侯，这就是所谓的"挟天子以令诸侯"，又可以说是"奉天子以令不臣"。通过"挟天子以令诸侯"的手段，曹魏公司既是行业规则的制定者，又是行业规则的执行者，也就是常说的"既当裁判员又当运动员"。曹操通过挟天子以令诸侯的垄断资源优势，设置了有效的竞争壁垒，击败了袁绍、刘表等一干竞争对手，统治中原长达 24 年之久。

一件专利确权之后若未被无效掉，能够凭着受法律保护的专利权垄断一项技术最多可达 20 年。对于企业而言，在尚不能"号令"行业、独霸市场的时候，若想引导产业发展方向、整合产业链的技术和生产资源、推动技术的市场化应用，唯有借助于标准必要专利，参与制定行业标准才能掌握市场的主动权。

一、得标准者得天下

魏、蜀、吴三足鼎立时期，曹操的政令可以说是假借汉献帝名义颁布的"法定标准"，刘备和孙权的政令则是虽未经国家批准而逐渐被市场所接受的"事实标准"。所谓法定标准是指由政府标准化组织或者政府授权的标准化组织依法定程序公告、建立并管理的标准；事实标准是指没经过标准化组织的认可和管理或者其他任何官方批准的情况下，事实上为市场所接受而形成的企业标准或行业标准。

在现代，国际标准化组织（ISO）对于标准的定义是："一种或一系列具有强制性要求和指导性功能，内容含有细节性技术要求和有关技术方案的文件，其目的是让相关的产品或者服务达到一定的安全标准或者进入市场的要求。"

例 8－1

不管是美国登火星计划的航天飞机的火箭筒，还是马斯克的 Space X 公司的能够回收利用的火箭筒，二者的直径都是四英尺又八点五英寸（1.435 米），这个宽度正好等于两匹马马屁股之间的宽度。这个很奇怪的标准是怎么制定的？因为火箭筒要用铁路运输，而铁路要经过一些隧道，隧道的宽度与铁轨的宽度一致，美国铁路两条铁轨之间的标准距离是四英尺八点五英寸。这是英国的铁路标准，而美国的铁路原先是由英国人建的，所以延续英国标准。为什么英国人用这个标准呢？原来英国的铁路是由建电车的人所设计的，而这个正是电车所用的标准。电车的铁轨标准又是从哪里来的呢？原来最先造电车的人以前是造马车的，而他们是用马车的轮距标准。马车为什么要用这个轮距标准呢？因为，如果那时候的马车用任何其他轮距，马车的轮子很快会在英国的老路上被颠坏。为什么？因为这些路的辙迹的宽度是四英尺八点五英寸。这些辙迹又是从何而来的？是古罗马人所定的。因为欧洲，包括英国的长途老路都是由罗马人为它的军队所铺设的，所以四英尺八点五英寸正是罗马战车的宽度。如果任何人用不同的轮宽在这些路上行车的话，他的车轮子的寿命都不会长。罗马人为什么以四英尺八点五英寸为战车的轮距宽度呢？原因很简单，这是两匹拉战车的马的屁股的宽度！

企业即使拥有优秀的技术和相关的专利保护，但如果没有被标准所采纳，在整个市场和产业环境方面，有可能由于被动地接受别人的技术控制而在市场上处于不利地位。首先，由于缺乏产业链的支持和市场的认可，企业的技术难以通过市场获利，企业为之付出的大量先期研发投入将无法回收成本；其次，为了适应标准的要求，企业将不得不对其研发规划和专利战略重新调整，并因此丧失市场先机，沦为市场的后入者，在市场竞争中处于被动的地位；最后，企业还将被迫去谋取标准专利拥有者的许可，为之付出大量的额外费用，使其产品的成本大大高于竞争者，在市场话语权上受到对方的制衡。

例 8－2

2008 年，在和索尼挂帅的蓝光 DVD 阵营竞争下一代高清 DVD 标准的 6 年战争中，东芝领衔的 HD DVD 阵营投入超过 10 亿美元进行技术研发、专利布局和产业化推广，终究因格式标准之争落败，使得整个知识产权联盟缜密布局的核心专利价值瞬间化为乌有。

二、专利标准化是行业的 "天子剑"

专利标准化，即某些专利中的技术被标准所采纳成为标准的一部分，是技术标准化和技术专利化的结合产物，能够将市场准入和专利许可有机地联系在一起。标准本身具有对产业引导和规范的特性，相应的产品或技术需要按照标准中的规定来制造或实施，否则将无法获得普遍的认可，进而难以在市场中立足。与此同时，在比照标准规定的技术方案实施过程中涉及的专利，必须得到专利权人的许可，专利权人许可标准必要专利必须遵循 FRAND 原则。

因此，专利标准化是确保企业在市场竞争中有效地占据优势位置甚至控制地位的有力保障，标准专利的拥有者就像是拥有了 "天子剑"，能够挟天子以令诸侯。通过 "技术专利化—专利标准化—标准许可化—许可全球化" 的链条，企业可以凭借着标准的产业影响力和专利的私权保护制度，使其技术创新达到收益最大化。

例 8-3

作为全球通信标准专利巨头，IDC 公司掌握了无线通信领域 2G、3G、4G 时代的多件核心专利，部分专利已成为该领域的国际标准，这些专利的许可使用正是其收入的重要来源。

随着技术变革的加快和经济全球化程度的加深，标准和专利日益紧密地联系到了一起，孕育出了 "标准必要专利"，并进化出了更为巨大的市场支配力。经济全球化的利益制高点、技术制高点、专利制高点的特性，导致专利所有者纷纷通过国际标准化组织将自己的专利变为标准，从而达到真正 "挟天子以令诸侯" 的目的。标准俨然已经成为世界各国保护民族产业、规范市场秩序、推动技术进步的重要手段，成为诸多高新产业竞争与发展的制高点，以至于我们经常会听到 "三流的企业做产品、二流的企业做品牌、一流的企业做专利、超一流企业做标准"的口号。国际标准组织网站上可以查到 2960 项 ISO/IEC 标准专利声明（数据更新至 2017 年 2 月 1 日），其中来自美国的有近 1000 项，来自日本的有 700 多项，来自中国的只有不到 20 项，可见我国应当进一步加强对国际标准的技术贡献程度，让以中国为主导的专利性国际标准越来越多。

例 8 - 4

以高铁等轨道交通为例，欧洲轨道交通工业往往先在列车通信网络、轨道交通运营控制、车载电气设备与系统和通信信号系统等领域达成共识，然后抱团向欧洲以外的市场进行推广。2005 年以来，受中国轨道交通市场的拉动和运营经验的积累，国内企业在很多技术领域已经取得了重大的技术突破，通过采取争夺控制权的战略，已经在直线电机、能量储存系统、无线重联系统、车载多媒体系统等领域争取到国际标准的制定权，实现了由参与到主导的突破，借助于国内专家资源，将国内的技术现状和水平反映到国际标准中，增强了国内企业的产品在国际市场上的竞争力和话语权。2014 年 7 月，中国南车株洲所联合庞巴迪、捷克 UniControls 和意大利 VDS 等公司，成功完成了新一代网络控制平台产品的互连互通测试，中国南车株洲所通过自己在车载以太网技术领域已经形成完备的技术体系和成熟的产品平台，不再是对国际标准的仰望，而是逐渐把中国的标准变成了世界的标准，从而打破了欧洲公司长期以来在列车网络控制领域的垄断地位，也为中国高铁实施"走出去"战略奠定了牢固的知识产权基础。

三、如何围绕专利标准进行专利攻防

曹操虽然得到了"挟天子以令诸侯"机会，但仍需亲自征伐天下，至死仍没有统一全国，因为竞争中的选择总是双向的：得势后的你可以选择指挥别人，别人也可以选择"服从"或"不服从"。同样，企业的专利被纳入标准化中并不意味着该企业就得到了整个市场，还有诸多后续的工作要开展。

因为标准中被纳入的必要专利往往是有限的，这些必要专利所代表的技术方案一般只体现在了对于性能、规格、参数、规范等方面的基本要求，而在实际的产业应用中，仍然存在各种优化、改进、应用扩展的市场空白点，并有机会衍生出各类的衍生方案。因此，无论是积极通过专利标准化来实现企业优势市场的地位，还是防御标准中他人专利带来的威胁，企业都需要围绕标准专利进行策略性的专利攻防和布局，以进一步扩大市场竞争优势，或有效地增强应对专利风险能力、保护市场竞争行为的自由。

1. 围绕自身的必要专利谋划进攻型的专利布局

一方面，企业需要以自身在标准中拥有的必要专利为核心，积极扩展外围专利保护圈，尤其是在企业的重点产品和重点市场区域范围内；另一方面，企业要充分利用与其密切相关的产业链上下游伙伴的合作关系，彼此之间打造更为牢固的专利攻防同盟，实现全产业链的专利布局。通过这样的专利布局，企业能够保持并强化对技术、产品和市场的控制能力。

例 8 −5

美国的高通凭借自身拥有的大量核心标准必要专利，在全球通信行业有世界领先的地位。高通为了维持自己的垄断地位，除了在手机产业的上下游布局外，还在相关的各个产业链布局，打造更为广泛的产业同盟：在移动产业链的上游，高通投资了很多半导体企业；在手机终端上，除了参与小米早期投资外，高通版图还包括中科创达，该公司为索尼、联想等智能手机厂商开发其安卓系统，并为高通、英特尔、展讯等移动芯片厂商提供安卓技术支持服务；在人机交互上，高通投资了云知声、触宝科技、海豚浏览器等应用，以及一家跟踪眼球的技术企业；在个人应用上，高通投资的公司包括游戏触控科技、车辆企业易道、应用商店机锋网等；在垂直行业上，高通投资了智能家居、移动教育等企业。

2. 围绕对手的必要专利谋划防御性的专利布局

一旦竞争对手的专利被纳入标准成为必要专利，企业将不可避免地面临来自对方的专利威胁和市场控制风险。这时，企业需要围绕对方的必要专利寻找外围专利中的空白点和薄弱点，结合技术发展的动向和对市场需求的敏锐判断，通过在改进、优化、应用方面的扩展构建外围专利保护圈，形成对竞争对手必要专利的有效钳制，进而与竞争对手形成一定的相互依赖、相互控制、相互制约的关系。在这点上，"二战"后日本企业采取的外围专利战略值得我们借鉴：面对众多欧美企业大量基础专利和核心专利构筑的标准必要专利的攻击，日本企业围绕必要专利申请了大量小专利，构筑成了严密的外围专利包围网，使得欧美企业在必要专利的具体实施过程中遭遇障碍，不得不与日本企业签订专利交叉许可协议。

例 8 −6

在 3D 打印领域，美国的 DTM 公司通过激光烧结领域的核心专利获得了必要专利，同领域的后起之秀德国 EOS 公司经过专利分析和不断的试探，结合自身的研发优势，最终选择了粉末涂覆装置这一外围布局点作为突破方向，并依托于技术优势和后期的市场推广，赢得了用刮板代替 DTM 公司粉末涂覆技术的市场先机，逼迫对方进行专利交叉许可，从而以最低成本获取激光烧结核心专利的使用权，并能迅速跟进，在该核心专利技术（SLS）的基础上进行改进改良（SLM），并最终建立属于自己的技术体系（DMLS），并成功取代 DTM 公司的技术成为激光烧结领域新的技术标准（见图 8 −1），通过"源头开花，弯道超车"的专利策略，实现了公司的跨越式发展目标。

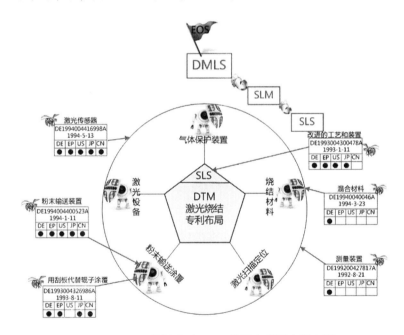

图 8 −1　EOS 公司突破 DTM 公司专利壁垒示意图

3. 谋划进行储备性专利布局

标准化中的必要专利并不是一成不变的，随着新技术的进步、新需求的产生、新产品的不断涌现，产业的标准也会发生修订、更新甚至替代，企业未雨绸缪，在一些可能进行下一步标准化的技术点上提前进行专利储备非常必要。在构筑标准必要专利储备池时，可重点关注以下几点：带来革命性的进步或引领市场需求的新技术，能够解决现有技术重大缺陷的新技术，应新的市场需求而出现的新技术，对现有工艺的稳定性、便捷性、环保性、降低成本性能有大幅改进的技术等。

例 8 - 7

熟悉通信行业的人都知道，依靠对通信标准必要专利的控制，高通一直是通信行业上的一道门槛，除了 2G/3G 时代高通的绝对垄断之外，在 4G 技术和专利方面，高通的优势仍很明显。这时，需要中国通信企业站出来，占领标准制高点，调整产业生态，改变高通一家独大的局面。为此，中国的华为计划在 2020 年前投 6 亿美元研发 5G 技术，实现 5G 标准化，并进行专利布局，以更好地满足运营商和市场的需求，同时在行业标准的争夺方面抢得先机。终于，2016 年 11 月 18 日在美国内华达州里诺结束的 3GPP 的 RAN1#87 会议上，3GPP 确定了华为主推的 Polar 码作为控制信道的编码方案，高通主推的 LDPC 码（低密度奇偶校验码）作为数据信道的编码方案。华为作为中国 IMT - 2020（5G）推进组的成员，参与了 Polar 码的研究与创新，在形成全球统一的 5G 标准、提升 5G 标准竞争力过程中终于发出了中国企业的声音。

4. 利用诉讼维护权益

标准中的标准必要专利如何发挥维持标准秩序的作用，还得依靠法律诉讼进行支持。通过法院对标准必要专利侵权诉讼作出侵权认定并给予禁令救济，对于完善标准必要专利的诉讼制度、平衡专利权人与标准实施者之间的利益和促进行业的健康发展具有重要意义。

例 8 - 8

2002 年 11 月，西安的西电捷通公司就 WAPI 中的一项核心技术"一种无线局域网移动设备安全接入及数据保密通信的方法"提交了发明专利申请（专利申请号：02139508.X）。2003年，以02139508.X专利为核心的WAPI标准制定完成，作为与美国WiFi标准并列的全球仅有的两个无线局域网安全技术标准，西电捷通的相关技术被芯片厂商、运营商、终端设备制造商等广泛应用。2005年3月，该专利申请获得授权，同年获得中国专利金奖。该专利目前已经在中国、美国、日本等12个国家获得授权。

2010年6月1日，WAPI核心支撑技术——三元对等实体鉴别成为国际标准，这是我国在网络安全基础技术领域第一个国际标准。

2015年7月初，因认为索尼中国生产销售的多款手机产品侵犯其标准必要专利02139508.X发明专利权，西电捷通向北京知识产权法院提起诉讼，请求法院判令索尼中国立即停止侵权，并赔偿其经济损失3288万余元及合理支出47万余元。

北京知识产权法院经审理认为，索尼中国生产、销售的涉案35款手机均执行的是WAPI标准，由于涉案专利是标准必要专利，因此，涉案手机在设计研发、生产制造、出厂检测等过程中均实施了涉案专利，侵犯了西电捷通的专利权。北京知识产权法院对该案作出一审判决，判令索尼中国立即停止侵权行为，赔偿西电捷通经济损失910万元。

关于赔偿数额的确定，由于双方当事人均未提交相关损失或获利的证据，北京知识产权法院认为，考虑到涉案专利为无线局域网安全领域的基础发明、获得过相关科技奖项、被纳入国家标准以及索尼中国在双方协商过程中的过错等因素，支持西电捷通提出的"以许可费的3倍确定赔偿数额"主张。

第九回　企业如何申请著作权和商标权——曹操和一合酥

对酒当歌，人生几何？往事越千年，魏武挥鞭，东临碣石有遗篇。

他是三国时代甚至整个中国历史上最具争议的枭雄之一，他坚守承诺生前不称帝，号称不穿龙袍的帝王；他视奋斗为己任，视失败为踏脚石，视成功为新起点，老骥伏枥，永不消沉；他的诗词大气磅礴，又不失浪漫灵动，是中国文学史上璀璨的明珠；他在子女教育方面颇有心得，与两个儿子一起号称文坛"三曹"。他就是曹操曹孟德。

令人不可思议的是，曹操与知识产权还有着颇深的渊源。

一、曹操与著作权的渊源

1. 孟德一怒焚新书，尊重版权第一人

相比于刘备和孙权，在文采武略方面曹操可谓技高一筹，在文学史上，他是"建安七子"首领，地位颇高。据《三国志·武帝纪》记载，曹操博采兵、法、儒、道等诸家思想，并在实践中有所发展。他"博览群书，特好兵法，抄集诸家兵法，名曰《接要》，又注《孙武》十三篇"，"自作兵书十万余言，诸将征伐，皆以新书从事"。

罗贯中的《三国演义》里记述了这样的故事：张松从西川到许都见曹操意欲献出入川线路图，办公厅主任杨修为了显示自己老板曹操的才能，从筐中拿出一卷兵书给张松示看，该兵书共十三篇，所记的都是用兵谋略和治兵术要，叫作《孟德新书》。张松看了一遍后却大笑，说这部书乃是战国时无名氏所作，曹操剽窃古人著述，据为己有，算不得什么"新书"。为了证明这一点，他便借助于自己超群的记忆力从头至尾一字不差地背出来。曹操知道以后，说道：莫非是古人的见解和我的相暗合？便吩咐放一把火把这部书烧掉了。

曹操的做法虽然草率，但是这种尊重著作权的态度值得当今的人学习！按理说，曹操自己最清楚其新书是原创、独创的，完全可以为自己辩护并追究张松的诽谤之罪，甚至仗势杀了张松以保全自己名声，但他没有这样做。曹操只想到"莫非古人与我暗合"，也就是按今天的说法是"思路撞车"，既然古人已说过写过了，那我何必再重复前人的著作呢，遂"扯碎其书烧之"，宁可信其有不可信其无。

假如曹操乘上时光穿梭机来到公元21世纪，拿如今中国的相关著作权法律法规来看，曹操的著作是完全符合相关法律法规的规定，并且他也是尊重著作权的典型人物。

首先，根据《著作权法》第12条规定："改编、翻译、注释、整理已有作品而产生的作品，其著作权由改编、翻译、注释、整理人享有，但行使著作权时不得侵犯原作品的著作权。"曹操对《孙子兵法》等兵法进行了摘抄、注释和解读，只要注明了原著出处，改编、翻译、注释、整理的权利仍然归曹操享有，这点是毫无疑问的，只要在署名方式上注明"曹孟德主编"而不是"曹孟德著"就没问题了。

其次，根据《著作权法》第21条规定："公民的作品，其发表权、本法第十条第一款第（五）项至第（十七）项规定的权利的保护期为作者终生及其死亡后五十年，截止于作者死亡后第五十年的12月31日；如果是合作作品，截止于最后死亡的作者死亡后第五十年的12月31日。"如此算来，从孙武写兵法所在的战国时代（公元前403年至公元前221年），至张松献图的公元211年，早就过去了432～614年，孙武、鬼谷子的子孙业已传承了十代以上，《著作权法》规定的发表权早就过了期限，曹操自然有资格合情合理地对《孙子兵法》《鬼谷子兵法》进行改编和整理，而不必通知孙武、鬼谷子其后世子孙知晓，焚香煮梦一纸香书告知仙人足矣。

最后，曹操为消除可能侵权的不良影响，烧掉竹简，主动销毁涉嫌侵权的复制品，可以说在那个普遍认为"窃书不为偷"的时代，曹操无愧是尊重著作权的第一人！

除此之外，曹操还对著作权的传承非常重视，曹操平定北方后，将自己老师大文豪蔡邕之女蔡文姬从匈奴手中重金赎回，令其女承父志，不但整理蔡邕所遗留的文学、书法、音律等书稿 400 多篇，经历各种人生苦难后，蔡文姬也得以创作出了《胡笳十八拍》《悲愤诗》这样既具有高度思想性又具有高超艺术性、读来催人泪下的上乘之作，曹操无疑为中国文化多样化的传承也贡献出了自己的一份力量。

2. 企业如何获得著作权保护

对于企业而言，如果在经营中与著作权关系密切，不论是本身就是以作品为产品的企业（如设计公司、影视公司等文化创意企业），或者以提供网络技术服务为产品的企业（如搜索引擎公司、电子商务平台等电子信息企业），还是一般企业的产品所涉及的包装、宣传广告等，几乎都离不开文字、图案、软件，无不涉及作品，因此都脱离不开著作权的保护。

（1）著作权保护的客体。著作权又称版权，指作者（自然人、法人和其他组织）对其创作的作品所享有的专有权利。著作权自作品创作之日起产生，不需要履行任何申请或者登记手续，也不以是否出版为前提，并实行自愿登记制度。

著作权法意义上的作品包括：文字作品，口述作品，音乐、戏剧、曲艺、舞蹈、杂技艺术作品，美术、建筑作品，摄影作品，电影作品和以类似摄制电影的方法创作的作品，工程设计图、产品设计图、地图、示意图等图形作品和模型作品，计算机软件，法律、行政法规规定的其他作品。

著作权包括 4 项人身权利（发表权、署名权、修改权和保护作品完整权）和 12 项财产权（复制权、发行权、出租权、展览权、表演权、放映权、广播权、信息网络传播权、摄制权、改编权、翻译权、汇编权）。

（2）著作权登记部门及流程。我国实行作品自愿登记制度，其目的在于维护作者或者其他著作权人和作品使用者的合法权益，有助于解决因著作权归属造成的著作权纠纷，并为解决注重纠纷提供初步证据。

著作权登记部门有中国版权保护中心、北京版权保护中心和北京计算机软件登记中心。具体登记流程如图 9 - 1 所示。

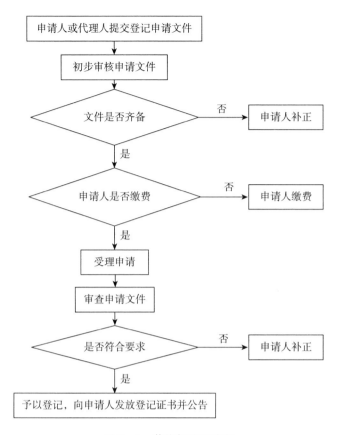

图 9－1　著作权登记流程

二、曹操与商标的渊源

1. "一合酥"驰名商标权，千年后归属沪佳帅

对于曹操而言，除了当今快递行业恶搞的"曹操"商标，与商标最有渊源的故事当属一合酥事件："塞北西凉刺史马腾送酥一盒至。操自写'一合酥'三字于盒上，置之案头。修入见之，竟取匙与众分食讫。操问其故，修答曰：'盒上明书一人一口酥，岂敢违丞相之命乎？'操虽喜笑，而心恶之。"

故事归故事，曹操在盒子上手书"一合酥"三字，可以说在三国中开了商标的先河，并传承至今历经 1800 多年。

对于现代企业而言，基于传统历史事件的商业品牌就像一件件古老的艺术品，如果我们在今天的商业社会中将它们挖掘出来重新利用，它们依然散发出无穷的魅力并发挥出巨大的商业价值。欣慰的是，国内企业对于"一合酥"的历史价值颇为重视。从国家知识产权局商标局的网站上查到，截至2018年5月，申请"一合酥"商标的有5家企业，种类除了涉及29类（食品）和44类（医疗园艺）没有注册外，其余的43大类都已经被注册（见表9-1）。

表9-1 "一合酥"商标注册情况

类别	申请号	申请人	申请日	状态
42类（科技服务）	1451622	淄博华亚经贸有限公司	1999年6月4日	无效
30类（方便食品）	15978739	北京市继远斋食品厂	2017年12月19日	无效
30类（方便食品）	10960811	西安饮食股份有限公司	2012年5月23日	无效
35类（广告销售）	15654951	成都市靓家工艺家具有限公司	2017年11月5日	有效
30类（方便食品）	8131145	上海佳帅食品有限公司	2010年3月18日	变更
30类（方便食品）	24466865	上海佳帅食品有限公司	2017年6月5日	重新注册
01类（化学原料）；02类（颜料油漆）；03类（日化用品）；04类（燃料油脂）；05类（医药）；06类（金属材料）；07类（机械设备）；08类（手工器械）；09类（科学仪器）；10类（医疗器械）；11类（灯具空调）；12类（运输工具）；13类（军火烟火）；14类（珠宝钟表）；15类（乐器）；16类（办公用品）；17类（橡胶制品）；18类（皮革皮具）；19类（建筑材料）；20类（家具）；21类（厨房洁具）；22类（网绳袋篷）；23类（纱线丝）；24类（布料床单）；25类（服装鞋帽）；26类（纽扣拉链）；27类（地毯席垫）；28类（健身器材）；32类（啤酒饮料）；33类（酒）；31类（饲料种子）；34类（烟草烟具）；36类（金融物管）；37类（建筑修理）；38类（通信服务）；40类（材料加工）；42类（科技服务）；39类（运输贮藏）；45类（社会服务）；41类（教育娱乐）	19827750	上海佳帅食品有限公司	2016年5月3日	有效
43类（餐饮住宿）	24962717	重庆味子夫餐饮管理有限公司	2017年6月23日	注册中

涉及 42 类服务的淄博华亚经贸有限公司的商标权处于无效状态，涉及 35 类广告的成都市靓家工艺家具有限公司的商标权自 2015 年 12 月 28 日至 2025 年 12 月 27 日。商业价值更高的食品类的"一合酥"商标权现属于上海佳帅食品有限公司，商标图样见图 9 - 2，同样在 30 类中申请商标的北京市继远斋食品厂和西安饮食股份有限公司联合食品分公司均处于无效状态，可以看出，涉及食品糕点类的"一合酥"商标争夺还是很激烈的。上海佳帅食品有限公司于 2016 年 5 月 3 日对"一合酥"42 大类都申请了商标进行防御性保护，以加强对"一合酥"品牌的全方位的商标保护。

图 9 - 2   上海佳帅食品有限公司的"一合酥"商标图形

在"一合酥"商标持有人上海佳帅食品有限公司的介绍中看到（见图 9 - 3），该公司的"一合酥"商标正是源自三国时曹操的故事，该公司抓住市场机会发展，并使得"一合酥"一跃成为上海特产，成了上海旅游产品的招牌之一，这在当年可是西凉（现在的宁夏和甘肃）特产呢！上海佳帅食品有限公司的"一

三国贡品   千年食品、今日品尝。"一合酥系列"的历史源远流长，原产于北方的少数民族，在三国时期传入中原，深受汉族人士欢迎。在《三国演义》中有一段文字记载【十七年，赛北送一合酥至。曹操品之，其大悦，亲提笔"一合酥"三字于盒上，置于案头。杨修入见之，竟取起与众分食。众问其故，修答曰："盒上明书一人一口酥于此，当敢违丞相之命乎？"众大喜，一扫而净。】一盒酥因为曹操的题词就此成名，此后成为宫廷的贡品，流传下来。本公的产品有："一合酥系列"、"祥云酥系列"、"元宝酥系列"、"一人一口酥系列"、"大福果系列"。专利产品，独此一家。

图 9 - 3   上海佳帅食品有限公司的"一合酥"产品介绍

合酥"运营可谓是"借船出海"的绝佳案例，传统品牌的价值不仅被发挥出来，还增添了现代社会的新的元素和文化，这样的品牌相对而言更容易得到消费群体的认同。

可见，我们既要充分发挥传统品牌的价值和功用，还要将当代的文化和社会价值观融合进去，而不只拘泥于它原来的含义和地域局限，这样才能更好地利用、创造历史品牌的新价值。

2. 企业如何注册商标

商标具有强烈的地域性保护特征和通过使用增加显著性的特征，这意味着企业可以通过注册商标来树立和保护企业品牌，可以通过持续地使用注册商标来增加其显著性，加大企业产品或服务与其他同类产品或服务之间的区别，使消费者记住、认可，得到投资人的青睐。

（1）基本要求。任何能够将自然人、法人或者其他组织的商品与他人的商品区别开的标志，包括文字、图形、字母、数字、三维标志、颜色组合和声音等，以及上述要素的组合，均可以作为商标申请注册。申请注册的商标，应当有显著特征，便于识别，并不得与他人在先取得的合法权利相冲突。

（2）申请途径。国内的申请人申请商标注册或者办理其他商标事宜，有两种途径：一是自行办理；二是委托依法设立的商标代理机构办理。外国人或者外国企业在中国申请商标注册和办理其他商标事宜的，应当委托依法设立的商标代理机构办理，但在中国有经常居所或者营业所的外国人或外国企业除外。中国香港、澳门和台湾地区的申请人参照涉外申请人办理。

（3）提交文件。国内自然人直接办理商标注册申请时应当提交以下文件：按照规定填写打印的"商标注册申请书"并由申请人签字、商标图样、个体工商户营业执照复印件、自然人身份证复印件、经办人身份证复印件等。

国内法人或者其他组织直接办理商标注册申请时应当提交以下文件：按照规定填写打印的"商标注册申请书"并加盖申请人公章、商标图样、身份证明文件复印件、经办人身份证复印件等。

（4）注册流程见图9-4。

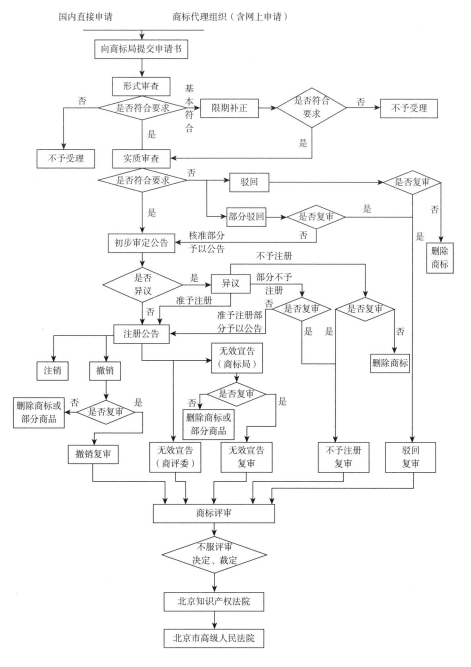

图9-4 商标注册流程简图

《例 9-1》

"美柚"是厦门美柚信息科技有限公司推出的国内首款女生助手类手机软件，在 2013 年 10 月以前"美柚"名叫"西柚"，但 10 月初一家名为康讯睿思的公司向西柚、百度、豌豆荚、安智等发出律师函，称"西柚"商标为自己所有，要求它们停止使用"西柚"，并将其产品下架。最后西柚网立刻下架产品，三天后在其官网宣布"西柚"品牌升级为"美柚"。如果厦门美柚信息科技有限公司有较强的知识产权意识，在品牌命名前对该商标进行检索就不难发现在软件下载类别上已经有一个北京传动未来科技公司注册的"西柚"商标，之后该公司将"西柚"商标使用权许可给康讯睿思公司，这样就可以避免"西柚"无奈变脸"美柚"的尴尬局面。

第十回　企业如何保护自己的商业模式——草船借箭

　　赤壁大战前，周瑜让诸葛亮立下军令状，限期三日之内造十万支弓箭，以应抗曹急用。时间紧、任务重，且周瑜安排的工匠和物料都不应手，如果利用常规办法，这无疑是一项根本不可能完成的任务。但是，诸葛亮充分利用了自己的颠覆式创新思维方法成功解决了棘手的难题。在一个大雾蒙蒙的早上，诸葛亮派出几千艘木船，千帆齐发，船上扎满了稻草，当船驶到长江中央的时候，敲锣打鼓，杀声震天，佯装攻打曹营的样子。曹操站在寨墙上一看，江面上朦朦胧胧地有很多船只向他驶来，曹操以为对方真的要进攻了，但是又不敢贸然开船迎击。于是，就命令所有的弓箭手万箭齐发，结果箭镞一支支射到了船的稻草上。诸葛亮稳坐仓内，饮酒谈笑间，没费吹灰之力，就用"草船借箭"的商业模式，从曹操那里借来了十余万支箭，超额完成了貌似不可能完成的任务。

实际上，诸葛亮"草船借箭"的故事是罗贯中为了彰显孔明的智慧而杜撰的，而"草船借箭"这种商业模式的真正发明人是孙坚。

一、孙坚是 "草船借箭" 商业模式的发明人

《三国演义》中记载："黄祖伏弓弩手于江边，见船傍岸，乱箭俱发。坚令诸军不可轻动，只伏于船中来往诱之；一连三日，船数十次傍岸。黄祖军只顾放箭，箭已放尽。坚却拔船上所得之箭，约十数万。当日正值顺风，坚令军士一齐放箭。岸上支吾不住，只得退走。"

孙坚在草船借箭后的跟进措施其实比诸葛亮更先进，孙坚借完箭后，顺势利用顺风就地反击将箭射回给敌人，真正做到了"用彼之箭还施彼身"的商业效果，令黄祖军败退。

试想，如果孙坚"草船借箭"的商业模式能够进行知识产权保护的话，之后的诸葛亮就不能再使用"草船借箭"的模式，当然不会完成三日内生产十万支箭簇的任务，诸葛亮可能会被周瑜以此为由军法杀头，整个三国的历史因此将会重写。

二、"草船借箭" 的现代应用及知识产权保护政策

放到当下，"草船借箭"现代应用的商业模式就是众筹，即大众筹资或群众筹资。借助"互联网＋"的东风，发布筹款项目建立"借箭平台"，争取获得社会大众的关注和支持，进而获得所需要的资金注入，项目成功后向参与筹资者兑现前期承诺。

当前，"大众创业、万众创新"成为推动中国经济继续发展的引擎，在此过程中，相比于周期更长的技术创新，商业模式的重要程度被提到了一个空前的位置上。加快推动新商业模式的知识产权保护具有极为重要的现实意义和战略意义，有利于在"大众创业"过程中不断挖掘新模式新业态中的创业机会，有利于在"万众创新"中不断激发蕴藏在人民群众中的无穷智慧和创造力，有利于形成整个产业形态、组织方式、生产方式、商业模式的相应变革。

随着我国政策空间的逐步打开，新商业模式知识产权保护工作实践正在探

索和推进，潜力较大。2015 年以来，发布的与商业模式知识产权保护相关的主要政策文件如表 10 - 1 所示。

表 10 - 1　2015 年以来发布的与商业模式知识产权保护相关的主要政策文件

时间	名　称	内　容
2015 年 3 月 23 日	《中共中央国务院关于深化体制机制改革加快实施创新驱动发展战略的若干意见》（中发〔2015〕8 号）	"研究商业模式等新形态创新成果的知识产权保护办法。"
2015 年 5 月 7 日	《国务院关于大力发展电子商务加快培育经济新动力的意见》（国发〔2015〕24 号第 7 条）	提出要 "加强电子商务领域知识产权保护，研究进一步加大网络商业方法领域发明专利保护力度"
2015 年 6 月 16 日	《国务院关于大力推进大众创业万众创新若干政策措施的意见》（国发〔2015〕32 号）	"研究商业模式等新形态创新成果的知识产权保护办法。"
2015 年 7 月 4 日	《国务院关于积极推进"互联网＋"行动的指导意见》（国发〔2015〕40 号）	"加快推动互联网与各领域深入融合和创新发展，要求由国家知识产权局牵头加大对新业态、新模式等创新成果的保护力度。"
2015 年 9 月 25 日	《深化科技体制改革实施方案》第 119 条	提出 "研究商业模式等新形态创新成果的知识产权保护办法"
2015 年 12 月 18 日	《国务院关于新形势下加快知识产权强国建设的若干意见》（国发〔2015〕71 号）	"加强新业态新领域创新成果的知识产权保护……研究完善商业模式知识产权保护制度……"
2016 年 5 月 12 日	《关于建设大众创业万众创新示范基地的实施意见》（国办发〔2016〕35 号）	"在示范基地内探索落实商业模式等新形态创新成果的知识产权保护办法，推行知识产权管理规范的国家标准。"
2016 年 5 月 19 日	《国家创新驱动发展战略纲要》	"发展支撑商业模式创新的现代服务技术，驱动经济形态高级化。以新一代信息和网络技术为支撑，积极发展现代服务业技术基础设施，拓展数字消费、电子商务、现代物流、互联网金融、网络教育等新兴服务业，促进技术创新和商业模式创新融合，强化知识产权制度对创新的基本保障作用。健全防止滥用知识产权的反垄断审查制度。"

续表

时间	名　称	内　容
2016 年 7 月 10 日	《辽宁省人民政府关于新形势下加快知识产权强省建设的实施意见》（辽政发〔2016〕45 号）	"加强新业态新领域创新成果的知识产权保护……研究推进商业模式知识产权和使用艺术品外观设计专利法律保护……"
2017 年 4 月 1 日	《国家知识产权局关于修改〈专利审查指南〉的决定》（国家知识产权局令第七十四号）	"涉及商业模式的权利要求，如果既包含商业规则和方法的内容，又包含技术特征，则不应当依据《专利法》第二十五条排除其获得专利权的可能性。"

一个商业模式，如果能够很好融入知识产权保护，创业过程中就不再担心别人对商业模式的抄袭！

三、如何对商业模式进行知识产权保护

商业模式（Business Model），也叫作商业方法，通常是指在明确市场需求和可利用资源的前提下，形成一个将市场需求与资源结合的可营利体系。通俗来讲，商业模式是一个企业满足消费者需求的系统，即通过组织管理资金、原材料、人力资源、作业方式、销售方式、品牌和知识产权等各种资源，形成消费者无法自力而又必须购买的产品和服务。

商业模式知识产权保护是比"商业方法专利"（Business Method Patent）更加宽泛的一个概念。

从全球来看商业模式的知识产权保护，美国最先于 1998 年在"道富案"中对商业方法专利敞开了大门，美国专利商标局于 2014 年 12 月 16 日颁布了专利法第 101 条针对商业模式可专利性的最新审查指南。由于欧洲和日本对待商业模式专利的保守态度，使得它们采取了严格的"技术性"标准来审查商业模式专利的申请。

对于我国而言，中小企业是"大众创业、万众创新"的主力军，主要崛起于互联网的它们，创业初期所依赖的往往都是商业方法、商业模式的创新，比如共享租车、共享单车等共享型平台类商业模式。然而，好的商业模式又容易

被众多跟随者模仿和复制，如果不能得到及时有效的知识产权保护，成功的商业模式很容易被资金、体量更大的企业"强占"，中小企业的发展无疑面临巨大风险。因此，尤其是互联网领域的中小企业，非常有必要加强和完善自己的商业模式知识产权保护。商业模式主要有以下四种保护方法。

1. 策略性的专利保护手段

首先，从 2017 年 4 月 1 日修改的《专利审查指南 2010》来看，对于商业模式的保护已经逐步放开，无论涉及金融、保险、证券、租赁、拍卖、投资、营销、广告、经营管理等领域的哪种商业模式创新，只要商业模式能够与技术特征结合，产生有益效果，比如这些新商业模式市场运行效果好、用户体验佳，提升了资源配置和流动效率，节约了社会成本，增进了社会福利，都可以纳入专利保护范畴，这样就使得商业模式的保护主体从"智力活动的规则和方法"转变为对"技术方案主体"的保护，对技术专利的审查就自然转换成了是否具备新颖性、创造性的审查。

拿孙坚的"草船借箭"商业模式来说，如果能将借箭过程中船只的改造方法、江面上船只的排列方式、如何选择选择天气、如何配置兵力、何时调转船头、何时撤离等技术特征加入到"草船借箭"商业模式中来，无疑已经纳入专利权可保护的客体中来。

其次，企业可以对商业模式衍生的产品进行专利保护，从而达到从侧面、局部保护商业模式的目的。例如，用"曲线救国"的方式布局商业模式的外围专利池，对其配套设备、装置、电子系统、相关产品等申请专利保护自己的核心商业模式。

另外，企业应对商业模式申请图形用户界面（GUI）外观设计专利保护，对商业模式涉及网页的外观、风格、特色等申请界面保护。但是需要注意的是，GUI 外观设计专利申请时必须结合载体。例如，同一个 GUI 在申请外观设计专利是必须提交手机端、PAD 端、PC 端等的 GUI 外观设计专利申请。

例 10 -1

电子商务网站亚马逊的 i-didk 技术，也叫作"一键下单技术"，允许在线用户仅通过一次点击便完成整个购买过程，大大改善了用户的网购体验，该商业模式在 1999 年 9 月 28 日获得了美国专利权，专利号为 US5960411A，发明名称为"通过通信网站进行订购的方法和系统"。当亚马逊发现另一家商务网站（Barnesandnoble.com）也在采用相似的技术时，它将对方告上了美国法庭，请求法庭判决对方承担侵犯专利权的责任，并赔偿原告的经济损失。最终，法官向被告发出了初步的禁令，要求其立即停止使用该销售方式。

2. 通过《著作权法》对自己的商业模式进行保护

以互联网的商业模式为例，除了包含软件、技术等内在组成部分外，其最大的价值更在于内容的原创性，这时商业模式的外在形式实际是一种作品，可以用《著作权法》进行保护。例如，通过软件著作权对支撑商业模式运转的软件实现保护，通过作品著作权可以对商业模式中的中的文字作品、美术作品、视频作品等进行保护。

例 10－2

2000 年 3 月，上海卓尚信息公司诉称 e 龙网抄袭自己的"互联网奥斯卡竞猜活动"，诉 e 龙网举办与其相同的活动，在活动名称、方式、内容及奖项设置等方面又刻意模仿，侵犯了其著作权，是一种不正当竞争活动，要求 e 龙网赔礼道歉并赔偿损失 19.8 万元。

Facebook 是美国著名的校园社交网站，在全球占有很大的市场份额。但有一件事却一直令它很烦恼：它的这种模式被大量国外企业模仿，跟随者们纷纷在自己的国家建立类似的校园社交网站。这使得 Facebook 在海外事业的拓展上遇到了很大的阻碍。2014 年，Facebook 另辟蹊径，将德国一家网站 StudiVZ 告上法庭，理由是对方侵犯了自己的著作权，称对方"拷贝了 Facebook 的外观、风格、特色和服务"，甚至包括自己特有的"留言墙"功能。

此外，大新闻网站与"今日头条"的版权争议、小米与乐视之间有关内容平台的法律争议、大众点评网与爱帮网之间的不正当竞争诉讼，原告方都试图通过《著作权法》来保护商业模式，法院判决中大都也援引《著作权法》中的相关规定。

3. 对"电子商务"等商业模式进行商标保护

《商标法》主要从企业商誉的角度保护商业模式，因此企业应及时对"电子商务"等商业模式进行商标保护。

尼斯分类表将商品和服务共分为 45 个类别，与"电子商务"最为接近的类别为第 35 类"广告；商业经营；商业管理；办公事务"。企业可以将"电子商务"纳入 35 类的 3505（替他人推销）的商品群组，与该群组中的"替他人推销""拍卖"等共同作为该群组的商品予以保护。

同时，在资金允许的前提下，建议企业对其商业模式采取"组合商标"保护策略，尽量保护更多的类别，以避免后期因保护不足给企业发展带来障碍和损失。

例 10 −3

商标经过广泛使用和精心维护后形成的品牌效应，能够强化消费者与商品或者服务之间的联系，使消费者产生忠诚度，进而使商品或者服务提供者占有更高的市场份额或者获取品牌溢价。Uber 打造了网约车这样一种全新的商业模式，2016 年 8 月 1 日，滴滴出行与 Uber 全球达成战略协议，接手了后者在中国的业务——Uber 中国品牌、业务等全部资产，代价是滴滴出行付出 20% 的经济权益，这其中 Uber 商标品牌的估值占据了很大的比例。

4. 去其他国家和地区进行专利保护

美国对商业模式专利保护的特点是申请限制少；对商业方法专利的审查采取宽松的标准，基本上只要能够产生一定的实用性，同时不违反其他专利性条件，就可以得到保护，审查标准相对宽松。因此，对于重要的商业模式，企业可以去美国等对商业模式进行专利保护的国家和地区申请专利保护，可以借势开拓国外市场。

但是，美国近几年出台的一系列立法改革——美国发明法、美国创新法案，以及与商业方法专利相关的几个重要判决——Bilski 案、Mayo 案、Alice 案、Enfish 案等，都突显了其对商业方法专利的紧缩态度。

例 10 −4

戴尔（Dell）的成功来自其拥有一个商业模式——"戴尔模式"，这个著名模式的要义是用直销模式抛开传统商业销售链的中间商和零售商环节，节省了市场推广成本，降低了产品价格。戴尔针对此在简化流程领域申请了多达550件专利进行布局，这些专利也正是其他公司无法真正复制貌似简单的"戴尔模式"的最主要原因，连财大气粗的IBM都甘拜下风，只能与其达成专利交叉许可协议。

第十一回　企业如何构建知识产权组合——三英战吕布

俗话说："人多力量大，组合后更强"，它要求人们将单个元素和切片放在系统内实现"新的组合"，从而能够实现"整体大于部分的简单综合，即 1 + 1 > 2"的效应。

刘备、关羽、张飞三兄弟在虎牢关联手，通过"三英战吕布"一战成名。一个织草席卖草鞋的没落汉室宗亲刘备、一个大街上兜售大枣的困顿关西汉关羽、还有一个家境还算殷实的杀猪宰牛的另类屠夫张飞，"三个庄稼汉，勇斗吕奉先"，在1800多年前的漫漫黄沙的虎牢关下，三个看似卑微的困顿英雄，却将他们的勇力、胆略和忠义组合起来，远远地将那些嘲弄他们的世俗贵族甩在了身后。刘备、关羽、张飞三人联起手来，形成一股无坚不摧的力量，这力量足以摧枯拉朽，这力量足以撼天动地，这力量犹如一辆滚滚向前的猎猎战车，不要说一介武夫吕布，即便是整个东汉末年的浩浩荡荡，也一一被碾压在他们用肝胆与忠义打造的滚滚历史车轮之下。

一、专利组合

与"三英战吕布"类似，专利组合（Patent Portfolio）是指单家企业或多家企业为了发挥单件专利不能或很难发挥的效应，而将相互联系又存在显著区别的多件专利进行有效组合而形成的一个专利集合体，达到"三个臭皮匠，胜似诸葛亮"的效果。

1. 专利组合的特征

专利组合是一个动态的概念，是由一定数量的专利依托于整体专利战略、以核心专利为中心而构筑成的"专利池"，其包括技术目标组合、空间组合、时间组合、申请模式组合、不同技术领域组合等组合方式，也可以交叉组合，以提高企业专利资产可利用性，从而实现专利对企业资产或企业价值的贡献最大化。专利组合从其产生及应用的角度，大体上具有三个明显的特征：规模化和多样化相结合、利益获取和风险规避相结合、工具性和应用性相结合。

成熟企业的专利申请都是在专利布局规划下的专利组合，在专利组合提交申请后的若干年内，只要该核心技术和产品在不断更新换代，市场前景依然很好，这些企业就会根据产业的发展和技术的进步，在原有的专利组合的基础上进行持续的改进和优化，在降低成本、节能减排、提高生产效率、优化产品结构以及简化生产环节等方面不遗余力地持续申请新的专利，以便于牢固控制市场和引导未来技术发展。这就是一个具有巨大经济价值的、具有旺盛生命力的动态发展和进步的专利组合。

近年来，专利组合的威力显现在一系列重大商业并购活动中。

例 11－1

2011 年苹果、微软、英特尔等巨头与谷歌的北电专利组合争夺大战；2013 年诺基亚将手机实体业务卖给了微软，却唯独保留了专利组合；2013 年推特（Twitter）上市前花巨资收购 IBM 多件专利组合并签署交叉许可协议。此外，一些创新型企业的专利组合强大到足以控制整个产业链，例如高通在 4G LTE 领域已经标准化的核心专利组合，几乎可以对手机芯片全产业链进行支配性经营。

2. 专利组合的优势

与单件专利相比，形成有效专利群的专利组合具有以下的优势：

（1）提升专利防御水平。在面临竞争对手的专利诉讼时，拥有一定规模的专利组合，意味着能够凭借更宽系列的侵权请求项，大大增加反诉的成功率。同时，拥有保护严密的专利组合，使得竞争对手难以绕过或规避，从而可以增加模仿者的成本，起到更好的专利防御效果。

（2）避免高昂的诉讼费用。企业通过在特定领域拥有较强控制力的专利组合，能够有效地减少专利诉讼的次数。原因是：第一，能够对试图发动专利攻击的对手产生震慑，使其害怕被反诉而不敢轻易发起诉讼，从而用谈判和解的方式替代专利诉讼；第二，发现其他人侵权时，通过专利组合宽大的范围更容易取证，从而占据主动地位；第三，如果在某个领域有多个专利权人持有专利组合，由于彼此忌惮，更容易组建行业"专利池"，共建产业"生态圈"，消除对立影响，寻求共同发展。

（3）提高谈判地位。拥有专利组合的企业，能够依托于其完善的产品系列保护措施，获得较高的谈判地位，从而团结更多的上下游供货商和分销商，且能够吸引意图提升和扩展现有技术的合作伙伴。

（4）在标准制定中占据优势。在标准制定过程中，专利都是以组合的形式来评估考察的，所以在标准分红时，专利组合的大小非常关键。

（5）提升吸引资本的能力。在高新技术产业中，有效的专利组合能够消除投资者对于专利风险的担心，且通过专利信息能够为资本市场提供有关竞争能力、理性和长期预测方面的情报。

（6）便于企业持续创新。拥有宽大保护范围的专利组合，能够使企业获得自由研发、应用、生产、出口的能力，也方便企业资源的整体调配，企业可以自由地投入技术研发和领域的扩展中，从而便于企业持续创新。

（7）能够吸引外部创新。强大的专利组合能够为企业带来强大的市场竞争力，从而产生产业"虹吸效应"，让更多的拥有创新能力的中小企业来投靠自己，企业就能在相关的市场领域内发挥更大的创新集群相应。

企业在实施专利战略时，必须遵循市场规律，如果企业拥有该领域的核心技术，围绕核心专利构筑少量的专利组合就能获得市场竞争优势；如果企业所在的产业专利密集，无法形成绝对的核心专利优势，必须依靠专利群的力量来参与竞争，力图与竞争对手达成专利交叉许可。

《例 11-2》

越是在竞争激烈的科技时代，专利组合越是重要。论专利申请的数量，全球没有企业可以与蓝色巨人 IBM 相比，从 1994 年开始，该公司就一直享有专利申请量第一的桂冠，IBM 已经连续 23 年蝉联美国年度专利申请和审批授权榜榜首。

20 世纪 80 年代，IBM 也与其他美国企业一起感受了日本等国外竞争产品创新度提高对自己的影响，一直以创新性产品进攻著称的 IBM 开始行动缓慢，不再是创新的领头羊。但也就是在此时，IBM 深深地体会到了专利组合对于市场保护的重要性，且使用专利组合收取许可费能够较为轻易地击退日本竞争对手的攻击。

1993 年，在经历了多年的徘徊，路易斯·郭士纳出任 IBM 的 CEO 后，改革计划中加入了一条：实质性地增加挖掘企业知识产权资产价值的努力，将研发焦点缩小、拉近，将资金从基础技术研发转移到接近产品的研发中。这样，IBM 虽然大规模缩减了企业研发预算，但是企业知识产权布局的投入反而增加，专利申请数量也水涨船高地增加。同时，IBM 公开宣布采取以专利组合为核心进行知识产权布局的战略，专利许可费增长率达到400%。

从一定角度上衡量，IBM 的专利组合策略成功构建了企业的知识产权整体战略，为企业整体战略的实施打下了坚实的基础，并且同时也获得了实际的利润回报，仅通过专利许可每年能为企业带来近 10 亿美元的收入。

IBM 的专利许可业务变得如此盈利和有效，毫无疑问得益于其专利组合的作用。而企业要将技术转化成高质量专利资产，应当围绕某一特定技术形成彼此联系、相互配套的技术，经过全局谋划后申请专利集合，并应当在空间布局、技术布局、时间布局、地域布局等多个维度上体现区别，构建立体的专利组合网络，形成专利布局的有序化、规模化和多样化特征。

二、商标组合

三国中，蜀国依靠五虎上将组合、魏国依靠五子良将组合、吴国依靠四英杰组合，进可攻退可守，扬名天下，各自打造了属于自己国家的武将组合品牌。同样，企业的品牌可通过商标组合的形式进行全面的保护，商标组合可以包括联合商标、防御商标和集群品牌等形式。

1. 联合商标

联合商标，指同一商标所有人将某个商标及与其近似的若干商标，在同一种商品或者类似商品上注册，这些近似商标，即为联合商标。联合商标是相对于正商标而言的，所谓正商标，指最先创设使用的商标。例如，某公司因其"娃哈哈"享有盛名而又申请注册了"哈哈娃""哈娃哈""哈娃娃""哇哈哈"等商标。在这组近似商标中，"娃哈哈"为正商标，其余与"娃哈哈"类似的商标则为联合商标。注册联合商标是为了防止他人以近似商标侵犯和损害自己的商标权益，故与正商标近似是联合商标注册的前提。

申请联合商标的优势在于：

第一，按照《商标法》的规定，一个注册商标在 3 年内不使用的话，会导致商标权被撤销，而联合商标不受此限制。联合商标的使用要求不一定是实际使用，只要使用了联合商标中其中一个商标，就可看作整个联合商标符合了"使用"的要求，他人也不得以"不使用"为由提出撤销该联合商标的请求。

第二，联合商标注册虽不以使用为目的，但一经注册便有利于注册人发展多种经营。若多种经营项目属于性质相类似，生产的商品属同类商品时，注册人可将储备的联合商标直接标示而无须另行申请注册。例如，小米公司针对小米、大米、黑米、红米等申请注册了三千多件商标来保护自己的生态链品牌。

2. 防御商标

所谓防御商标，是指同一商标所有人在相同或类似商品上注册的同一著名商标。防御商标也是相对于正商标而言的，其注册目的不是为了使用，而是为了阻止他人注册或者使用相同商标。该标记在同一国商标局要履行两次不同的注册手续，并获得两种注册，为使用而注册的为正商标，不为使用而注册的同一标记为防御商标。如驰名饮料商标"可口可乐"，在一切商品上都申请了注册，但其实际使用，主要在饮料上，其他注册都为防护性的。所以，饮料商标"可口可乐"为正商标，其他商品的"可口可乐"商标为防御商标。

一般而言，申请防御商标的注册，需满足下列几个条件：

（1）该商标为注册商标，且使用在核定使用的商品上，在消费者中已驰名。

（2）当他人使用该商标时，可能会使消费者混淆商品的来源，即冒用者使用该商标标记的商品在市场上出现时，会使人错误地认为是商标权人所使用，或者认为冒用者与商标权人在业务上或组织上有某种关系，如认可与被认可的关系。

（3）申请注册的防御商标与原注册商标在构成上完全相同，与原注册商标近似的标记可获得联合商标注册而不能获得防御商标注册。

（4）申请人须为原注册商标所有人，商标的被许可使用人无权申请防御注册，即使该商标因其使用而驰名，也不得以自己的名义取得防御注册。

3. 集群品牌

集群品牌就是把集群整体作为一个品牌来管理经营，其品牌名称由地名和当地特色产业结合组成，彰显企业和区域经济与文化特色，又称"产业集群品牌""区域品牌""集体品牌"等，它具有区域性和品牌效应这两个特性。例如法国香水、米兰时装、瑞士手表、景德镇瓷器、温州皮鞋等。

集群品牌是产业集群的名片，发展集群品牌是增强产业集群的知名度和影响力，提升产业层次，提高产业集群核心竞争力的有效手段。

三、知识产权的交叉组合

1. 专利与商标组合

专利组合体现出企业产品的技术保护层面，而企业的商标组合体现出的是企业的产品信誉和质量信赖。以武圣人关羽为例，专利等同于关羽"百万军中取上将之头如探囊取物"的核心战斗技能，商标等同于关羽声震寰宇的鼎鼎大名，关羽正是通过赫赫的声名结合无敌的武力，才一举拿到"战神"的称谓，同样，将专利和商标两种知识产权结合起来进行组合管理，可以起到更好的保护和运营效果。

专利和商标进行组合管理通常采用如下两种模式：

第一种模式是将专利和商标进行搭配组合，即企业允许其他企业实施自己的专利，但是作为交换条件把本企业的产品连同产品的商标允许给对方使用。这样可以提高企业的产品销售量，还可以进一步培植本企业的商标，提高企业的知名度。

第二种模式是利用商标承接专利垄断权组合管理策略。该模式既利用了专利组合管理的垄断方式，也克服了专利组合管理方式所固有的时间限制。企业利用专利组合管理在技术保护期内的专有性形成市场优势，同时结合商标组合管理来承接专利带来的技术优势。即先利用专利专有性形成市场垄断优势，再利用商标专有权在专利保护期届满后延续专利产品对市场的控制，从而加强企业的竞争优势。

例 11 - 3

德国的拜耳医药公司正是凭借专利和商标相组合的策略，将阿司匹林的控制权牢牢地抓在手中 110 余年，并通过一次次巧妙的营销将这款药品的市场潜力发挥到了极致。

拜耳医药公司先用专利技术获得阿司匹林的市场垄断权，并同时利用"阿司匹林"商标 Asprin® 来扩大市场影响力。等 20 年专利权到期后，阿司匹林的市场地位已然不可撼动。

2. 专利与商业秘密组合

与专利组合所需的高额费用相比，商业秘密涉及的企业费用支出相对低廉，而且具有不受时间限制的特点。理论上，只要商业秘密不向公众或者第三人泄露，对方又没有破解，其保护范围可以无限期地延续。

对技术进行专利和商业秘密交叉组合，可同时克服单纯商业秘密或者专利技术保护的弊端，已经被国外企业广泛采用，并逐渐成为目前非常有效的管理模式。据统计，目前国际上约 60% 以上的技术贸易采用专利与商业秘密交叉组合管理模式进行许可或者转让交易。

由此，企业需要根据企业研制的产品类型，参考技术人员和法律专家、专利律师、专利分析师、专利代理人的建议，在某些创新技术易被解密、而其他不易被反向工程的工艺、程序等信息的创新研发过程中，分别采用专利和商业秘密进行交叉组合管理，对于易被反向工程或者披露的创新点采用专利保护，对于配方、工艺、图纸等有形载体表现的无形技术采用技术秘密的方式来进行管理，从而最大限度地保护企业的无形财产，保持企业的竞争优势乃至较长时间的市场垄断地位，并最大限度地降低企业的保护运营成本。

通过将不同的知识产权组合管理模式进行交叉结合，从而可以获得以商业秘密为核心、企业专利保护为框架，并通过企业商标的商业运营为外延所构建的新型、立体知识产权保护体系。

第十二回　企业如何进行专利布局——名成八阵图

三国所处的冷兵器时代的战争并不是街头混混斗殴，大家拿着刀枪冲上去一阵砍杀，人多势众、下手狠毒的就能胜利。在战争中，战斗双方必须要组成战阵，发挥各种兵种的优势，而具有好的阵法或者能如虎添翼，或者能以弱胜强。

三国中排兵布阵是很有讲究的，一般来说主要考虑以下几种要素：指挥官的位置，指挥官一般需要处于一个便于观察指挥但是不容易受到攻击的核心位置；阵中兵器的排列分布，近攻兵器在前，防御兵器居中，远攻兵器在后；各兵种的行进速度差异应该如何搭配，弓箭手、火枪火炮手这类无法肉搏的兵种必须要有长矛手和盾牌手之类其他步兵的保护；布阵的地形是否利于兵力展开，骑兵在行进的状态下往往在主阵的两翼行进，一旦需要进入攻击状态，骑兵分队不会被前边步兵挡住去路；敌军的武器和兵种以及训练程度等，不同的队形要有不同阵法配合，而对付不同的兵种也要用相应的阵法来克制。

专利权是一种专有权，它具有独占的排他性、地域性、时间性等特点。专利权人以公开换取独占的权利，而专利的地域性、时间性又限制了专利权人的独占权。因此，专利权人为了获取最大限度的专利独占权利，就必须在专利布局上下足功夫，将自己的核心专利、高价值专利、低价值专利根据市场的实际情况进行合理的布局，使得自己的专利储备价值最大化。

一、专利布局作战六阵法

《孙子兵法·谋攻篇》云："用兵之法，十则围之，五则攻之，倍则分之。"在专利布局中也要遵循"数量布局，质量取胜"的原则。从三国中常用的阵法出发，对专利布局的六种具体形式进行归纳为："一字长蛇阵"式布局、"数阵"式布局、"圆阵"式布局、"火牛阵"式布局、"口袋阵"式布局和"雁行阵"式布局。

1."一字长蛇阵"式布局

"一字长蛇阵"式布局也叫"绊马索""路障"式布局,顾名思义,是指将实现某一技术目标之必需的一种或几种技术解决方案申请专利,在必经路线上设置专利的布局模式,它要求布局的机动性强、能够首尾兼顾,一旦运转,犹如巨蟒出击,攻防兼备。

"一字长蛇阵"式专利布局(见图 12 - 1)的优点是申请与维护成本较低,缺点是给竞争者绕过己方所设置的障碍留下了一定的空间,竞争者有机会通过回避设计突破障碍,而且在己方专利的启发下,竞争者研发成本较低。因此,只有当技术解决方案是实现某一技术主题目标所必需的,竞争者很难绕开它,回避设计必须投入大量的人力财力时,才适宜用这种模式。采用这种模式进行布局的企业必须对某特定技术领域的创新状况有比较全面和准确的把握,特别是对竞争者的创新能力有较多的了解和认识。

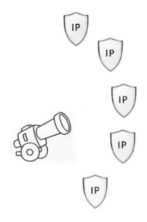

图 12 - 1   "一字长蛇阵"式专利布局

2."数阵"式布局

数阵,就是密集的战斗队形,集中力量进行防御和进攻。"数阵"式布局策略是指将实现某一技术目标之所有技术解决方案全部申请专利。采用"数阵"式专利布局,能够围绕一个技术主题系列形成牢固的专利网,在一个特定的区域内横向构筑多个"一字长蛇阵"式专利布局，能够最有效地保护自己的专利技术，阻止竞争者侵入。

"数阵"式布局（见图 12 - 2）短期内需要大量资金投入以及研发人力的集中配合，投入成本高，但是在缺乏系统布局策略时容易出现专利泛滥却无法发挥预期效果的情形。这种专利布局模式比较适合在某一技术领域内拥有较强的研发实力、各种研发方向都有研发成果产生且期望快速与技术领先企业相抗衡的企业在专利策略中使用，也适用于专利产出较多的电子或半导体行业，但不太适用于机械、化工类等传统行业。

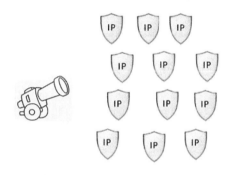

图 12 - 2 "数阵"式专利布局

例 12 -1

一个小小的连接器，价钱可能只有 2 美元，但是富士康却不惜代价进行技术开发，在这小小的连接器上竟然获得了 8000 多件专利。富士康在小产品上做大自主创新文章的做法值得很多企业借鉴。"在连接器领域，富士康的价值就像处理器领域的英特尔"，对于富士康而言，保住在连接器方面的全球领先地位，也就守住了全球 PC 的关键地位，从而稳固地向 6C 产业全面进军，富士康在这方面的办法就是为 2 美元的小零件密布专利"地雷"，用多达 8000 件专利的布局构建"数阵"式专利布局进行战略防御。

3. "圆阵"式布局

一般而言，圆阵是为了进行环形防御而设置的阵型。"圆阵"式专利布局，就是将类似于金鼓旗帜的核心专利部署在圆阵中央，将高价值专利部署在圆阵最外围，将中低价值专利部署在中间构筑第二道防线起保护作用，整个专利布局没有明显的弱点，从而形成专利保护的"金钟罩"。

用"圆阵"式专利布局（见图12-3）进行专利防御时，需要企业具备相当的专利数量储备和财力优势，用工艺、配套、外观等众多的外围专利组合来保护自己的核心技术。由于专利布局防护严密，竞争对手一般会因为难以攻破而望而却步。

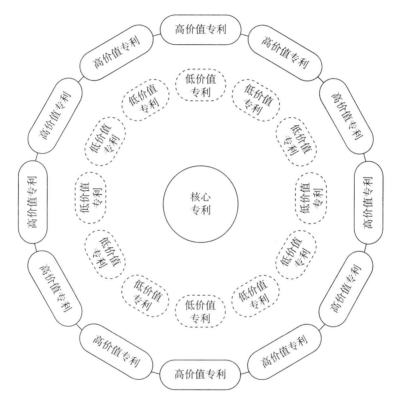

图 12-3 "圆阵"式专利布局

《例 12-2》

2016 年，在交通日益拥堵的北京和上海街头，出现了一款"互联网 + 单车"——摩拜单车（Mobike），凭借"地图找车—扫二维码取车—随意停车"的商业模式火爆市场，其耐用的无链条全封闭式轴承传动、五幅轮毂、扫码智能锁、防爆实心轮胎、户外专用车座、内置 GPS 定位等技术保证共享单车的防盗、故障率、维护、保养做到成本最低的同时，还分别申请了 30 余件专利进行全方位的"圆阵"式专利布局保护（见图 12 - 4），用来保障自己的市场地位。

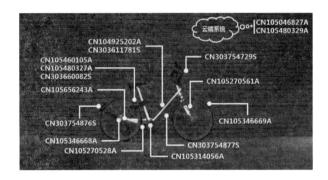

图 12 - 4　摩拜单车的专利布局

也可以采用逆向思维，用"圆阵"式专利布局同样可以进行专利攻击，当某个行业的核心专利由竞争对手掌握，但是它还没来得及进行"圆阵"式专利布局时，我方可以将围绕该技术主题的许多技术解决方案申请专利，设置若干小专利，将核心专利包围起来，形成一个牢固的包围圈。这些小专利的技术含量也许无法与核心专利相比，但其组合却可以阻止竞争者的重要专利进行有效的商业使用，以各种不同的应用包围基础专利或核心专利，就可能使得基础专利或核心专利的价值大打折扣或荡然无存，这样就具有了与拥有基础专利或核心专利的竞争者进行交叉许可谈判的筹码，在专利许可谈判时占据有利地位。这种专利布局模式特别适合自身尚不具有足够的技术和资金实力，主要采取"跟随型"研发策略的企业采用。实施这种布局模式，需要企业对核心专利具有一定的敏感度，并能够快速跟进。

例 12 - 3

日本企业发现欧美厂商在日本专利局申请了一种新型自行车的专利后，就赶紧申请自行车脚踏板、车把手等众多外围小专利（包括外观设计专利）。欧美厂商想实施其新型自行车总体设计方案时，躲不开这些外围专利，只好与日本企业签订交叉许可协议。

4. "火牛阵"式布局

战国时，齐将田单在被困守即墨、兵力不足的情况下，趁夜间用火牛组成火牛阵冲锋，五千勇士间隔冲杀，大败燕军，趁势收复七十座城池。火牛阵也叫"疏阵"，核心就是保持疏散的战斗队形，在关键位置设置精兵，在相对不重要的位置通过多树旌旗、兵器、草人，夜间多点火把，以少数的兵力显示强大的实力。[①]

"火牛阵"式专利布局（见图 12 - 5）是指在高价值专利储备不足或没有必要对实现某一技术目标的所有技术解决方案全部申请专利时，通过高价值专利占据主要的市场和技术制高点，其间设置一些中低价值的专利，形成彼此联系、相互配套"树上开花"式的布局造势，向竞争对手彰示自己强大的专利实力，使其不敢贸然侵犯己方的知识产权。

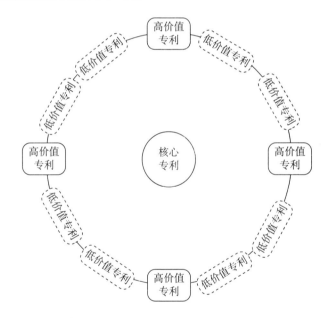

图 12 - 5 "火牛阵"式专利布局

例 12-4

在 3D 打印技术领域，美国的 DTM 公司以核心专利为中心通过激光设备、粉末输送涂覆装置、激光扫描定位设备、气体保护装置等辅助设备和烧结材料等将核心专利包围起来（见图 12-6），用"火牛阵"式的专利群进行全方位的外围专利布局，虽然外围专利的技术含量可能无法与核心专利相比，但是通过对外围专利的合理组合，可以对竞争者的技术跟随造成一定的麻烦，DTM 公司也因此占据全球市场达十年之久。

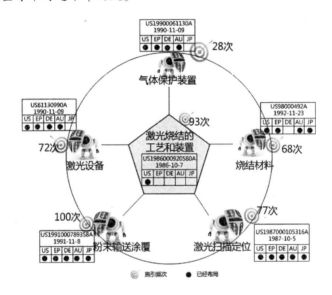

图 12-6　DTM 公司激光烧结专利布局模型

5. "口袋阵"式布局

"口袋阵"是指军队利用地形而形成的一种阵法，像口袋一样，迎敌处似袋口一样窄小，引诱敌人深入，但是随着敌人的深入，里边的空间越来越大，然后等敌人全部进入时，军队在迎敌处封住入口，像扎紧口袋一样，不让敌人出来，而进来的敌人将被包围，从而封死敌人，使其上不得天，下不入地，入口又被封死，只有被动挨打的份（见图 12-7）。

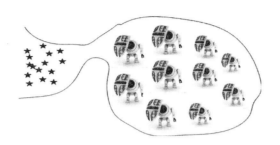

图12-7 "口袋阵"式专利布局

企业进行任何投入都会从成本与收益上进行权衡，铺天盖地般的撒网式布局对许多企业来说往往成本过于高昂。因此，可以在专利布局时"网开一面"，虚留生路，暗设口袋，"以逸待劳"。这种方式也叫作"关门打狗"。

对于可能有多个替代方案的技术，若没有实力和/或时间进行全面的撒网式专利布局，可结合"擒贼擒王"之计针对技术壁垒易突破、生产成本低、销售链更加完备的产品，进行重点完善的专利布局并对外提高专利诉讼等级；对技术壁垒高、生产工艺繁杂、生产成本高、销售链不明朗的相关技术，暂时"网开一面"。竞争对手如果不把专利许可作为首选项的话，为了规避专利侵权只能选择后者进行研发，这样就造成了他们的产品质量差、价格高、市场竞争力较弱，我方通过"欲擒故纵"之计根据市场的发展状况实现"价格关门"。

6. "雁行阵"式布局

"雁行阵"，顾名思义就是模仿大雁飞行编队的一种阵法，一直以来这是一种骑兵和步兵都可以应用的战斗队形，骑兵的雁行阵主要用于快速突击对面敌人的两翼薄弱部位，而步兵往往用雁行阵克制敌军的正面冲击。[①]

"雁行阵"式专利布局（见图12-8）是进攻型专利布局策略，指为了攻克竞争对手既有的专利市场布局，首先将我方攻击型的高价值专利群放在正面的两翼位置，针对对手的侧翼较为薄弱的专利布局点发起诉讼攻击；其次，布局

---

① 在现代战争中，机枪冲锋队的部署就是一个典型的雁行阵，步枪手一般在阵地正面，而至少两挺机枪部署在敌人进攻路线的两个侧翼，这样任何进入机枪射程的敌军都会被机枪的火力照顾到。

与目标技术相关的攻击型的中低价值专利群紧随其后，进可攻退可守；最后，用防御型的专利技术压阵，防御型的专利可具有跨领域远程袭击的能力，一旦有预想不到的意外情况发生，用防御型专利通过"围魏救赵"的策略与对手达成和解或交叉许可。

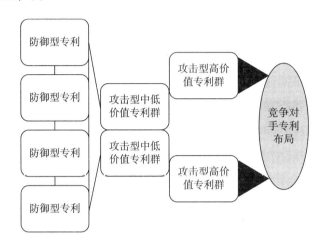

图 12 - 8　"雁行阵"式专利布局

二、动态的专利布局思维

强大的军队要做到行军的时候阵形不乱，面对强敌冲锋的时候阵形不散，进攻敌军的时候迅速且阵形不疏，面对不同敌情和地形的时候，阵型能够快速变换。一支训练有素的军队必须对阵型熟练，《孙子兵法》中强调的六如："疾如风、徐如林、侵略如火、不动如山、难知如阴、动如雷霆"，就是要说明阵法操练的最高境界是，动静相应、相机而动。

《三国演义》中介绍的几个较为复杂的阵法，如八门金锁阵、八卦阵（八阵图）等，都是动静结合布局的思路，这些高级阵法的共同特点是阵形需要不断变化和运动，根据地形、敌情灵活移动和变化，从而取得意料不到的技术效果，攻防兼备、以一当十。

1. 八阵图

关于八阵图，杜甫有一首很著名的诗："功盖三分国，名成八阵图。江流石不转，遗恨失吞吴。"

八阵图的组成①，是以乾坤巽艮四间地，为天地风云正阵，作为正兵。西北者为乾地，乾为天阵。西南者为坤地，坤为地阵。东南之地为巽居，巽者为风阵。东北之地为艮居，艮者为山，山川出云，为云阵，以水火金木为龙虎鸟蛇四奇阵，作为奇兵。布阵是左为青龙（阵），右为白虎（阵），前为朱雀鸟（阵），后为玄武蛇（阵），虚其中大将居之。八阵又布于总阵中，总阵为八八六十四阵，加上游兵二十四阵组成；总阵阴阳之各三十二阵，阳有二十四阵，阴有二十四阵；游兵二十四阵，在六十阵之后，凡行军、结阵、合战、设疑、补缺、后勤全在游兵。②

在《三国演义》第八十四回"陆逊营烧七百里，孔明巧布八阵图"中，东吴彝陵一役大胜，陆逊引胜军向西追击蜀军至夔关不远，却误入诸葛亮入川时所摆的八卦阵，霎时间飞沙走石，遮天盖地，陆逊虽欲寻来时之路，却见怪石嵯峨，横沙如土，重叠如山而不能出。陆逊大惊，暗忖：今日莫非葬命于此！此时孔明的岳父黄承彦正在八卦阵旁，因不忍见数百士兵性命妄送于此，特为陆逊指明了出路，陆逊众等这才得以逃脱。据诸葛亮的岳父黄承彦介绍：此阵按遁甲分成生、伤、休、杜、景、死、惊、开八门，变化万端，可挡十万精兵。核心还是因时因地、变化万端，是一种极佳的资源配置和调度手段。

在《三国演义》第一百一十三回"丁奉定计斩孙林，姜维斗阵破邓艾"中，诸葛亮的传人姜维也曾经使用八阵图击败过邓艾，胜利的原因也是因为指挥有序、变阵有方。

在《三国演义》第一百回"汉兵劫寨破曹真，武侯斗阵辱仲达"中，诸葛亮五出祁山，与司马懿斗阵法，布下八卦阵引诱司马懿来攻。诸葛亮的八卦阵暗藏变化，重重叠叠变化无穷，令司马懿毫无办法。

2. 专利创新阵法

在知识产权竞争中也要克服单一兵种、单向作战的思维，建立起一个彼此照应、互相配合、左右逢源的知识产权布局。高质量的专利资产应当是经过布

---

① 来自百度百科。

② 在现代化兵种中，通过电子信息指挥平台，陆、海、空三个军种配合，飞机、舰艇、坦克、远程导弹及火炮等常规武器综合使用，可以说也是"八卦阵"的一种变体。

局的专利组合，应当是围绕某一特定技术形成彼此联系、相互配套的专利技术集合；高质量的专利资产应当在技术布局、时间布局、地域布局等多个维度有所体现，是一个立体的专利保护网络。

例如，可用八阵图的理念对企业的知识产权进行全面、立体的保护（见图12－9），将技术秘密置于保护的核心位置，发明专利、实用新型专利、外观设计专利、商标、品牌、著作权、地理标志、植物新品种、集成电路布图设计等相关的知识产权都要参与，布阵形式是左为青龙阵（商标），右为白虎阵（地理标志），前为朱雀鸟阵（专利），后为玄武蛇阵（著作权），中军为技术核心。布阵时，奇正相生，循环无端；贯彻企业整体专利战略，首尾呼应、隐显莫测；根据市场上的实际情况，临机应变。

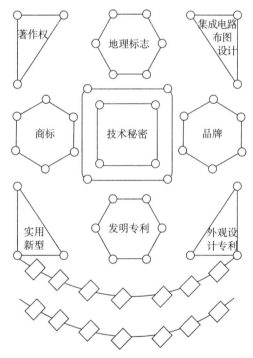

图 12－9　知识产权布局的八阵图

知识产权八阵图的布阵之法主要精髓是"动"和"协作"：一阵之中，两阵相从，一战一守；中外轻重，刚柔之节，彼此虚实，主客先后，经纬变动，正因为基，奇因突进，多因互作，多方保证。

例 12 -5

德国 EOS 公司在 3D 打印产业的专利布局可以被称作"阴阳五行八卦图"（见图 12 - 10），换算为"金木水火土"作为激光烧结的表象存在，即金木水土（材料）在火（激光）的作用下加工成型，利用各自的产品系列 EOSINT M 系列、EOSINT P 系列、EOSINT S 系列以及 FORMIGP 系列等，将 3D 打印技术应用于工业、汽车、飞机、民用和医疗等领域，各应用领域又可分为具体的应用方向，并有相应的专利技术构筑专利布局。EOS 公司正是凭借立体化的专利保护阵法结合市场运营，才得以后来居上，在金属激光烧结领域成为行业翘楚。

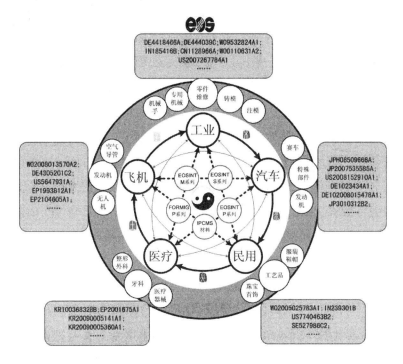

图 12 - 10　EOS 公司的八卦图专利布局

三、专利布局方案的步骤

每家企业都有其特定的管理和经营状况，并不一定只采用某一种专利布局阵法，也可能采用几种阵法。在实务操作中，企业应综合分析各技术领域的现实情况和具体形势，并结合专利申请策略来选择最恰当的布局模式。根据具体情况，策划专利布局方案一般包含如下几个步骤：

第一步，找出关键技术部位。根据发明目的、技术手段和技术效果对特定技术领域的专利进行深层剖析，挑选出相关专利，做成专利摘要表，然后依据各相关专利的发明点与技术效果，制成鸟瞰图或矩阵图等图表。在此基础上，找出拟研发课题最关键、最核心的技术部位。

第二步，找出关键弹着区。在找出关键技术部位后，就需要根据拟定的研发课题最关键与最核心的技术部位找出专利弹着区。建立在关键弹着区基础上的专利布局，有利于集中火力打在关键技术部位上，获得核心专利，甚至形成基础专利或路障型专利。弹着区的多件关联专利之组合，容易形成牢不可破的专利网，以此为基础也容易形成各种专利布局。

例 12 -6

日本企业通过专利垄断光学变焦镜头市场已长达数十年，它们彼此进行交叉许可，从而让其他国家的竞争者毫无插足之地。其策略就是找到光学仪器最核心的弹着区，在最核心的技术部位建立稠密的专利网，使得竞争者只好知难而退。然而，最早取得光学变焦镜头专利的并不是日本人，而是美国人。后来德国和法国的企业也涉足过该领域，但它们却没有像日本的索尼、佳能、理光等企业那样采用集中火力的专利布局策略，从而也就没能获得全面垄断的地位。

第三步，草拟布局方案。在找出关键弹着区后，接下来就要依据企业研发能力和企业经营策略与经营状况，选择合适的专利布局模式，并草拟初步布局方案。草拟布局方案前，必须首先衡量企业的研发能力。

我国企业多数属于技术追随型企业，在核心技术研发和专利布局上往往不能与国外竞争者分庭抗礼，因此，在找到关键弹着区后，还必须根据企业研发能力，评估是否有机会在关键弹着区有所作为。如不然，则应当寻找企业有能力作为的其他关键次弹着区，以迂回战术，取得与强大竞争者对话与抗衡的机会。

例 12 -7

在手机产品上，通信协议标准和芯片等核心技术已经被国外的高通、英特尔等企业所垄断，但手机的外观设计却是消费者所关注的热点，又是很多企业有能力研发的，可以将其作为次弹着区，抢攻这方面市场并进行专利布局，国内段永平掌舵的 VIVO 和 OPPO 正是依靠出色的外观在竞争惨烈的手机市场分得一杯羹的。

第四步，确定布局方案。获得草拟布局方案后，应在分析规避可能性的基础上，对草拟的布局方案进行细致分析和修改调整，从而确定最终的布局方案。竞争者为绕开专利，常常会想尽办法进行规避设计，因此在有能力获得核心技术专利的前提下进行专利布局时，必须尽量找出可能被规避设计的缺口，找出封堵各缺口的办法和方案，由此封堵住竞争者进行规避设计的后路，消除后顾之忧。

当然，封堵规避设计的后路，不一定都要采用申请专利的方式，若某种规避设计方案没有任何商业利用的价值，竞争者也不会采用，就没有必要耗财耗力地申请专利；若某种设计方案竞争对手在短期内难以突破，则最适合用技术秘密进行保护。

四、专利布局忌生搬硬套

北宋的将领喜欢用八卦阵、奇门遁甲等对付金兵，但是屡屡被不懂任何阵法的金兵铁骑轻易攻破，原因就在于宋兵的单兵作战能力实在太差！落实到每一件专利申请，专利申请文件撰写质量应该是一切布局的基石，事关核心技术和产品的专利一定要写好，然后再谈布局及其他。

虽然各种阵法从理论上来讲令人眼花缭乱，貌似无懈可击，但是阵法只是一个纸上谈兵、理论练兵的工具。在具体实战中应根据己方的兵力部署优劣情况、兵士身体素质、兵士所持兵刃的类型等因素，再使用一个行之有效的阵法予以配合才能最大限度地发挥军队的威力。

本书中所述的专利布局阵法固然可以参考，但是不建议机械模仿，应该让知识活起来，把阵法知识、布局经验与实例、实战和亲身体验相结合。在企业进行专利布局时，首先应对整个项目的技术和市场需求的热点、痛点和利润点分别进行梳理，做个 SWOT（优势、劣势、机遇、挑战）分析，对项目所涉及的技术和主要竞争对手进行深入的检索、分析，然后再进行专利申请和布局。

但是专利布局阵法的研究并不是毫无用处的。因为不是每家企业、每个人都有实战操作机会的，且一旦真正实战时，若没有系统的思考、完备的布局经验，难免会手足无措。通过专利阵法的研究和思考，能够在研发人员和专利布局者的头脑中形成趋利避害的自动模式，然后再根据产品、对手、市场的实际需求灵活应变和调整。就像学生学了多年的物理、化学、高等数学，在工作中真正用得上的知识可谓凤毛麟角，但是系统地学习这些知识又是必需的：第一，毕竟谁也无法在学生时代就能早早地确定自己未来所从事的职业，说不定你在某一天会用到相关的知识；第二，也是最主要的，系统学习这些知识能够培养一个人的逻辑思维能力和自主学习能力，无论将来从事什么职业都会从中获益。

街头混混打架是手脚乱舞、毫无章法，普通的练武人士打架则是一招一式有套路可循，而到了一流的武林高手则是随心所欲。在《倚天屠龙记》中，张三丰在传授张无忌太极拳时，直到"招法全忘光"了，才算真正学会。专利布局跟打架一样，新手不懂得章法，需要先入门，从专利布局的阵法学起；初具其"形"后，要认真研究专利布局背后的技巧和运作模式；待熟能生巧、融会贯通后，用"大象无形"的理念去做专利布局和专利战略，做到"随心所欲而不逾矩"的境界。

第十三回 企业如何进行品牌定位——
司马懿假痴不癫

在争夺天下的枭雄中，最终虽难免分为成功者与失败者，但是不可否认的是，成败双方都由于对自己的准确定位而成为万人敬仰的英雄。《三国演义》中有"智绝"诸葛亮和"鬼才"司马懿。孔明智商超群、恃才傲物、追求完美、鞠躬尽瘁、死而后已，仲达豁达大度、谦虚好学、精通养生、假痴不癫、终得天下，让人不得不叹服！正所谓："兵对兵，将对将，司马懿专对诸葛亮""才较仲达胜一筹，业比司马输三分"。关于司马懿，有诗这样评价：

> 司马懿，佐曹魏，定位准确，斗群雄，笑最后，名扬华夏；
>
> 老司马，奠定下，立国基础，儿孙辈，不费劲，统一中华。
>
> 战场上，未曾有，奇谋妙算，政坛上，亦未见，风云叱咤；
>
> 建功业，谈经验，两个大字，一个忍，一个装，亦是佳话。

相对于诸葛亮的全能表现，司马懿最擅长的就是对自己合理定位，通过优劣势分析之后充分利用自己的优势，抓住外部机遇，规避外部威胁，全力使自己的优势最大化。

世界级营销大师杰克·特劳特（Jack Trout）说："任何一个成功的品牌，必须蕴含一个定位！"品牌的定位方法一般包括精准定位、关联定位和重新定位三种。

一、品牌的精准定位

但凡做大事者，均能做到："宠辱不惊，看庭前花开花落；去留无意，望天上云卷云舒。"我们的改革开放总设计师邓小平一生"三落三起"，终成就改革开放大事，使中华民族重新屹立于世界民族之林。殊不知司马大都督一生也有"两落两起"，换成一般人，只一次，就足以让其沉湎于酒色，一蹶不振！对于

113

司马懿，首先做的是规划人生，胸怀宇内。司马懿在通过装病后屈节曹操保命、出山后认定曹丕上位从而顺利制定人生蓝图后，他的人生定位便跃然于纸上，那便是传说中的大智大慧之"忍"。不论是在刀光剑影的军事斗争中，还是在惊心动魄的政治斗争和权力斗争中，抑或是在五丈原诸葛亮送其女妆的嘲笑声中，他都能隐忍求全，韬光养晦，处乱不惊。

司马懿除了屡屡大度地承认"吾不如孔明也""孔明真天人也"之外，甚至还能笑纳孔明激将法的礼物并进行展示，"身着红装，簪花敷粉，不怕三军吐舌，阵前嬉笑"。司马懿精准定位的"隐忍"，就是在沉默中默默积蓄力量，最终择时顺势定鼎天下。

在品牌运营中，没必要非得鱼死网破争个"第一"的虚名，企业的精准定位是指为某个特定品牌确定一个适当的市场位置，通过服务差异化以吸引目标顾客，让自己的品牌成为顾客心中的第一选择。

在汽车行业，奔驰的定位是"尊贵"，宝马的定位是"驾乘"，沃尔沃的定位是"安全"，法拉利的定位是"速度"，丰田的定位是"节油"，特斯拉的定位是"科技"，这些精准的定位令其各自的品牌变为风行世界的强势品牌。

在饮料行业，可口可乐的定位是"传统"，百事可乐的定位是"年轻"，七喜的定位是"无咖啡因"，红牛的定位是"功能饮料"，加多宝的定位是"怕上火"，乐百氏的定位是"净化"，农夫山泉的定位是"天然"，凭借各自独特的卖点，均在各自的领域成为执牛耳的品牌。

当然一个品牌的塑造除了精准的定位之外也必须要有非常坚固的内外支撑，这个支撑来自核心专利技术和产品本身，因为我们在塑造品牌的时候，我们可以一贯性地维护它的定位标准，最终必须得到消费者的认可，这个认可最终来源于产品本身。

在专利圈里，某网络电商的 CEO 声称："360 用免费的杀毒软件颠覆了杀毒软件市场，我们也希望用免费的商标注册服务颠覆知识产权市场，让用户享受到既免费又非常牛逼的服务！""互联网＋"免费的目的是争取固定的客户流量，而不是一时的客户流量！因为消费者的天生逐利性，通过免费知识产权电商能固定多少客户流量进行二次消费？如果让消费者唯一记住的是"免费"，那么没有核心资源支持的免费还有什么价值？

同样，在专利圈里，某媒体曾立志作为知识产权第一互联网新锐媒体，将自己定义为"知识产权资讯平台＋投融资入口"的做法相对而言就较为明智，通过报道国内外最新、最热的知识产权产业动态，在为创新、创造、变革者提供高质、高效、即时的信息分享交流平台的同时，吸引了政、产、学、研、金等多方的流量，并通过举办创业大会等形式进行有效对接，形成了黏合、固定的二次消费群体。这样准确的定位自然也获得了投资人的青睐，在 2014 年 7 月成立时就获得百万元级人民币天使投资，2016 年 3 月成立仅一年半就完成千万元级 Pre – A 轮融资。

有的企业则高明地直接利用"专利"本身所带的高科技光环为自己的产品进行定位，让专利成为自己产品的独特符号，利用专利的权威性来占领消费者的内心，利用专利的稀缺性和垄断性在市场上抢到自己产品的强势话语权。例如小米公司在为 4C 手机做广告时，就将其定位为"一个申请了 46 件核心专利的黑科技"，俘获了不少年轻消费者尤其是科技控消费者的心。

二、品牌的关联定位

诸葛亮对于司马懿虽然是最大的敌手，但是不可否认，司马懿需要诸葛亮在曹魏统治者面前来证明自己的能力，从而保证自己的地位不被曹氏家族拿走，就像毛泽东主席曾经说过的"敌人的敌人就是我们的朋友"。从曹操开始，就以司马仲达"有狼顾①之相，他时必反"为由对其有所防备，司马懿则通过两次"假痴不癫"，装中风分别躲过了曹操和曹爽的算计。但是幸运的是，曹魏阵营中除了司马仲达外，别人均拿诸葛亮没办法，难怪于魏明帝曹睿对司马懿说："西方有事，非君莫可付者"。

司马懿虽然不能大胜诸葛亮，但是他能保证不败，并且深知"狡兔死走狗烹，飞鸟尽良弓藏"的道理，这就是关联定位的价值：通过竞争对手来合理地展示自己的价值。

在企业管理运营中，如果好的理念已经被人抢先定位了，怎么办呢？可以

---

① 狼顾：身子不动，脖子扭转超过 90 度，古代叫作"狮子大回头"，现代医学称为"颈椎太好"。

采取关联定位的策略来一起顺带成功。这其中的原理就是，当顾客想到第一选择的时候，因为我和第一产生了关联定位，他就能马上想起我的品牌、服务和产品。

在品牌方面，关联定位做得最好的例子就是"加多宝"。"王老吉"商标租约到期后，加多宝开始经营"加多宝"品牌的凉茶。加多宝在全国铺天盖地地进行"王老吉改名为加多宝""全国销量领先的红罐凉茶改名为加多宝"等品牌关联定位的广告宣传。使用"借尸还魂""树上开花"的谋略，就是使用了"关联定位"的品牌战术，在博取知名度弥补自己损失的同时，又大打同情牌获取广大学者、社会公众尤其是广大消费者的支持，不能不说是一个非常高明的营销战术。最高明的是，在明知败诉的情况下，加多宝也坚决诉讼，通过持续几年的凉茶之争进一步确立了"加多宝"与"王老吉"的关联定位，加多宝是"屡战屡败、屡败屡战、屡败屡赔"，但是所取得的品牌营销价值是花同样的广告费所远远不能及的。

在专利方面，关联定位最好的例子之一是美国的 RPX 公司。2000 年成立的高智发明公司，开创了将专利作为一种优质资产进行专利投资和专利运营的新理念，高智发明公司依靠将专利权作为产品的商业化运作的奠基性经营理念，在一段时间内成为"专利运营"的代名词，但是毁誉参半，许多人称高智发明公司为"专利流氓""专利海盗""专利蟑螂"等。这时，比高智发明公司成立还早两年的专利运营 RPX 公司成功地使用了关联定位的理念，换了一种思路反其道而行之，通过提供可以替代常规专利诉讼的理性方案，声称专门打击"专利流氓"，帮助客户以比自己诉讼低得多的投入，最大限度地免除被"敲竹杠"的风险，还通过推出专利保险业务，RPX 公司为每一家投保企业自定义独具特色的专利保险方案。这样，RPX 公司就通过关联定位成功地将自己打造成了专利运营行业类似"侠盗罗宾汉"的正面形象，名利双收。2015 年财年，RPX 公司全年营收 3 亿美元，苹果、三星、谷歌等众多大公司成为其忠实客户。

关联定位的使用技巧就是无中生有地寻求"落霞与孤鹜齐飞，秋水共长天一色"的境界，简单地说就是：当你努力之后仍做不了"A"，而只能屈居"B"时，不要忘了拉上一头"牛"放在你前面做关联定位！

三、品牌为竞争对手重新定位

诸葛亮第六次出祁山之时，遣使下请战书，司马懿不谈军事，反问使者："诸葛公起居何如，食可几米？"使者说："三四升。"然后对问政事，使者得意地说："二十罚已上丞相皆自省览。"经过一番不经意的询问，司马懿对人说："亮将死矣。"果然，诸葛亮于当月病故于五丈原军中。除了自愧不如外，司马懿还评价诸葛亮："亮志大而不见机，多谋而少决，好兵而无权，虽提卒十万，已堕吾画中，破之必矣。"

司马懿通过从使者描述的"诸葛亮鞠躬尽瘁、多谋善划、事必躬亲"的优点中，为诸葛亮重新定位，发现了对方"劳多而食少、善理不善管"的缺点，判断出"诸葛亮身体必然吃不消"的信息，从而更加坚定了"坚壁拒守、避而不战、以逸待劳"的正确作战策略，而使诸葛亮"出师未捷身先死，长使英雄泪满襟"。

"为竞争对手重新定位"的方法就是通过"think different"①，去发现对手的弱点，从它的弱点中一举攻入进行颠覆式创新，让对手失去自己的固有节奏而按照我们的节拍来跳舞，这样就能轻而易举把它拿下来。市场原理是这样的：当顾客想消费某一品类时，立刻会想到这个行业的领导品牌，如果我作为一个替代技术的角色或颠覆式创新的代表出现，就能在顾客的心中完成置换效应，这样就代替了该领导品牌的地位，进而起到反客为主的效果。

例如，当泰诺林进入头疼药市场时，消费者的第一反应就是使用阿司匹林治疗头痛。于是泰诺林攻击阿司匹林导致胃肠毛细血管出血，并以点及面夸大效果，消费者反响巨大，导致连阿司匹林的母公司拜耳也不得不开始针对性地改进制剂。这时，泰诺林反客为主，最终把貌似无可取代的阿司匹林替换掉，

---

① "think different"是苹果在1997年7月份推出的广告，为目前最成功、最经典的广告之一。广告中的经典语句为："致疯狂的人。他们特立独行。他们桀骜不驯。他们惹是生非。他们格格不入。他们用与众不同的眼光看待事物。他们不喜欢墨守成规。他们也不愿安于现状。你可以认同他们，反对他们，颂扬或是诋毁他们。但唯独不能漠视他们。因为他们改变了寻常事物。他们推动人类向前迈进。或许他们是别人眼里的疯子，但他们却是我们眼中的天才。因为只有那些疯狂到以为自己能够改变世界的人……才能真正改变世界。"

成功地成为头疼药市场的领导品牌。再如，百事可乐通过给可口可乐重新定位成"传统的可乐"，为自己"年轻的可乐"奠定了胜局，并且在可口可乐更改配方之后，通过"为竞争对手重新定位"逼迫可口可乐重新回到传统可乐的路径上来。

近年来，"为竞争对手重新定位"的最好例子还是苹果。1984 年的"超级碗"上播放了一则 60 秒广告短片，即后来被称为拯救了苹果的最伟大的广告《1984》，在该广告中苹果公司将 IBM 定义为"老迈的公司"，旨在向全世界发出挑战当时 IT 界老大哥 IBM 的讯号，同时标榜自己是代表创新、潮流的新型公司。对于自己的老朋友比尔·盖茨和微软的视窗，乔布斯这么看待并为对方定位："他们完完全全是在剽窃我们的创意，盖茨没有廉耻之心"，而完全忽略了自己从施乐的"世纪盗梦"。

在专利方面，苹果在将 iPhone 誉为"具有革命性意义"设计之时，一口咬定"三星外观专利抄袭太过分，Google 都看不下去"，将三星定义成"抄袭者"。针对苹果的指控，三星怒斥道："要说到抄袭，苹果可是过来人"，其认为苹果大量借鉴了索尼的设计。二者斗来斗去，无非都是想通过"为竞争对手重新定位"来获取自身产品在竞争中的优势地位。

对于专利代理行业，新兴知识产权服务电商更强调快速、低价和大众化，他们给自己定位是"价格低廉、服务快捷、申请方便"，给传统的专利代理定位是"老迈、死贵、臃肿"，这也是知果果、猪标局等知识产权服务电商们宣传的口号。但是，大部分人认为，这种免费或低价提供的知识产权代理服务，如果不能保证质量和提供后续的专业服务，将会影响行业声誉，对行业整体发展是一种伤害。

不管怎样，包括专利代理、专利运营等服务在内，任何一项经营活动的定位，尤其是为竞争对手重新定位，都是为了协助企业去建立、加强或巩固自己的定位，并以此影响顾客（申请人、权利人）的购买决定。

市场实践证明，任何一个品牌都不可能为全体顾客服务，细分市场并正确定位，是品牌赢得竞争的必然选择。只有品牌定位明确，个性鲜明，才会有明确的目标消费层。唯有明确的定位，消费者才会感到商品有特色，有别于同类产品，形成稳定的消费群体。而且，唯有定位明确的品牌，才会具有一定的品位，成为某一层次消费者文化品位的象征，从而得到消费者的认可，让顾客得到情感和理性的满足感。

另外，在企业运营中，无论哪种定位方式，最主要的定位对象都应该是消费者。正如蒙牛的牛根生所言：如果把企业比作一辆公共汽车，那么，创业者只是这辆车上的司机而已，车的核心目的是把来来往往的乘客运到他们想去的地方，只有乘客安全抵达目标，司机才有资格收取车费。如果司机误以为自己是中心，乘客是陪衬，那么，整个定位就大错特错了。所以，"金本位"成不了企业家，"权本位"也成不了企业家，"免费本位"更成不了企业家，"人本位"才有可能成为成功的企业家。

总结而言，正是：

> 兵对兵来将对将，
> 司马专对诸葛亮。
> 诸葛孔明倚智慧，
> 司马仲达靠定位。
> 宠辱不惊定位准，
> 落霞孤鹜关联捆。
> 反客为主需颠覆，
> 品牌运营莫独舞。

第十四回　企业如何应对知识产权间谍纠纷——蒋干盗书

在信息纷扰的战场上，若要选准制胜克敌的谋略，保持自己的主动和优势，必须做到"我能知人，人莫知我"。一方面要"知彼"，随时掌握可靠的情报信息，做到遇事先知，洞悉敌情；另一方面要"藏己"，严守机密防止泄失，做好识间、防间和除间。纵观古今中外战争史，胜利有时并不完全取决于正面战场上的厮杀，而是取决于特殊战场上的特殊战斗——间谍战。

间谍，自古就已有之，叫作奸细、细作，《孙子兵法·用间篇》曰："用间有五：有因间，有内间，有反间，有死间，有生间。五间俱起，莫知其道，是谓神纪，人君之宝也。"到三国时代，间谍活动更有进一步的发展，手段也是五花八门。

一、三国的间谍行为

第一种为"因间"，又称作"乡间"，就是指利用敌方阵营中的同乡、同学、亲友关系打入敌人内部，探消息，搞情报。十八路诸侯讨伐董卓时，袁绍正是趁机利用乡间打入孙坚内部，掌握了孙坚获得传国玉玺的情报，并把乡间作为重要的人证与孙坚当堂对质，令孙坚无法抵赖。蒋干当初为了向曹操展示自己作为间谍的优势时，也是以自己与周瑜曾经是同窗，感情甚好为由，向曹操毛遂自荐的，曹操因此闻之大喜："你若能劝降周瑜，便是我大胜东吴的第一功"，并亲自置酒为蒋干送行。

第二种为"内间"，即舍得花大本钱，网罗收买敌方的成员充当间谍。刘璋手下别驾张松投靠曹操受到冷遇后，早已把益州纳入战略规划市场的刘备公司，在诸葛亮的策划下早已对张松的可利用价值作了最充分的分析，于是遭遇曹操"虐待"的张松受到刘备"三迎三宴"的热情款待，礼数之周到、服务之细致，完全是迎奉一个国家元首的待遇！一前一后、一冷一热的差异待遇，令张松内心澎湃，为报答刘备的知遇之恩，张松毫无保留地把益州的"地利行程、远近阔狭、山川险要、府库钱粮"等重要情报资料，一一向刘备做了介绍，并把早已画好的那张地图献上，恳请刘备早日出兵入川。得到刘备的"青山不老，绿水长流，他日事成，必当厚报"的许诺之后，张松就心甘情愿地开始了他的间谍生涯，从事颠覆刘璋的活动，隐秘活动多年，可惜没有准确把握刘备的战略意图而不慎暴露了身份，张松全家遂以间谍罪被刘璋处死。

第三种为"反间"，就是设法使敌人的间谍自觉或不自觉地为我方所利用，从而达到扰乱敌人视听，搜集各种情报的目的。《三国演义》中最为精彩的间谍故事非"群英会蒋干中计"莫属。周瑜三用反间计：首先利用同窗叙旧的机会故意让蒋干盗去伪造的书信，去离间降将蔡瑁、张允，借曹操之手杀掉对方掌握水军作战技术秘密的人；其次，蒋干"巧遇"庞统，庞统借势向曹操献连环计；最后，借蔡瑁的族弟蔡中、蔡和诈降的机会，周瑜又实施苦肉计，蔡氏兄弟将东吴方面诈降的黄盖引荐给曹操，为火攻连环大船创造了有利条件。

第四种为"死间"，就是要有"舍不得孩子套不住狼"的思想准备，故意散布一些虚假情报，以牺牲己方间谍的代价，诱使敌人上当受骗。曹魏太和四年（公元230年），魏明帝派遣一个名叫隐蕃的高级战略间谍入吴，由于他应对机敏，才华横溢，很得赏识。隐蕃利用被赏识的有利形势，遵从出发前魏明帝的指示"求作廷尉职，重案大臣以离间之"。孙权本人也很器重他，就安排他当了廷尉监。这位顺利得手的大间谍走马上任以后，"常车马云集，宾客盈堂"。后来暴露了真实身份，被抓住遭到严刑拷打，宁死不屈，没有任何口供。"考问党与，蕃无所言。吴主使将入，谓曰：'何乃以肌肉为人受毒乎？'蕃曰：'孙君，丈夫图事，岂有无伴！烈士死，不足相牵耳。'遂闭口而死。"

第五种为"生间"，就是让己方间谍在完成搜集情报的任务之后，能够巧妙脱身，平安返回大本营报告敌情。孙吴方面著名的间谍周鲂，原为孙权手下的鄱阳太守，他假装背叛孙氏投靠曹魏，自愿提供情报，承诺打起仗来以后更愿意充当内应。东吴黄武七年（公元228年）他向魏方大将曹休提供七条精心编造的假情报，建议曹休举兵来袭，自己则里应外合。曹休大喜，"帅步骑十万，辎重满道，径来入皖"，结果一头栽进周鲂与东吴大将陆逊安排好的口袋里，结果几乎全军覆没。周鲂立了大功，晋升为裨将军，赐爵关内侯。孙权为他举行盛大的庆功酒会，高兴地说："君之功名，当书之竹帛。"

二、知识产权间谍行为

知识产权间谍主要是指商业秘密间谍，是指受国家专门机构的指派，或受企业以及金钱的驱使，使用各种非法或不正当的手段搜集专利、商标、版权、技术秘密、商业模式等知识产权，并以此争夺商业机密和技术，击败竞争对手，从而获取一定商业优势的组织或个人。

在当今社会，经济领域情报信息争夺的激烈程度和频度一点也不亚于现实战争的谍报战，且其涉及的巨大经济利益使商业间谍层出不穷，甚至出现了专门的知识产权间谍。美国国家安全局局长和美国网络司令部司令基思·亚历山大（Keith Alexander）将军曾在 2012 年说，由于网络间谍导致的知识产权被盗是"人类历史上最大规模的财富转移"，他估计美国公司每年因知识产权被盗而损失 2500 亿美元。美国知识产权盗窃委员会在 2015 年的报告中声称，当年美国被盗取的知识产权损失达到了 5400 亿美元。

例 14 - 1

1982 年 6 月 23 日早 7 时，6 名日本人被美国联邦调查局（FBI）警员押解。被逮捕的是日本日立制作所和三菱电机两家著名电气公司的 6 名雇员，另有 12 名雇员被美方发出了逮捕令，理由是"非法获取有关世界头号计算机生产商 IBM 的基本软件（OS 操作系统）和硬件的最新技术情报，并偷运至美国境外"。1983 年 2 月，日立制作所、三菱电机在承认雇员有罪的前提下与原告方达成和解。经此一役，IBM 的 OS 操作系统的著作权在世界主要工业国家得到了全面的承认。

为了本国的经济利益和国家安全，各国政府都非常重视打击知识产权间谍和经济间谍。1996 年 9 月 18 日和 10 月 2 日，美国众议院和参议院分别通过了《经济间谍法》（the Economic Espionage Act，EEA），这是美国首次以联邦法律来对商业秘密侵权犯罪予以规制，其内容非常严厉，如对个人最高可处以50万美元、对企业最高可处以1000万美元的罚款等，同时FBI新增加了近万名工作人员，在海外的办事机构数量翻了一番，是"冷战"结束后FBI最大的一次预算。它不仅保护已获得的专利，还保护能为企业产生经济效益的业务上的商业机密和技术秘密。其保护对象不仅是客户信息及尚未提出申请的专利数据，还包括经营与制造中的经验技术等，以及能推动业务发展、进行了适当管理使其他公司难以轻易获取的秘密信息。举一个极端的例子，某职员从A公司跳槽到竞争对手的B公司，连他头脑中的思路都被当作是商业机密，B公司不能轻易使用。

三、如何应对知识产权间谍

在三国的"隐蕃间谍案"中，作为高级间谍的隐蕃虽然厉害，但是孙吴公司中的胡综则更为棋高一招，他不光能识间还能反间。史书记载，胡综不仅是一位反间谍的行家，他自己在秘密战线上也曾主动出击，颇有成效。在好多孙吴高管都认可隐蕃时，只有侍中胡综保持着比较高的警惕，反对给予其高位，而主张对此人加以进一步考察以防上当，可惜这时没有人听他的。在发生隐蕃事件不久前，当胡综了解到曹魏方面镇守河北的振威将军吴质受到中枢的猜疑时，绰号"圣手书生"的他别出心裁地用吴质的名义写了一份向孙吴方面的投降信，结果曹魏方面很快解除了吴质的兵权，孙吴方面没费什么事就把对方的部署打乱了。

现代商业战争从某种角度上讲是信息战争。为了在商战中处于主动地位，一方面要通过各种手段（包括用间）广泛收集商业信息、专利情报，尤其是主要竞争对手的情报；另一方面，应严守自己的商业秘密以"防间"。

1. 专利分析，既能"用间"又能"防间"

专利的一个最主要的特点是，用公开技术手段换取一定时间内的技术垄断权，竞争对手为了获取垄断利益，其专利布局必然会结合企业战略实施。

要"知彼知敌情"，最为重要的手段之一，就是使用"不是间谍胜似间谍"的探析情报的手段——专利分析。利用专利信息公开的特点，通过专利分析

123

"遍知敌情"，以全面了解竞争对手和产业现状，能够"先知竞争对手"以预先掌握竞争对手的研发动向。

具体而言，就是通过调查、研究、分析、预测专利信息情报，充分了解竞争对手，掌握专利市场行情，认清产业链和供需链各个环节的技术现状和趋势，发现产业的技术热点和空白点；通过专利风险监控、专利风险评估以及专利预警机制，在对相关技术领域和产品的专利申请信息、专利授权信息、专利纠纷信息以及国内外市场信息和国家科技、贸易、投资等活动中的重大专利信息进行采集、分析的基础上，分析潜在竞争对手，预测可能发生的重大专利争端和可能产生的危害及其风险等级。

例 14 -2

20 世纪 80 年代初，我国在引进英国皮尔金顿玻璃公司（Pilkington）浮法玻璃生产技术时，英方一开始索要 2500 万英镑的技术入门费，技术人员经过专利分析后发现，英方技术包中的 137 件专利有 51 件已经失效，占全部转让专利技术的 37.2%，最后该公司迫使英国皮尔金顿玻璃公司将入门费降低至 52.5 万英镑，仅占原入门费的 2%。

2. 申请专利有效"防间"

通过专利保护和技术秘密相结合，是防止技术泄密的有效手段。将核心技术通过申请专利进行保护，即使部分研发成果被"技术间谍"盗窃，也基本不会对企业的产品营销和市场推广造成毁灭性的影响。

而可专利性的商业秘密、技术秘密一旦被技术间谍泄露出去，除了采取法律手段，追究侵权人/违约人的法律责任外，企业可立即启动专利申请程序，仍然有机会"追讨"失去的权利。在被技术间谍泄密 6 个月之内，符合专利授权条件的技术秘密可以获得"专利保护"的权利。当然，证明技术间谍"未经企业同意而泄露其内容"需要企业有完善的技术研发记录、技术保密管理制度、操作流程和实施规范。

3. 建立实验室登记制度"防间"

进入 21 世纪，人才流动加快，企业为了防止在研发过程中的技术泄密，可以通过建立实验室登记制度为后续纠纷提供有力证据。例如，可通过建立研发人员工作日志，详细记载研发项目解决的技术问题、技术特征、最佳实施例、实验参数、与现有技术的差异等，附上相关照片、分析资料和相关研究资料备份，并由当事人签名到公证机构进行公证，一旦发生间谍等技术泄密的情况，该证据将为企业维权提供最强有力的支撑。

4. 签订竞业禁止合同"防间"

如果员工离职后，将企业的商业秘密和技术秘密透露给新的雇主，前雇主可能难以在宽限期内发现对方在利用自己的技术秘密，即使发现也难以证明其是前任员工泄密，因为对方可能拿出事先准备的证据表明是自己的研发所得。因此，为了配合技术秘密保护的执行，企业应选择与重要的员工根据《劳动合同法》的相关规定签订竞业禁止合同，要求企业员工在离职后一定时间内，禁止经营或从事与原公司业务性质相同或有竞争关系的事业。

5. 国防专利通过严格保密制度"防间"

国防科技领域历来是一个国家的战略核心领域，是科技创新最密集、最高端、最活跃的领域。为了使中国国防知识产权工作发展步入"快车道"，鼓励创新增强国防实力，1985 年 4 月 1 日开始了首批国防专利申请的受理，拉开了我国国防知识产权工作的序幕。2004 年 9 月 17 日，国务院、中央军委颁布实施新的《国防专利条例》，这部法规成为我国国防知识产权领域现阶段重要的专门法规。毋庸置疑，国防专利的保密工作必须严格执行来"防间"，《国防专利条例》中的第四条、第六条至第九条对国防专利的保密作了严格的具体规定。

第四条 涉及国防利益或者对国防建设具有潜在作用被确定为绝密级国家秘密的发明不得申请国防专利。国防专利申请以及国防专利的保密工作，在解密前依照《中华人民共和国保守国家秘密法》和国家有关规定进行管理。

第六条 对在申请国防专利前已被确定为国家秘密的，应当征得原确定密级和保密期限的机关、单位或者其上级机关的同意。

第七条 转让国防专利申请权或者国防专利权，应当确保国家秘密不被泄露，保证国防和军队建设不受影响，并向国防专利机构提出书面申请，由国防专利机构进行初步审查后，及时报送国务院国防科学技术工业主管部门、总装备部审批。

第八条 禁止向国外的单位和个人以及在国内的外国人和外国机构转让国

防专利申请权和国防专利权。

第九条　需要委托专利代理机构申请国防专利和办理其他国防专利事务的，应当委托国防专利机构指定的专利代理机构办理。专利代理机构及其工作人员对在办理国防专利申请和其他国防专利事务过程中知悉的国家秘密，负有保密义务。

例 14－3

2016 年，南京一家国有事业单位某设计院高级工程师张某离职后进入浙江省的一所高校任职，随后张某将原来在该设计院工作期间已提交国防专利申请的一个秘密级科研项目的技术成果提交普通专利申请，造成该技术在互联网上公开，其本人也因此被以故意泄露国家秘密罪追究刑事责任。

这起案件具有很强的警示意义，是我国自 2004 年颁布《国防专利条例》以来的全国首起国防专利泄密案。通过追查泄露国防专利秘密人员的刑事责任，才能显示国防专利制度的刚性，通过刑法威慑杜绝此类犯罪行为，让更多的人不再心存侥幸，让国家利益不再受到损失。

另外，我国国防专利制度长期以来"重定密、轻解密"，许多创新主体不敢触碰保密红线，不能确定哪些国防专利成果可以解密。加之因为信息交流不畅等因素，国防专利技术绝大多数仅用于本系统，转化为民用的还非常少，使得国防专利成了"睡美人"，既降低了广大国防专利持有人的创新积极性，又影响了国防专利技术助力国家创新驱动发展、服务国计民生。2017 年 3 月，国防知识产权局集中解密了 3000 余件国防专利，并首次发布解密国防专利信息 2346 件，将原本仅用于国防的国家资源，重新配置优化组合，转向为国民经济建设服务，从而有效促进国防专利向民用领域转化，为构建军民融合创新体系提供战略支撑。2018 年 4 月 26 日，国防知识产权局首次集中脱密 4038 项国防专利，并通过全军武器装备采购信息网向全社会发布，这是我国促进国防知识产权军民融合深度发展的又一有益实践。

6. 加强知识产权安保制度"防间"

企业的知识产权秘密关系其权利和利益，包括但不限于技术秘密、专有技术以及其他商业机密，应当建议严格的知识产权安全保密和监察机制来保护企业的知识产权秘密不被泄露，对于接触保密、机密文件、技术资料的人员，离开工作岗位时要严格履行文件、资料交接制度，还要在关键岗位加大安保人员和安保设备的设置力度，保证企业机密和技术秘密的安全性。

例 14 -4

2015 年 4 月的一天，贵州中烟下属卷烟厂自主车间"爆珠"生产线的制冷设备出了故障，请来贵阳市一家制冷技术研发中心承担维修。但外来维修制冷设备的技术人员在修理期间趁人不备用手机将"爆珠"生产线全部机器设备及生产流程偷拍了下来。冒充维修人员的知识产权间谍所使用的手机，从正面看是一个普通的智能手机，背面却安装了专业的可调焦的摄像头，被企业的知识产权安保人员当即发现，立即扣压。随后，贵州中烟安保科立即向当地公安机关报案，偷拍手机也被送到公安部门进行解析，该手机还安装了专门的照片恢复软件，一旦被删除还能无痕恢复，所幸未发现照片被传输的痕迹。

贵州中烟国酒香品类卷烟每一项技术的突破都耗费了科研人员大量的心血：茅台酒致香微生物醇化技术，在烟草本香中赋予一定酒香使二者有机结合；国酒香真空加料技术，进一步使国酒原液和烟叶原料充分融合；国酒香滤嘴，保证了国酒香香气特征稳定释放。特别是制造玉液爆珠，直径只有 3.5 毫米的小珠子，却集成了贵州中烟 16 件发明专利。为了突破技术依赖国外专利技术的瓶颈，科研人员进行了近一年的实验攻关。而上述价值连城的核心技术，一旦被竞争对手的知识产权间谍偷拍而去，则后果不堪设想。

除此之外，企业在经营过程中要想更有效地制约"知识产权间谍"，还要走好以下三步：一是要建立市场反馈机制和专利预警机制，防患于未然；二是要在不违背正当竞争的前提下，广泛收集竞争对手的内部情报，先知先防；三是要善于通过专利分析等手段分析情报，去伪存真，做到万无一失，从而为总体知识产权战略奠定良好基础。

四、涉案后企业的应对措施

企业一旦不慎涉入商业秘密的诉讼案后，针对商业秘密保护的反制措施要知晓和会用，主要从法律防范和法律保护两方面来应对。

第一，要根据保密协议中认定的商业秘密的事实，分析保密协议中有无具体和明确的商业秘密的种类和内容的约定，如果商业秘密没有约定或者约定不具体和不明确，则相当于没有保密约定。因为商业秘密不可能包罗万象，前无古人后无来者，任何知识都是在别人已有的技术和商业基础上产生的。

第二，审视保密协议中的商业秘密有无以及在多大程度上有了公开的替代技术，如果该商业秘密有替代技术，被告则可以绕开保密协议的约束，放心大胆地做自己的研发和经营。

第三，要研究保密协议中有无约定商业秘密后续研发的成果归属，有无约定商业秘密申请专利的权利归属，保密义务的承担有无补偿，以及补偿是否合理。世上没有一边倒的权利和义务，否则就是不正当的垄断。

第四，研究在他人商业秘密的基础上能否进行改进和提高，进而形成自己的知识产权。

第五，对于实在绕不过去的商业秘密，可以就改进和提高后的自主知识产权，利用外围专利与商业秘密所有者签署交叉许可协议，达到合法和免费实施对方的商业秘密的目的。

第十五回　企业如何进行知识产权人才管理——刘备的领导力

刘备，字玄德，出身寒微的农村乡里，却成为称雄一方的集团董事长，为何？《荀子·劝学》中言："假舆马者，非利足也，而致千里；假舟楫者，非能水也，而绝江河。君子生非异也，善假于物也。"对于刘备而言，其事业成功的假借之"物"，非"人才"莫属。虽然白丁起家的刘备既没有"官二代"曹操的雄才大略，也没有"富二代"孙权的家传基业，但他凭借精通创业的用人之道，组建了一支优秀的创业团队，从而建功立业。

纵论古今，刘备都算是一个德才兼备、具有优秀管理能力的好老板，正所谓：

> 白丁起家刘玄德，三分天下能称帝。
>
> 学习之后方晓得，管理人才不神秘。
>
> 人尽其能能驾驭，物尽其用会管理。
>
> 五种需求对号坐，善待部下重情义。

唐太宗李世民有一句流传千古的名言："夫以铜为镜，可以正衣冠；以古为镜，可以知兴替；以人为镜，可以明得失。"就算用今天的标准来衡量，刘备对宏观战略局面的分析、判断与驾驭过程，尤其是团队管理经验和用人之道，无论是在视角上还是在方法上都有值得现代知识产权从业者学习与借鉴之处。

一、学习玄德方得知，管理人才不神秘

企业的知识产权工作，选择合适的知识产权管理人才是非常重要的一环。知识产权管理人才，一般是指在企事业单位，管理本单位或本部门知识产权工作从业人员的人，那么知识产权管理人才需要具备什么样的能力才能胜任呢？

业内大部分专家认为，知识产权管理人才是一种复合型的高级人才，理想

129

的知识产权管理人才应有一定的理工科背景和扎实的法学理论基础（尤其是知识产权法），熟练掌握 2 ~ 3 门常用外语（英语、德语、日语、法语），并掌握一定的工商管理和经济学知识，要有较强的战略思考、计划制定和执行把控能力，能够不断培养完善的法学素养和市场竞争意识水平，具有乐于钻研企业的产品和技术资料的兴趣、精细的财务管理能力、较好的金融运作水平、良好的谈判和沟通协调能力、敏感的数据分析能力。这样的人才能将知识产权工作管理得井井有条，才算是一个较为合格的知识产权管理人才。陶鑫良教授认为，知识产权管理人才应当培养为懂科技、文化、法律、管理、经营、外语、网络的复合型、综合型、经营型中高端应用人才。

专家们普遍认为，由于知识产权管理人才是二元型培养的人才类型，属于极难培养的专业和天赋并存的类型，所以企业罕有合格的知识产权管理人才，随着国家创新型驱动战略的公布和实施，知识产权管理人才可划为 21 世纪我国最需要、最神秘的人才之一。

研究学习刘备的管理之道之后，我们不难发现：知识产权管理人才没必要对知识产权的所有工作事必躬亲，只需贯彻执行企业的长远发展目标，将知识产权战略与企业战略做好无隙对接，引领知识产权战略为企业整体战略服务，具备发现问题并合理利用人才解决问题的能力。这就像刘备，文不如诸葛亮、庞统，武不如关羽、张飞、赵云、马超、黄忠，反而能够随心所欲地管理一干人才，并最终建立蜀汉政权三分天下。刘备的祖上刘邦做得更好，据司马迁的《史记·高祖本纪》记载，刘邦对群臣曰："夫运筹帷幄之中，决胜千里之外，吾不如子房；镇国家，抚百姓，给饷馈，不绝粮道，吾不如萧何；连百万之众，战必胜，攻必取，吾不如韩信。三者皆人杰，吾能用之，此吾所以取天下者也。"单论各项能力，刘邦均不如自己的手下人杰，但是刘邦能管理人杰，所以最终能取得天下。

作为一位知识产权团队的管理者，首先，要有宽厚的管理理论和知识产权知识，熟练运用知识产权规则为企业制定创新机制和知识产权战略、实施知识产权管理；其次，要有一套激励知识产权团队人员的方法，让他们时刻充满信心，以最好的工作状态投入到知识产权工作中去；最后，能和团队人员进行深层次的沟通，能够站在他们立场上换位思考，制定政策和解决一些问题，同时也能关注到他们真实的想法和遇到的困难，在需要的时候提供帮助，让他们不会觉得是一个人在战斗，而是整个团队在共同战斗。

二、知识产权人才五项管理原则

知识产权团队管理，是指在一个以知识产权工作为主的组织架构中，在一家企业或事业单位共同认同的使命、信念和愿景的指引下，在一个负有共同连带责任的中短期绩效目标的激励下，依成员能力、特长、工作性质组成多个相互补充技能的小组，共同参与解决问题和组织整体决定。

通过前后为刘焉、公孙瓒、吕布、袁术、袁绍、曹操、刘表、刘璋等多达8位"企业家"打工的经历，刘备积极汲取各种实战经验，为创业做好准备。此外，刘备能够成功的原因是解决了团队管理中最紧要的四个问题：如何寻找紧缺人才的问题、如何完善人才结构的问题、如何人尽其能的问题和如何笼络留住人才的问题。

知识产权管理也不例外：第一，管理团队要求清晰明确的目标追求，保证完成目标后人人受益；第二，唯才是用，人尽其才；第三，在安排职位和培养人才时，要适当考虑每个成员的需求；第四，善用亲和力，打感情牌捏合团队；第五，时刻把握企业发展大方向。

1. 确定清晰、明确的目标追求

不论是振翅高飞的雄鹰，还是脚踏实地的蜗牛，正是因为有目标、有追求，才能到达金字塔顶端傲视整个动物界。刘备团队打出的大旗是"剪除汉贼，匡扶汉室"；刘备一生尊奉的信条是"仁义治天下，得民心者得天下"，而且是说到做到，恪守毕生。

刘备胸怀"匡扶汉室大一统"的雄心抱负，逢人便强调自己"皇叔"的身份，以求正统，获得世人的认可，"匡扶汉室"乃名正言顺；同时也痛骂主要竞争对手曹操"名为汉相，实为汉贼"，于是宣称"正品"的刘备逮着机会就声讨"假冒伪劣品牌"曹操。无论怎么困难，刘备都很执着，以超人的毅力苦苦追求，从来没有放弃的想法，最终得到文武一干人才。这个团队中的每一个队员也都是朝着这一最终目标努力的，最终能得以协助刘备成就霸业。

从事知识产权管理工作，本身就是一个长期的战略工程，其间会有无数个问题和困难需要管理者去面对和解决，有时面对复杂的市场竞争环境，有时会面对老板投入过大的质疑，这些因素都会对知识产权管理者的毅力和领导能力形成很大的挑战。俗话说：狭路相逢勇者胜，能不能胜还要看谁能坚持到最后。能够笑到最后的人才是真正的赢家，这个过程中能够支撑知识产权管理者乃至整个团队的信念，就是建立让大家能不断拼搏的目标。

刘备一生都以"仁爱"这一理念行事，不符合这一理念的事情，他绝对不会做的，哪怕是处于再难的境地都不会违背。比如在陶谦病逝后，糜竺等徐州乡绅自愿请求刘备当徐州牧时，他觉得有乘人之危之嫌，便三次推让。曹军大军来袭新野时，冒着生命危险带领新野几万百姓撤退，躲避战乱，深受老百姓爱戴。当他的同宗荆州牧刘表在病危之时也有意将荆州托付给他，他同样是毫不犹豫地拒绝了。若不费吹灰之力得到荆州，提前完成《隆中对》所谋划的第一步，后来他成就大业可能会更快，但他觉得这样有悖于他"仁爱"这一理念，可能会对以后的事业有影响，所以也拒绝了。仁爱，这就是刘备的立身之本，这样才能汇聚更多的优秀人才，像一代名将关羽、张飞、赵云等人在刘备最困难的时候也没有离他而去，反而分别通过过五关斩六将寻主、喝断当阳桥慑敌、六进六出长坂坡护主的行为来拥护他。团队成员的这种忠诚，得以令刘备保障了团队在发展过程中的最基本的战斗力。

人格特质理论认为，人格是一个由五个维度特征组成的抽象结构，这"五维"特征分别是：外向性、情绪稳定性、尽责性、宜人性及开放性。每个人都在这个"五维空间"中占据一个相对固定的点，而知识产权管理人才应对知识产权工作满腔热情，具有高度的尽责性。同时，知识产权工作的复杂性要求知识产权管理人才应具有相当强的观察能力、思维能力、综合分析能力和组织协调能力，能合作共事、充分调动他人的积极性，组成齐心协力的整体，依靠团队实现工作的顺利实施。这些反映在人格素质上就要求知识产权人才必须具有较高的外向性和开放性，结合优秀的企业经营管理理念，挖掘优秀的企业文化和凝聚力，打造成团队成员的精神支柱，为知识产权团队获得成功奠定核心竞争力，比如"以人为本"。

2. 明确团队成员的内心需求，预期成员给团队带来的价值

马斯洛的需要理论中大概将人的需求分为金字塔式的五种：生理需求、安全需求、社交需求、尊重需求、自我实现需求。在知识产权团队管理中要灵活运用这一理论并不是很复杂。例如，分析刘备团队进行例证：

徐庶作为刘备班子最早的一员谋士，后来被曹操以其母亲为威胁，被迫加入曹军，"今以老母之故，方寸乱矣，纵使在此，无益于事"。但是他进曹军后不给曹操任何建议，在赤壁大战前看破庞统献"连环计"后也不向曹操点明，主动向曹操请缨守卫西凉避难，所以总的来说徐庶是安全需求的代表人物。徐庶对于安全需求的渴求是被刘备洞悉的，挽留未果故未强求，反而给徐庶最大的尊重和信任，令自己的竞争对手虽得其人未得其能。

刘备对于社交需求的把握最善于利用友情这个链条，结拜关羽、张飞，笼络了二位豪杰的心，在武力上有了铁杆保障。随后惺惺相惜收赵云、不嫌反相用魏延、妙用反间降马超、敢用老将收黄忠，成就星光闪闪耀三国的"关张赵马黄"五虎上将，就是凭借着对团队成员的社交需求的良好掌控。

对于真正的人才，他所关注的除了职位、收入之外，可能更加重视是不是得到了老板的尊重，是不是能够最大程度上体现自身的价值，而刘备恰恰在这一点超越了三国时的所有老板。刘备深刻洞悉了手下人才的心理需求，他知道自己势力弱小，无高官厚禄许之，只能靠对手下人才的尊重来换取他们的肝胆相照。"凤雏"庞统是自尊需求的典型，在曹操、孙权手下求职屡遭挫败的他，虽然在刘备手下也曾遭遇过冷遇，但是刘备在知晓了庞统的能力后能迅速听从建议，将庞统任命为副军师，庞统为了报答刘备在取西川路上身先士卒、虽死无憾。张松也是自尊需求的典型，"记忆大王"张松本是刘璋的别驾，想拿着西蜀地形图送与曹操，结果曹操嫌他长得太丑，在魏国备受冷遇，张松在回西蜀的路上经过荆州，诸葛亮得知此事后给刘备引荐，刘备以王侯之礼盛情款待张松，亲自迎出三百里，张松临走之时，刘备还为他牵马执镫，并送上不菲盘缠，张松被其感动，于是将西蜀地形图送给了刘备。

笼络人才也许尊重就够了，但人尽其才尤其是使用高才靠的是放权和信任。通过满足对方自我实现的需求，刘备获得的人才最有代表性的当属诸葛亮，刘备四十六岁时三顾茅庐，恭请比自己小二十岁的毛头小伙子诸葛亮出山，无疑

已成为尊重人才之美谈。刘备三顾茅庐请得诸葛亮出山后，用人不疑，疑人不用，把军中大事一概授权。在火烧博望坡初用兵时，刘备集团的另外两位合伙人关羽、张飞不看好这位架子极大的文弱书生，但是刘备明白信任和放权的重要性，因此当诸葛亮分派他任务时，刘备毕恭毕敬接受分派，并且率先执行垂范，让关羽、张飞等人无话可说。这正应了管理学中最重要的一点：信任比不信任的成本要低，放权比不放权的成本要低。诸葛亮没有辜负刘备的信任，尽情挥洒才干，如鱼得水，以至鞠躬尽瘁、死而后已。

在知识产权团队的管理中，要做到四个字"高、远、宽、惠"。站得高、看得远、胸怀宽、给实惠，根据团队成员各自的需求来统筹安排，或重之，或用之，或激之，或励之。有生理需求和安全需求的，给予高薪；有社交需求的，给予职业发展空间，为其提供培训和出国学习的机会，助其拓展朋友圈；有尊重需求的，给予高的职位和一定的期权；有自我价值实现需求的高人，则应果断授权、大胆放权，放手让其参与企业整体知识产权规划和战略制定。

3. 唯才是用，选择合适的项目经理，并安排在最合理的岗位上

刘备集团由于家底薄，没有像曹魏集团一样具备广招天下之才的资本，所以他招聘人才从来都是少而精，用人上不但能用人不疑、疑人不用，还能取人之长、优势互补。关羽、张飞、赵云、马超、黄忠及卧龙、凤雏个个都是个性非常鲜明之人，刘备注重平衡，岗位设置互不重叠，权责明晰，使他的团队形成了核心的竞争力。

一个好的组织中的成员不是智者或能者越多越好，而是需要德、智、能、劳的全面发展。赤壁之战，孔明初立战功，可以独当一面，就放在他最熟悉的荆州老家，助恃才傲物的关羽守根据地。庞统刚加盟，急于想立功，又有点恃才傲物的毛病，就带他入川打攻坚战。法正长于制定法规条例，管理严格，刘备入川后百废待兴，国体初立，用法正为尚书令，官职比诸葛亮还大，刘备既要用法正之长，又要避其短，还要防这个曾经出卖故主的人忠诚出问题，于是刘备也常把法正带在身边，防其出乱。降将李严压根就看不起刘备，而且他数次嘲笑刘备，但刘备还是重用他，最后还立为托孤之臣牵制诸葛亮。临终之前，敏锐地发现诸葛亮欲重用马谡，提醒诸葛亮马谡"言过其实，不可大用"。

一个好的组织的合理人才结构，不仅可以实现"凑"，即能力的简单相加和集中，造成众志成城的宏伟景象，更重要的是能够使人才各扬其长，互补其短，发生质的飞跃，激发一种"化学反应"，即产生一种超过个人能力总和的新的合力。

一个好的组织中的人才获得方式有培养和引进两种方式。对于刘备而言，关羽、张飞是自己发掘培养的人才，而赵云、魏延、马超、黄忠都是自己从竞争对手手中引进过来的人才。对于企业而言，研发人才的整合方式也是如此，即采取"培养＋引进"相结合的方式，既能吸引人才，又能培养人才，还能留住人才。

刘备用人的最大问题是没有考虑好人才梯队的问题，一旦五虎上将生老病死，由于蜀地人才基数小，没有人才积累，在姜维北伐时，无人可用，只能让做过山贼、原来关羽帐下的书记员廖化作先锋大将，这就是常说的"蜀中无大将，廖化当先锋"。

作为知识产权团队的管理者，在工作上，你不可能面面俱到，事无巨细，要在团队中培养骨干力量，让他们能够胜任独当一面的工作，同时还要给予他们一定的授权，使他们能在实际工作中放开手脚，发挥长处，让他们各自带领他们的团队创造出好业绩，团队的作用也就发挥出来了。例如，企业的知识产权部门可分别针对研发、布局、检索、风控、诉讼、谈判、金融、流程、培训、撰写、政府事务、海外事务等角度设立总监，并设立 CIPO（首席知识产权官），根据团队成员的特点安排工作或根据工作需要招聘人才。

事实证明，在任何组织中只有各类人才汇聚，共同努力才能推动组织目标实现，知识产权行业自然也不例外。

4. 重情重义，善待部下

刘备对待部下是很重情义的，刘关张三人的兄弟情谊至今被传为美谈，"不求同年同月同日生，但求同年同月同日死"这句结义名言千百年来有多少仁人志士效仿。性格上，关羽自负高傲，轻敌；张飞脾气火爆，粗野，还经常打骂兵士；只有做大哥的刘备才是最理智、最完美的人，关羽和张飞一辈子只服刘备，三人视兄弟情谊胜过他们自己的生命。

刘备的重情重义令下属死心塌地为自己服务，导致曹操的两次挖墙脚抢人才都没有成功。一次是徐庶，把人家的老母亲都接到京城，威逼利诱终于把徐庶弄到身边了，但是人来心不来，终生没为曹操献一计，还经常把曹魏集团的商业秘密泄露给刘备；另一次是关羽，送宝马、送华服、给黄金、封大官，作为曹魏集团的"董事长"，曹操对关羽可谓精诚所至，人家还是挂印封金，过五关斩六将而去。

刘备为了挽留企业的人才甚至到了连老婆孩子都不顾的程度，怎么让属下不感激涕零而为其奋斗终生？徐州败于吕布后，张飞因为丢掉了刘备的老婆要自杀，刘备说了一句让现代女性很不齿的名言："古人云：兄弟如手足，妻子如衣服，衣服破，尚可缝，手足断，安可续？"据考证，刘备所说的古人是他自己杜撰出来的，他说的古人的意思其实是"前无古人"！赵云七进七出长坂坡，血透甲胄把刘备的儿子救出来后，刘备轻舒猿臂，貌似狠心地把刘禅摔了一下，还说："为孺子，几损我一员上将！"从此，赵云忠心耿耿为其服务，哪怕待遇是公司创始团队中最低的一位也毫无怨言。所以，选择老板时他们才会优先选择刘备这样对下属永远"不抛弃、不放弃"的人！

作为知识产权团队的管理者，如果你所带领的也是一群非常有个性而且优秀的人才，应当把部下视如自己的兄弟，能够想他们之所想，急他们之所急，了解他们内心的想法和关注他们的生活方面，做到互相尊重，建立深厚的感情，整个团队就像一家人一样，每个人都是在为自己的事业而工作，才能让他们自发地去努力打拼，创造出优秀的业绩，成为卓越的人才！

随着全球经济一体化的进一步发展，知识产权事业的推进对于激励创新，提高大中型企业的国际市场竞争能力，进而提升国家科技经济综合竞争力具有重要意义。建立完善的知识产权法律制度，推进国家知识产权战略步伐的关键是具有全球视野竞争力的知识产权专业人才。随着国内越来越多的企业建立了较为完善的知识产权管理体制之后，内部分工布局进一步完善，知识产权管理朝向精细化的趋势发展，人才需求方面，具有高度战略眼光和国际化学术视野，一专多能的知识产权管理人才将是未来企业需求的重点。

5. 时刻把握企业发展大方向

刘备桃园结义合伙创业，用股份制吸引人才，后又引进诸葛亮、赵云、马超、黄忠等新股东，终形成一支能力强、稳定性高的股份制团队。

后来，刘备把集团公司的具体事务交给总经理诸葛亮，把荆州分公司的大权交给副总裁关羽后，并没有沉湎于酒色之中，而是时刻把握着公司的决策大权和发展方向，亲自去开拓益州市场。对于荆州市场，总经理诸葛亮建议接受刘表临终的委托，刘备坚辞不受；诸葛亮建议以吊孝为名夺取荆州，刘备仍不采纳，宁可让刘琮将荆州先给自己的竞争对手曹操，自己扶老携幼逃难；直到曹操赤壁战败，刘备才"借"得荆州。如果从名正言顺的角度和风险评估的角度出发，前两次得荆州更合情合理并且引起后世纠纷的风险更低，但刘备的做法显示了他对于自己"仁义"品牌的重视程度，也显示了刘备在公司大方向上的执着和掌控力。

在企业的大方向正确、企业的核心理念确立、企业的决策大权仍由老板掌握的情况下，知识产权相关的具体的战术实施、专利代理机构的选择、专利数量的多少，那是知识产权经理们的事情。总之，刘备的老板素质和经验，值得我们今天许多企业老板们和知识产权管理者参考借鉴。

第十六回 企业如何有效降低专利成本——曹操的节俭

东汉末年，面对当时中原各地家破人亡的悲惨情景，曹操忧国忧民地写出了"白骨露于野，千里无鸡鸣。生民百遗一，念之断人肠"的著名诗句，寄托了他对民众的同情之心。

正是由于对人民的苦难有一定的同情心理，曹操提倡节俭，他自己以身作则，在日常生活中严格要求自己，杜绝锦衣玉食，平时"后宫衣不锦绣，侍御履不二采，帏帐屏风，坏则补纳，茵蓐取暖，无有缘饰"。"吾衣被皆十岁也，岁解浣补纳之耳"——他的每一件衣服缝缝补补都穿了十多年，就连送终衣服也只备四箱。曹操还专门颁布了《内戒令》，对家眷的吃喝用度都有严格的约束，严禁家眷在家中熏香，即便是把香囊携带于身也明令禁止，若是房间有了异味，只能到大自然中就地取材，烧一些枫树枝和蕙草来改善空气质量。

对于大多数企业而言，专利是个花钱、费钱、短时间内难以见到收益的"奢侈品"，且在专利储备量大的情况下，专利申请费、维持费、诉讼费、管理费等都花费不菲。在生产经营中，一些大型企业年度支出往往达数千万元，如此高额支出使得部分企业日渐不堪重负。目前，我国维护一件发明专利20年有效期的年费总额除略低于德国外，远高于其他国家的年费总额，大约是英国的2.2倍，法国的1.8倍，日本的1.7倍，韩国的3.7倍。一般而言，企业规模越大，自主专利越多，年支付专利维护费负担越重。高额的专利维护费也是造成大量专利所有者在专利有效期内放弃专利的一个主要原因。

因此，企业除了通过专利运营开源盈利外，还应当学习曹操对专利花费进行合理的节流。尤其是对于中小微企业而言，因为财力限制，企业必须量力而行，紧紧围绕自己的战略目标，进行性价比更高的专利开发和专利申请手段，等企业资金丰沛后，再大规模地进行专利储备。

现阶段，降低专利成本的主要做法有通过合作研发分摊成本、通过策略性地撰写减少申请量、有效利用专利资助和奖励政策、对专利进行分类处理、选择成本更低的知识产权保护方式、主动寻求专利许可等方式。

一、通过合作研发分摊成本

合作研发专利技术，是初创企业在自己资金储备不足、研发实力较弱时，通过分摊成本，共用人才、设备、资金等资源进行合作开发，获得高水平研发成果的一种有效的专利技术开发模式。在合作研发的过程中，由于有的企业长于研发，有的企业长于营销，各有所长，合作开发可以优势互补，能够提高专利技术研发成功的可能性，并能分散风险成本。另外，在合作研发的同时，企业还能不断聚集、储备研发人才，为以后的自主研发提前铺路。

例 16 - 1

现代飞速发展的电气产业对电气材料不断提出新的要求，大量采用高新技术的材料应运而生，新型低铁矽钢片是制造高能变压器铁芯所必需的新技术。

在阿姆卡公司研发低铁矽钢片之初，美国的通用公司和西屋公司等也在着手具有同等功效的非晶体合金铁芯材料的研发工作。无论是从企业规模，还是从研发能力上看，通用公司和西屋公司都远超出阿姆卡公司，如果单凭自身的实力，阿姆卡公司几乎不可能在竞争中获胜。面对不利形势，阿姆卡公司决定先从搜集专利信息情报入手，争取尽可能全面地掌握与研制低铁矽钢片相关的市场信息。经过详尽的专利信息分析之后，阿姆卡公司发现远在太平洋另一端的日本也有一家钢铁公司在从事同类产品的研发，而且准备采取当时最先进的激光束处理技术。

阿姆卡公司针对这一形势作了深刻的分析：若以自己现在的实力和基础继续单兵作战，独立从事低铁矽钢片研发，极可能落在通用公司和西屋公司后面，具有很大的风险。如果不能率先开发出新产品，不仅无法占领市场，连先期投入的巨额研发费用都无法收回，损失巨大，甚至可能危及公司的生存。

这时，合作研发是"取胜之匙"，阿姆卡公司决定走合作研发路线。阿姆卡公司迅速说服日本企业与自己合作，共同研发节能变压器铁芯的新型低铁矽钢片。在两家公司的共同努力下，它们比预定计划提前半年完成新型低铁矽钢片研发任务，赶在通用公司和西屋公司之前推出新产品，并通过强悍的专利布局占领了市场，成为这场竞赛最终的赢家。

二、撰写时利用单一性合并数项发明创造

在某些特定的情形下，如果企业的几项发明创造符合《专利法》第三十一条有关单一性的规定，可以将数项相关的发明创造合并，作为一件具有多个并列独立权利要求的专利申请提出，这样可以利用这个法律规定减少专利申请数量，节省专利成本，同时又不会缩小专利保护范围。

上述的特定情形可以是下列各项之一：

（1）不能包括在一项权利要求内的两项以上产品或者方法的同类独立权利要求；

（2）产品和专用于制造该产品的方法的独立权利要求；

（3）产品和该产品的用途的独立权利要求；

（4）产品、专用于制造该产品的方法和该产品的用途的独立权利要求；

（5）产品、专用于制造该产品的方法和为实施该方法而专门设计的设备的独立权利要求；

（6）方法和为实施该方法而专门设计的设备的独立权利要求。

三、有效利用专利资助和奖励政策

专利资助是指国家、省、市等知识产权局预算中安排相关资金，对资助申请人申请专利或开展专利相关工作所给予的资助。在符合要求的前提下，企业通过向国家和所在地方相关部门申请相关的资助或奖励，能够大大降低和缓解自身专利储备过程中的资金压力。

1. 国家层面的资助政策

目前国家层面上的专利资助政策主要有财政部于2016年新颁布的《专利收费减缴办法》和2012年颁布的《资助向国外申请专利专项资金管理办法》。

根据《专利收费减缴办法》的规定，专利申请人或者专利权人可以请求减

缴下列专利收费：申请费（不包括公布印刷费、申请附加费）、发明专利申请实质审查费、年费（自授予专利权当年起六年内的年费）、复审费。

申请人或专利权人需要符合下列条件之一才能减缴：

（1）上年度月均收入低于 3500 元（年 4.2 万元）的个人；

（2）上年度企业应纳税所得额低于 30 万元的企业；

（3）事业单位、社会团体、非营利性科研机构；两个或者两个以上的个人或者单位为共同专利申请人或者共有专利权人的，应当分别符合前款规定。

根据《资助向国外申请专利专项资金管理暂行办法》，专项资金主要用于资助国内申请人向国外申请专利时向有关专利审查机构缴纳的在申请阶段和授予专利权当年起三年内的官方规定费用、向专利检索机构支付的检索费用，以及向代理机构支付的服务费等。向国外申请专利项目在外国国家（地区）完成国家公布阶段和正式获得授权后分两次给予资助，每件专利项目最多支持向 5 个国家（地区）申请，资助金额为每个国家（地区）不超过 10 万元。

2. 地方政府层面的资助政策

除了国家补助外，各级地方政府也对申请人有不同程度的补助政策，包括申请费资助、专利申请增量补贴、知识产权质押贷款贴息补贴等项目。值得注意的是，国家层面的资助政策和地方层面的资助政策一般不冲突，企业应当了解并掌握自己所在地的资助政策，及时申请补贴，以减少专利申请和持有成本。

例 16 -2

上海市政府部门 2015 年度对发明专利补贴政策如下：（1）申请费（包括申请费、申请附加费、公布印刷费和优先权要求费），在专利申请受理后按实际缴纳金额的 80% 资助；（2）实质审查费、授权费（包括专利登记费、公告印刷费和授权当年年费），在授权后按实际缴纳的金额资助；（3）授权后第二年、第三年的年费，按实际缴纳金额的 80% 资助；（4）专利代理费，在授权后按每项不超过人民币 2000 元资助。

再如，北京市政府部门对国内专利的资助政策为：发明专利授权后，单位申请人每件资助申请费用 1500 元，个人申请人每件资助申请费用 1000 元；实用新型和外观设计专利授权后，每件资助申请费用 150 元。对向国外申请专利的资助政策为：在美国、日本和欧洲专利局获得发明专利授权的，每个国家每件资助不超过 2 万元；在其他国家获得发明专利授权的，每个国家每件资助不超过 1 万元。每件发明专利资助不超过五个国家。单位申请人年度获得的专利资助金额最高不超过 100 万元，个人申请人年度获得资助金额最高不超过 10 万元。

3. 专利奖励政策

国家知识产权局从 1989 年开始评选中国专利金奖及中国专利优秀奖，从发明专利和实用新型专利中评选产生，中国专利金奖评出 20 项；中国外观设计金奖及中国外观设计优秀奖从外观设计专利中评选产生，中国外观设计金奖评出 5 项。另外，不少省（市）也分别设立了专利奖，对辖区内的注册企业进行奖励。

例 16-3

北京市人民政府设立发明专利奖设一、二、三等奖，其中：一等奖 5 项，每项奖励人民币 20 万元；二等奖 15 项，每项奖励人民币 10 万元；三等奖 30 项，每项奖励人民币 5 万元；对本市国民经济和社会发展有重大贡献的发明专利授予特别奖 1 项，奖励人民币 100 万元。

广东省人民政府对获得中国专利金奖或者中国外观设计金奖的单位和个人，给予每项 100 万元的奖励；对获得中国专利优秀奖或者中国外观设计优秀奖的单位和个人，给予每项 50 万元的奖励。对获得广东专利金奖的单位，给予每项 10 万元的奖励；对获得广东专利优秀奖的单位，给予每项 5 万元的奖励；对获得广东发明人奖的个人，给予每项 2 万元的奖励。

四、对知识产权尤其是专利进行分类

对于初创企业而言，当拥有一定知识产权积累之后，必须要对其进行分类、分级维护，以节省开支：

（1）对拥有的知识产权按照性质、价值等进行分类，建立分类管理档案；

（2）建立知识产权定期评估制度，对拥有的各类知识产权进行价值评估，以便对放弃或维持该知识产权作出决策；

（3）当知识产权发生权属变更时，及时办理相关手续；

（4）当企业对知识产权实施放弃的，应明确审批程序和权限，办理手续，做好备案；

（5）有条件的企业可以建立知识产权分级管理机制，并配备专职或兼职人员进行有效的监管和日常维护。

比如，对于企业的专利而言，通过SWOT分析（优劣势分析）做专利竞争力测评后，以公司发展战略为核心，把专利分为三类：未来发展所需专利、当前可经营专利、已失去商业价值的专利。然后，"远交"第一类专利，"近攻"第二类专利，"冷淡"第三类专利：对于企业未来发展可能有关键作用的专利应重视，并投入人力物力进行配套技术的开发研究，并为核心专利申请外围专利进行专利布局；对于当前可经营的专利，应积极促成合资开发或及时出售来获得企业发展资金；对于没有利用和销售价值的专利，应通过终止缴费令专利权自行终止、主动放弃专利权、捐赠给非营利组织等方式果断放弃。

例 16－4

不只是初创企业，大公司也会对专利进行定期的分类筛选。美国陶氏化学公司是一家大型的跨国化学公司，其中央数据库中的有效专利曾达到3万多件，这些专利原来处于分散的无组织状态，每年的维护费用就需要3000万美元以上。1993年，通过分三步走，陶氏化学公司将专利运营价值最大化。

第一步，陶氏化学公司将其所拥有的大量专利分为正在使用、将要使用和不再使用的三类组别，然后分别确定各个组别专利的使用策略，特别是针对不再使用的专利，从战略高度上确定是许可他人使用还是主动放弃；

第二步，对其专利的有效性进行鉴别，若属有效专利，则由公司各业务部门决定是否对该专利进行投资，然后是专利的价值评估，确定专利的市场价值，并利用价值评估和竞争力测评得出结果，由公司决定是否采用诸如对研究加大投入，建立合资企业，从外部获取专利技术的使用许可等专利策略；

第三步，陶氏化学公司通过加强专利的动态管理和有针对性的投资，不断减少专利的数量同时增强专利的质量，最终形成更加有效的专利战略布局。

四年后的统计数据显示，通过放弃或赠送对公司不再具有价值的专利，其节省专利费用 4000 多万美元，而专利的许可费则从 2500 万美元激增至 1.25 亿美元。

五、选择成本更低的保护方式

进行专利申请时，在保证专利代理质量的前提下，企业可选择成本更低的知识产权电商进行合作；对生命周期较短的产品的技术方案，可选择实用新型专利保护而不是发明专利保护的方式来降低申请费用；在进行海外专利申请时，企业应当依据其海外市场发展战略，有重点地选择专利申请国家，避免盲目的海外申请，防止在不重要或者无力开拓的市场浪费大量金钱。

另外，还可选择比专利成本更低的其他保护方式进行保护，如对于一项不容易被反向工程的技术而言，可用商业秘密进行保护；对于开发的软件而言，可选择比专利成本更低的软件著作权进行保护。

六、主动引进他人的专利

从成本收益的角度综合来看，在大部分情况下，企业花钱引进他人的专利可能比自主研发创新支出更少。在对方的专利围栏已经很严密、回避设计的研发成本会非常高且不一定成功、专利侵权的风险非常大的情形下，与其舍近求远、互相争斗，还不如主动求和，或主动出价，或达成交叉许可，用较低的成本获得独家专利许可或独占专利许可，把精力和金钱都用于原有专利技术的应用和改进上面，对其进行消化、吸收再创新，实现双方共赢的目的。

每家企业都在寻找和使用各种方法控制专利的成本，可能也早已形成了自己的"独门秘籍"。但最为重要的，应该是强化专利的经营和运营，让专利产生更大的价值，让开源比节流来得更猛烈些。

值得一提的是，曹操虽然在生活用度上无比节俭，但是在人才引进上却舍得投入重金。曹操对此深有体会："吾起义兵诛暴乱，所征必克，乃贤士大夫之力也。"

对于企业专利运营也是一样，在开源节流的同时，要花大气力网罗和培养优秀的人才作后盾，因为没有人才优势，专利运营乃至企业运营都很难成功。

知产自有千钟粟，

知产也有黄金屋。

人生欲遂平生志，

智财三国勤研读。

财产篇

第十七回　论如何利用知识产权之美——美人计

人们常说：英雄难过美人关，色字头上一把刀。纵观历史长河，连万众景仰、力拔山兮的盖世英雄也容易被美人攻克，为美人倾倒，可见以柔克刚的"美"有何等的威力！

在《三国演义》中，"美人计"首次出现是司徒王允运用该计对付董卓。天生兼具家国情怀和特工潜质的貂蝉，凭着天生丽质和万种心机，周旋于董卓和吕布之间，这两人心生怀疑和怨恨，最后发展到不共戴天的地步，董卓最终死于其义子吕布之手。而桂阳之战中，曹魏的赵范想用美人计拉拢赵云就没有得手；赤壁大战后，周瑜对付刘备的美人计被诸葛亮识破，甚至使得孙吴"赔了夫人又折兵，反误了周瑜卿卿性命"。可见，同样是美人计，用来对付董卓、吕布之类的好色之徒和"投机商人"很有效果，用来对付赵云、刘备之类的正人君子和有追求的"企业家"就不灵。

在现代商业社会里，传统意义上的利用美色实施美人计，在一定程度上虽仍有其用武之地，但由于其本身难以掩盖的狭隘性和非道德性，在应用过程中不可避免地暴露了它的局限性和不适用性。基于现代商战的需要，对美人计就要进行新的运用，即将美人计从其以色诱惑、乱人心志的古老模式中摆脱出来，突破其现有的局限性，将其内涵加以扩展、引申，从而成为现代版的美人计。例如，一件具有"知识产权美"的产品，不仅体现在它能借助于专利技术，以高效的实用功能满足人们工作和生活的需要；更多地还体现在它能以其形象所表现的样式形态、内涵韵味，给人以美的感觉和艺术享受。

挖掘"知识产权之美"需从"美人"衡量的八大标准契入：爱彼之貌容兮，香培玉琢；美彼之袅娜兮，回舞飞雪；羡彼之华服兮，闪灼文章；慕彼之良质兮，冰清玉润；喜彼之差异兮，环肥燕瘦；闻彼之美名兮，朗朗上口；探彼之隐秘兮，幽居深谷；知彼之地域兮，南北有别。即将美人的貌、体、服、质、态、名、玄、域之美，分别对应产品的外观设计之美、工业设计之美、包装设计之美、人性设计之美、差异设计之美、商标品牌之美、技术秘密之美、地理标志之美。

一、"爱彼之貌容兮，香培玉琢"——外观设计之美

在市场经济环境下，工业产品仅有实用性是不够的，还要富有可"沉鱼落雁、闭月羞花"的外观设计的美感。外观设计，总是同使用该外观设计的工业产品结合在一起，是指对工业产品的形状、图案、色彩或其结合所作出的富有美感，并适于工业上应用的新设计。外观设计已经成为产品整体质量不可或缺的部分，在提高产品的市场竞争力方面扮演着十分重要的角色。例如，苹果公司近一半以上的专利是基于消费者体验的外观专利，而非核心技术专利，但是这丝毫不会影响苹果公司的整体专利实力。

我国《专利法》规定的外观设计专利是指：对产品的形状、图案、色彩或者其结合所作出的富有美感并适于工业上应用的新设计。美国《专利法》规定：就产品而发明的任何新的、原创性的和装饰性的外观设计，其发明者可获得专利。

全球对于工业品外观设计的保护方式大体上有四种：（1）利用专利法保护：如中国、美国、俄罗斯、中国台湾；（2）利用版权法保护：如法国、德国；（3）将其视为"工业版权"受专利法和版权法的双重保护模式：如英国；（4）设立专门的外观设计法保护：如日本、丹麦、芬兰、挪威、瑞典。一般而言，在认定外观设计是否构成侵权时，形状优于图案和色彩，图案和色彩则一并考虑。

例 17 -1

源自美人，可口可乐的美曼弧形瓶全球独享

在大部分人心目中，可口可乐瓶经典的诱惑曲线几乎与神秘的可口可乐配方同等重要，成为可口可乐的代名词，可口可乐瓶身设计灵感，也是来自"美

人"。

1898 年，鲁特（Root）玻璃公司一位年轻的工人亚历山大·山姆森在同女友约会中，发现女友穿着一套筒型连衣裙，显得臀部突出，腰部和腿部纤细，身材窈窕曲线柔美，非常好看。约会结束后，他突发灵感，根据女友穿着这套裙子的形象设计出一个玻璃瓶。经过无数次的反复修改，不仅将瓶子设计得非常美观，他还把瓶子的容量设计成刚好一杯水大小，而且使用非常安全，易握不易滑落。瓶子试制出来之后，有经营意识的亚历山大·山姆森立即到美国专利局申请专利（见图 17-1），并经由美国装瓶商协会认可成为标准包装瓶。当时可口可乐的决策者坎德勒在市场上看到了亚历山大·山姆森设计的玻璃瓶后，认为非常适合作为可口可乐的玻璃瓶包装。经过一番讨价还价，最后可口可乐公司以 600 万美元（购买力约相当于现在的 5 亿美元）的天价买下此专利。

这种曲线瓶子给人以窈窕、婀娜、甜美、柔和、流畅、爽快的视觉和触觉享受，让人感觉这种造型完美的瓶子"女人味十足"。更令人叫绝的是，其瓶型的中下部是扭纹型的，如同少女所穿的条纹裙子；而瓶子的中段则圆满丰硕，如同少女的臀部。此外，由于瓶子的结构是中大下小，当它盛装可口可乐时，给人视觉上感觉比实际的容量更多。

当时，可口可乐正受到竞争对手百事可乐的冲击，市场销量一直徘徊不前。1915 年，采用亚历山大·山姆森设计的玻璃瓶作为可口可乐的包装以后，可口可乐的销量飞速增长，在两年的时间内，销量翻了一倍。从此，采用山姆森玻璃瓶作为包装的可口可乐开始畅销美国，并迅速风靡世界，为可口可乐公司带来了数以亿元计的回报。

1915 年 11 月 16 日，弧形瓶模具申请了专利。1923 年 12 月 25 日，由于之前的专利权保护过期，可口可乐公司又重新为弧形瓶申请专利并获得了专利权。由于恰逢圣诞节，这种带有在圣诞节当天申请的新专利特色的弧形瓶后来被称为"圣诞瓶"。

1957 年，制瓶技术的进步使得专利技术——"应用颜色标签技术"（ACL）取代了将可口可乐标记凸刻在玻璃瓶上的做法，白色的 ACL 字体使得瓶体更为干净，也使得可口可乐的标志更容易被消费者认出。

1960 年，为了确保弧形瓶的专利一直为可口可乐所有，可口可乐公司获得

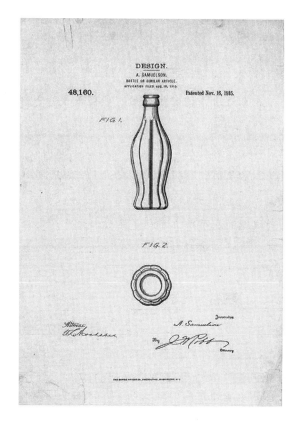

图 17 - 1　可口可乐的弧形瓶专利

了美国专利局授予弧形瓶商标权。尽管对产品包装进行商标注册的情况极为罕见，但可口可乐公司称弧形瓶是如此知名，以至于它本身即拥有了商标的地位。1960 年 4 月 12 日，弧形瓶的商标权申请终于获得了批准，从此可以获得无限期的保护。

1963 年，"Coke" 商标首次出现在弧形瓶上。

1994 年，印第安纳州政府在鲁特瓶装厂举行了纪念"可口可乐瓶诞生地"纪念仪式。与此同时，可口可乐公司在美国推出了新的 20 盎司的塑料弧形瓶，仍然同它刚推出时一样深受消费者欢迎。

1996 年亚特兰大奥运会期间，可口可乐公司精心策划了一次以弧形瓶为载体，向民间艺术致敬的展览。来自 50 多个国家和地区的民间艺术家们，以不同国家的文化和特产为素材，创作成立体效果艺术瓶。这些风格迥异的艺术瓶以可口可乐弧形瓶为骨架，将各国特色表现得淋漓尽致，将弧形瓶的"美"与各国的文化融合到了一起。

2008年左右，凭借与其他产品在外观上能作出明显区隔和辨别，可口可乐在美国、俄罗斯、中国等数十个国家获得了可乐瓶的立体商标。

2010年后，可口可乐相继推出了歌词瓶、表情瓶、网络用语瓶、姓名瓶等，进一步拓展弧形瓶的外在美因素。

2016年，可口可乐推出了多用途的瓶盖创意火爆网络，将弧形瓶的"美"与创意、生活和休闲融合到了一起。

时至今日，源自"美人"的可口可乐弧形瓶已经问世100多年，它始终作为世界上最受欢迎的、与其他产品截然不同的、富有创意的饮料包装，打动着一代又一代消费者的心。同时，可口可乐公司通过专利保护和商标保护，一直牢牢地把控者"美人"弧形瓶的全球独享权。

二、"美彼之袅娜兮，回舞飞雪"——工业设计之美

如同身材需要塑形才能袅娜多姿一样，工业设计是基于美学、人体工程学等学科理论指导下的产品设计，是技术和艺术的合理结合。工业设计的水平反映了一个国家的工业产品水平，更标志着该产品的市场竞争能力。美国工业设计协会的一份统计数据表明，美国工业设计每投入1美元，其销售收入为2500美元。日本日立公司的另一份统计数据表明，每增加1000亿日元的销售额，工业设计的作用占51%，而技术改造的作用仅占12%。

工业设计与工业品外观设计是有区别的，其目的不仅在于确定产品的外形及表面特点，更重要的是决定产品的结构与功能的关系，因为好的工业设计离不开精密的生产制造工艺。所设计的产品要体现出工业设计的"内在美"，即功能的科学性、使用的合理性；而产品工业设计的"外在美"，主要是通过产品的结构形式、形体的塑造、线形的组织、色彩的调配、质体的肌理等体现。产品"内在美"和"外在美"的塑造，均离不开完美的生产制造工艺来保证。

工业设计可以同时采用专利保护和版权保护两种权利保护手段，即工业设计的"内在美"主要通过版权来保护，工业设计的"外在美"通过外观专利保

护其外观设计和通过发明专利保护其加工工艺。

苹果之美，乔布斯推崇的技术美学的人性化呈现

当 1998 年华丽出众的 iMac、2001 年精美细致的播放器 iPod、2007 年功能强大的酷炫 iPhone、2010 年轻薄多用的 iPad 等时尚、高端的苹果产品映入人们眼帘时，无不瞬间成为众多消费者强烈的追求对象，这种追求大都体现在人们对苹果设计美感的喜爱。苹果产品的设计美涵盖了使用功能与视觉审美的统一、人性化互动与情感化体验的统一、设计创新与技术开发的统一、营销模式与产品包装的统一等美学特征。近年来苹果产品能如此迅速地占领市场，并给人强烈的视觉印象和审美体验，源于苹果产品以独特的设计美抓住了时尚的消费者及更多消费群体。

从苹果产品的设计美发展来看，苹果产品一直延续着简约美的风格，主张设计具有创造性，重视设计色彩美，注重产品的人机交互性，开发产品的技术美和功能美等设计美特征。

在苹果产品的功能美形成过程中以好用的功能为宗旨，力图打破传统的交互方式，竭尽增添一些使用乐趣，如苹果手机设计中采用的触摸交互方式，通过滑动、轻按、挤压及旋转等触摸控制形式来驾驭用户与产品之间的交流，让简易直观的手势也变成数字产品世界的一种交流形式。这种快速轻巧般的触摸技术是为了用户"一触即开，开箱即用"的轻松自在的追求，从而为用户创造了一种体验文化之美。

苹果产品的形态美体现在造型设计坚持简洁、纤薄的基调，即简洁平面和略微过度的小弧度。苹果公司一直秉承"把技术简化到生活"的宗旨，从主体到周边产品的高度一致性，纯洁和通透的形体，超越了通常的视觉感受，让人从内心深处产生一种共享的形态美感。例如，苹果产品 iMac 电脑外观设计中将具体的形态和色彩结合，通体化的整机像是半透明的雕塑作品，透过绿白色调的机身，可隐约看到内部的电路结构，左右手通用的对称设计和半透明圆形鼠标，色彩运用鲜明的海蓝色，电脑主机和显示器大面积使用圆弧形造型，这种

极致简约的形态美给人一种无所约束的自由审美感。

　　苹果产品的色彩美体现在创新和具有感情。在苹果产品 iMac 电脑设计中打破了运用传统的、单调呆板的黑白灰中性色彩到多彩的色彩设计，使冰冷的电脑变成了彩虹，高纯度、明亮的色彩加上适当的灰色、白色，顷刻之间变得那么生动活泼。再如，iPod mp3 播放器在色彩设计过程中采用大面积留白设计，通体的黑色或白色令人产生无限遐想的空间，这种独到的色彩美运用传达出的语言使消费者有种由衷的归属感。

　　苹果产品在技术美的形成过程中的出发点和归宿点是"以人为本"，基于"便于所有用户使用"的理念来设计自己的产品，使人性化设计符合人们的需要。如圆滑、超薄的 iPad 平板电脑外观简洁、特殊的材料和生产工艺的创新使其不易从手中滑落，触摸屏和重力感应技术更是让使用者得到了完整的情感需求，获得了一种饱和的沉浸感和满足感。另外，这款产品的组成部件都是由可回收利用的特殊塑胶材料和对人、对环境不会造成影响和污染的经济环保材料制成，这更加体现了苹果产品的人性化设计与自然和谐设计之美。

　　苹果产品体现的设计美，将会是这个体验经济时代的一个完美标志。苹果产品的设计美源自苹果公司的不断创新和探索，有赖于以乔布斯为首的设计团队聪慧的头脑和高超的设计水平，取决于苹果公司追求以消费者为核心的思想和以产品完美主义为设计的理念，从而通过科学技术手段来实现设计预想而自然形成的美。

　　苹果产品在不断地进行技术创新和设计创新以满足人们审美的同时，也在用专利利剑保护着自己的"苹果美人"，在苹果公司官网列举出的最引以为豪的九大专利中，外观设计专利就占了 7 件（见表 17－1）。

表 17－1　苹果公司官网列举出的最引以为豪的九大专利

序号	名称	专利号	获得专利日期
1	玻璃楼梯	USD478999S（外观设计）	2003 年 8 月 26 日
2	苹果店内 iPad 支架	USD662939S（外观设计）	2012 年 7 月 3 日
3	iPhone 包装	USD596485S（外观设计）	2009 年 7 月 21 日
4	图像用户界面	USD604305S（外观设计）	2009 年 11 月 17 日
5	iPhone 的机身设计	USD593087S（外观设计）	2009 年 5 月 26 日

续表

序号	名称	专利号	获得专利日期
6	苹果耳机末端的胶套	US8280093（发明专利）	2012年10月2日
7	音乐图标	USD668263S（外观设计）	2012年10月2日
8	苹果耳机扣	USD577990S（外观设计）	2008年10月7日
9	高触感手套	US7874021（发明专利）	2011年1月25日

苹果公司的前CEO乔布斯坚持"设计唯美，用户体验至上"的设计理念，把苹果产品推向了世界电子产品的一个高潮，影响苹果产品设计美的因素可以说是源自它的创始人乔布斯对于追求完美和创造性的激情。乔布斯还坚持将自己的创造用专利进行有效保护，截至2015年底已被授予专利权的乔布斯的专利共有458件，绝大多数为外观设计专利，发明专利仅占7件。就连微软的总裁比尔·盖茨也曾评价乔布斯"是个设计天才"。

中国企业的产品设计都应该以苹果产品设计理念为模范，应更多地使用人性化、设计化、外观化的"美人计"，在观察和了解用户的基础上找出属于中国产品设计主导未来发展的可能方向。

三、"羡彼之华服兮，闪灼文章"——包装设计之美

人靠衣装，佛要金装，飞燕尚需倚新妆！"利乐包"被誉为充满设计灵感的、让生活变得更简单、更方便、更安全的适度包装的杰作。"王老吉"与"加多宝"的"红罐"之争，侵权赔偿金额高达1.5亿元，更让我们见识到了包装装潢设计的重要性。在国际公认的世界三大设计奖项"德国红点设计大奖""德国iF奖"美国"IDEA奖"的评选中，包装装潢设计奖项一直都是重要的组成部分。

随着市场经济的发展，"买椟还珠"已不再是贬义词，产品的包装装潢不再只是简单意义上的"漂亮"而已，它已逐渐发展成为企业间竞争的重要手段和有效途径，成功的包装设计将给产品披上华丽的外衣，将大幅提升产品价值，创收更多的利润。

在国外的相关立法中，包装、装潢包含在"商业外观"的概念中。目前，

我国的立法还未将包装装潢的权益单独作为一项权利来进行明确的界定和保护，但可以通过专利申请、著作权以及商标注册等方式加以保护，而《反不正当竞争法》又为其提供选择或者兜底的保护途径。

四、"慕彼之良质兮，冰清玉润"——人性设计之美

美国著名社会心理学家亚伯拉罕·马斯洛（Abraham H. Maslow）将人类需要从低到高分成五个层次，即生理需要、安全需要、社会需要、尊敬需要和自我实现需要，人性化设计位于"马斯洛金字塔"的顶端。好的人性化产品必须了解消费者的偏好，贴近消费者的需求；应用现代科学技术，开发新产品，增加产品的高科技附加值；并准确预测产品的发展趋势。

人性化设计是指在设计过程当中，根据人的行为习惯、人体的生理结构、人的心理情况、人的思维方式等，在原有设计满足基本功能和性能的基础上，对产品外观进行优化。在设计中对人的心理生理需求和精神追求的尊重和满足，是设计中对人性的尊重。赋予设计产品以"人性化"的品格，使其具有情感、个性、情趣和生命。世界公认，苹果公司最大的成功之处在于：用人性化的设计，以用户体验为蓝图，凭借产品销售情感。

企业如果有了自己独特的产品创新，而要享有这种产品创新的独占权，唯一的办法就是使这种创新处于保密状态，并及时申请专利等知识产权保护，设置完善的知识产权布局。

五、"喜彼之差异兮，环肥燕瘦"——差异设计之美

不管是阳春白雪的"环肥燕瘦"，还是下里巴人的"萝卜白菜各有所爱"，都间接地表示了公众的差异化审美。同样，实施产品差异化策略是企业提供同一种类的、与竞争对手不同类型的产品和服务，有效地避免同质化竞争，以获得竞争优势的一种竞争生存战略。

在宝马汽车出现之前，奔驰汽车已在高档轿车市场占据了绝对的统治地位，宝马汽车公司另辟蹊径，不在上述品牌价值方面与奔驰拼高低，而是遵循营销的差异化原理，即在市场细分出新的产品领域和价值，对宝马车进行全新的定

155

位。宝马汽车公司以自己驾驶为基础进行设计，突出驾驶的乐趣和速度，代表青春、活力，一下子就将宝马的特色立了起来，在高档车市场取得了一份份额。在专利布局方面，宝马汽车公司申请、拥有一大批与发动机有关的专利，从而在"汽车心脏"领域占据市场优势地位，几乎每年的世界发动机大奖都是宝马汽车公司夺得的。此外，沃尔沃汽车在安全领域，奥迪汽车在车灯领域，也都各自建立了自己差异化的竞争优势。

功能创新所获得竞争上的差异化优势，有赖于通过专利权或商业秘密的保护得以维持，否则很快会被复制，市场产品由差异化走向非差异化。另外，企业在不断创新的同时，也要采取有效措施策略性地保护自己的核心技术，推迟核心技术变为一般技术的时间，来争取更大的市场份额。

六、"闻彼之美名兮，朗朗上口"——商标品牌之美

美人如若有好听的名字能锦上添花。西施、王昭君、貂蝉、杨玉环分别代表着"沉鱼、落雁、闭月、羞花"，大家试想，如果四大美女用她们原来的姓名施夷光、王嫱、任红昌、杨太真的话，能够流传千年还朗朗上口吗，恐怕得打个大大的问号。

在《三国演义》中，最有名的绰号包括"卧龙"诸葛亮、"凤雏"庞统、"小霸王"孙策等。在擅长运营的 NBA[①]，每个球星都有一个响亮无比的绰号，如"飞人"乔丹、"魔术师"约翰逊、"大鸟"伯德、"小巨人"姚明、"黑曼巴"科比、"小皇帝"詹姆斯、"萌神"库里等，为其品牌价值增光添彩。

产品也不例外，如有朗朗上口且寓意深远的商标品牌名称，能够助力企业快速发展。好的品牌名字就像钩子，会牢牢挂在潜在顾客心智中。在品牌定位的时代，给产品起个好的名字很关键。最为成功的范例当数美国的可口可乐公司（Coca Cola）。1935 年，这种美国汽水打开中国市场，我国书法家蒋彝译出的"可口可乐"既传神又达意，不但符合英文名 Coca Cola 的双声叠韵、朗朗上口，而且"既可口又可乐"，音义皆美，远胜过英文名中的 Coca 和 Cola 仅仅是

---

① NBA 是美国男子职业篮球联赛（National Basketball Association）的简称，于 1946 年 6 月 6 日在纽约成立，是由北美三十支队伍组成的男子职业篮球联盟，美国四大职业体育联盟之一。

两种植物的名称。"可口可乐"这个译名，对于这种汽水在中国的风行，实在是功不可没。随后而来的 Pepsi Cola 步人后尘，最终采纳"百事可乐"的中译名，也是一音义俱佳的美译，"百事大吉大利"。这两种品牌的中译名颇合中国人喜欢美味、期望吉利美满的心理，让人"望文生爱"，使得这两种汽水能够抓住中国消费者的心。

企业对自己使用的产品名称通过商标注册，确保商标注册人享有用以标明商品或服务，或者许可他人使用以获取报酬的专用权，而使商标注册人及商标使用人受到保护。面对商标品牌侵权行为，采取行政、司法保护手段，积极维权，维护自己的品牌形象和商誉。

七、"探彼之隐秘兮，幽居深谷"——商业秘密之美

道学始祖老子曰："谷神不死，是谓玄牝。玄牝之门，是谓天地根。绵绵若存，用之不勤。"意思是赞叹女性的微妙之美、玄妙之美、神秘之美、不可言说之美。老子常要说到"玄"，而且"玄而又玄"，因为"道"就是这样，女性、女性之美也就是这样！这微妙难知就是玄，就是神秘之美！

日本动漫《名侦探柯南》中，贝尔摩德说："A secret makes a woman more woman."——神秘让女人更有女人味。达芬奇的"比真人还要真人"的那幅《蒙娜丽莎》画，画中女性的微笑多审美、多神秘、多玄妙，倾倒了多少人！蒙娜丽莎天天对着一代又一代前来欣赏的人在那里微笑，虽然一代一代人都觉得特美，却又说不清楚那种笑后面的深层内涵、那种玄妙。蒙娜丽莎这种令人为之倾倒而又不能言传的神秘微笑，就是女性的玄妙美、神秘美。

在知识产权领域，这种玄妙美就是指技术秘密、商业秘密、专有技术等。"绝代有佳人，幽居在空谷"，对于某些具有玄妙美的技术，需要用"幽居"的手段进行保护，其中翘楚如可口可乐、云南白药等产品。随着经济全球化加速和知识经济的发展，知识产权日益成为一个国家发展的战略资源和核心竞争力，技术秘密、商业秘密的重要性越来越突出。与其他保护手段相比较，技术秘密具有以下优势：竞争对手难以知悉利用、保护期限可以不受限制、没有官费的负担、保护范围相对来说更宽泛、容易规避《反不正当竞争法》等的规制。

例 17 −3

可口可乐牢牢"瞒"配方秘密

世界上将技术秘密（Know - how）保护最好的公司之一，无疑是美国的可口可乐公司。可口可乐公司成立于1892年，是全球最大的饮料公司，拥有全球48%市场占有率。而可口可乐之所以有如此大的成就和竞争力，很大程度上在于它的产品"7X 商品"，一直以来，可口可乐公司将其产品配方以商业秘密的形式进行保护，对于可口可乐公司来说，保住秘密，就是保住市场。可口可乐配方的保密措施，值得众多企业在进行商业秘密管理时借鉴：

（1）保密意识，深入人心。为了保住这一秘方，可口可乐公司享誉盛名的元老罗伯特·伍德拉大在1923年成为公司领导人时，就把保护秘方作为首要任务。

（2）单本留世，严密封存。原始的配方只有单本留存于世，它被锁存在佐治亚信托公司的地下保险库中。

（3）关键配料，三人分管。事实上，可口可乐的主要配料是公开的，但是，其核心技术是在可口可乐中占不到1%的神秘配料"7X 商品"。这种配料由三种关键成分组成，这三种成分分别由公司总部的 3 个高级职员掌握，而且这三个人的身份被绝对保密。这三个人，除了自己知道的那部分，都不知道另外两种成分是什么。

（4）保密协议，严格遵守。三个分管关键成分的高级职员皆与可口可乐公司签署了"绝不泄密"的协议。

（5）查询程序，极端烦琐。如果有人提出查询这一秘方，必须先提出书面申请，经公司董事会正式投票同意，才能在有官员在场的情况下，在指定的时间内打开。

（6）对外交易，同样保密。在与合作伙伴的贸易中，可口可乐公司只向合作伙伴提供半成品，获得其生产许可的厂家只能得到浓缩的原浆，以及从将原浆配成可口可乐成品的技术和方法，却得不到原浆的配方以及技术。

在发明了神奇药水发明之后的130多年里，可口可乐通过牢牢"瞒"住技术秘密结合不断创新的市场策略将产品价值发挥到极致，通过营造的神秘感，甚至让全球消费者达成一种共识：这神秘的不知道配方的可口可乐的味道就是所谓的美国味道。

八、"知彼之地域兮，南北有别"——地理标志之美

俗语用"江南的女子，北方的汉子"来描括江南的女子美丽、北方的汉子雄壮；陕西形容人长得美有"米脂的婆姨、绥德的汉"之说；宋玉的《登徒子好色赋》有"天下之佳人，莫若楚国；楚国之丽者，莫若臣里"之说。正所谓一方水土养育一方人，人的外貌也与地域有关系，湿度和光照对于美女的养成至关重要。比如，重庆地区湿度大，所以女性皮肤好；江南女子无论身材还是面容，多为娇小玲珑型；北方女子因为光照充足，加上吃粗粮较多，身材匀称，五官长得比较端庄。

在知识产权领域，这种地域美指的是地理标志之美。地理标志是指标示某商品来源于某地区，该商品具有特定质量高、信誉好或者其他优良特征，经审核批准以地理名称命名的产品，分为国家地理标志和原产地地理标志两种，归国家知识产权局主管。

换句话说，企业如果生产获得地理标志认证的产品，如库尔勒香梨、阳澄湖大闸蟹、东阿阿胶、金华火腿、龙井茶、五常大米等，从销售伊始本身就悬挂着安全、健康、品质有保障、信誉靠得住等特点的标签，消费者可以放心地、有的放矢地购买，产品自然也就畅销。

对于企业而言，在运用"知识产权美人计"过程中，要做到勤于为消费者提供"糖衣炮弹"、善于对消费者以柔克刚、乐于为消费者夺心伐情、便于消费者之各有所爱、甘于消费者所津津乐道，还要注意对专利产品进行知识产权保护，用法律的武器进行保护，才不会"赔了美人又折兵"。

第十八回 论如何挖掘专利宝藏——传国玉玺

孙吴公司的第一代创业者孙坚，除了笼络了一帮忠贞的创业元老外，他对于孙吴公司最大的价值就是在洛阳皇宫的枯井中发现了无价之宝——传国玉玺，这就好比企业拥有了某个行业核心技术的专利权，能够因此影响整个行业的发展一样。

关于孙坚从洛阳的一个枯井里得到传国玉玺一事，《三国演义》第六回"焚金阙董卓行凶　匿玉玺孙坚背约"说得极为传神：

傍有军士指曰："殿南有五色毫光起于井中。"坚唤军士点起火把，下井打捞。捞起一妇人尸首，虽然日久，其尸不烂：宫样装束，项下带一锦囊。取开看时，内有朱红小匣，用金锁锁着。启视之，乃一玉玺：方圆四寸，上镌五龙交组；傍缺一角，以黄金镶之；上有篆文八字云："受命于天，既寿永昌。"坚得玺，乃问程普。普曰："此传国玺也。此玉是昔日卞和于荆山之下，见凤凰栖于石上，载而进之楚文王。解之，果得玉。秦二十六年，令良工琢为玺，李斯篆此八字于其上。二十八年，始皇巡狩至洞庭湖。风浪大作，舟将覆，急投玉玺于湖而止。至三十六年，始皇巡狩至华阴，有人持玺遮道，与从者曰：'持此还祖龙。'言讫不见，此玺复归于秦。明年，始皇崩。后来子婴将玉玺献与汉高祖。后至王莽篡逆，孝元皇太后将玺打王寻、苏献，崩其一角，以金镶之。光武得此宝于宜阳，传位至今。近闻十常侍作乱，劫少帝出北邙，回宫失此宝。今天授主公，必有登九五之分。此处不可久留，宜速回江东，别图大事。"坚曰："汝言正合吾意。明日便当托疾辞归。"商议已定，密谕军士勿得泄漏。

一、专利价值如何评估

传说楚国人卞和，看见有凤凰栖落在山中的青石板上，相信"凤凰不落无宝之地"之说，认定这是块宝石。卞和把它献给楚厉王，楚厉王找宝石专家鉴定后认为只是块普通石头，楚厉王以欺君罪砍掉了他的左脚。卞和后来把它献给楚武王，楚武王砍掉了他的右脚。卞和就天天在山脚下哭，眼睛都哭瞎了。楚文王继位后，没有找鉴宝专家而是找玉匠对卞和怀中的石头进行打磨，刚切开一角，就发现里面异光闪烁，璀璨夺目，果然是稀世珍宝，琢磨成璧后文王把它命名为"和氏璧"。

和氏璧原石历经三代楚王、卞和付出了双脚双眼的代价才被认可，最主要的原因是缺乏玉石价值鉴定标准，对玉石的价值进行合理、客观的鉴定。如果将和氏璧原石对应一项高水准的专利技术，该专利技术（和氏璧原石）从被技术人员（卞和）研发出来，到被投资人（楚王）赏识认可的过程中，如果能够客观、快捷、科学地对专利技术进行价值评估，为用户提供专利价值参考对比，无疑将会帮助其更加高效地进行专利运营。

然而，相对有形资产（已被认可价值玉器或金银器）在市场上的明确价格，作为无形资产专利的价值评估（未经琢磨的璞玉）由于缺乏大家都认可的、客观的专利价值评估方法，导致难以被准确估值。"试玉须得三日满，辨才更待七年期。"据统计，现有的专利价值评估方法主要有以下五种。

1. 市场法

假如把和氏璧原石拿到市场上去随行就市买卖，就叫市场价值法，又被称市场价格比较法，简称市场法。这种方法在有形资产评估中属于最为简便的一种资产评估方法，从而成为国内外评估有形资产的首选方法。但是市场法对于无形资产尤其是未经全面开发的专利的价值评估作用不是很显著。

2. 收益法

假如把和氏璧原石拿去"赌石"，叫作收益法。收益法是指通过待估资产为企业带来的未来收益折算现值，来确定待估资产价值的一种方法，其需要重点考虑三个要素：未来预期收益、折现率或资本化率、未来收益期限。但是这三个要素的数据一般不容易确定，导致收益法评估专利价值受到局限，风险相对也较大。

3. 成本法

假如综合考虑和氏璧原石的加工打磨和销售成本、甚至卞和的断腿成本和眼睛瞎了的成本都要计算在内，叫作成本法，又称重置成本法。成本法是以现行市价为基础，评估重新开发或购买类似专利技术所需要的投入成本，从而确定被评估的专利的价值的一种评估方法。其基本思路是以重复专利技术开发过程中的投入作为重置成本，然后考虑价值增贬因素来最终确定专利技术的价值。

4. 专家打分法

假如让玉石鉴定专家来预测和氏璧原石的价值，叫作专家打分法、专家评分法、专家评估法或专家鉴定法。专家打分法是指通过匿名方式征询有关专家的意见，对专家意见进行统计、处理、分析和归纳，综合多数专家经验与主观判断，对大量难以采用技术方法进行定量分析的因素作出合理估算，经过多轮反馈和调整后，对评估目标的价值和价值可实现程度进行分析的方法。专家打分法通常与其他评估方法结合使用，例如模糊数学评价法就是基于模糊数学理论结合专家针对专利的各评价指标的打分，经过进行比较，得出偏差，用实际专利价值和偏差的乘积表示专利价值的方法。专家打分法的缺点是有时候会不够客观，会令评估的专利价值存在水分。

5. 同领域类比法

假如拿一块已知价值的、类似于和氏璧原石的玉石来进行横向对比，以确定和氏璧原石的价值，叫作同领域类比法，也叫"比较类推法"。同领域类比法是指由一类事物所具有的某种属性，可以推测与其类似的事物也应具有这种属性的推理方法。其结论必须由实验来检验，类比对象间共有的属性越多，则类比结论的可靠性越大。在实际运用中，由于类似东西难以完全对照，导致类比法通常与其他评估方法结合使用。

就像和氏璧原石虽没有被楚厉王、楚武王认可，并不代表它没有价值一样，现在国内的科技成果尤其是专利转化的效率不高，只有10%左右，并不是因为国内没有好专利，只是缺乏科学量化的专利权价值评估体系，尤其是缺少统一的、大家都认可的专利价值评估体系。

例 18-1

1968年，本来想发明一种超强的黏贴剂的3M公司的科学家斯宾塞·西尔沃（Spencer Silver）博士，经过几个月的研究后，得到了一个令人失望的结果，这种黏贴剂虽然黏，但是不容易凝固，贴上就可以撕下来，该项技术也被3M公司作为当年失败的研发项目之一被束之高阁。1972年，3M公司的一位工程师亚瑟·L. 弗赖（Arthur L. Fry）利用这项技术开发出了"即时贴便笺"（Post-it），并将黏胶配方及时申请了专利保护（专利号为 US3691140A）。1980 年，专利产品"即时贴便笺"投放市场后迅速赢得了消费者的青睐，成为公司最赚钱的产品，为 3M 公司赢得丰厚的利润。1999 年，"即时贴便笺"被《财富》杂志评为 20 世纪最佳产品之一，也被公认是技术转化最为成功的产品之一。

从专利技术本身的影响力来看，专利价值一般体现在三个方面：专利在技术进步中的影响力、专利在市场经济活动中的影响力和专利在法律事务中的影响力。因此，一般而言，专利的价值评估主要从技术、市场、法律三个角度进行初步评估。根据专利价值的影响因素，将专利价值的评估指标进行初步归纳，如表 18 - 1、表 18 - 2、表 18 - 3 所示。

表 18 - 1　技术类评估指标

筛选类型	筛选指标	定量信息	定性信息	发现时间
技术类	申请人	数量	是否重要	成长期
	发明人	数量	是否重要	成长期
	申请国家	数量	市场规模大小	
	权利要求	数量	保护范围大小	成长期
	引用文献	引用次数	非专利文献	成熟期
		引用时间	自引	
			他引	

表 18 - 2　市场类评估指标

筛选类型	筛选指标	定量信息	定性信息	发现时间
市场类	准入法规	性能指标	是否重要	成长期
	标准	技术指标	是否重要	成长期
	重要产品	金额	市场规模大小	成熟期
	专利许可	金额	保护范围大小	成熟期
	专利转让	金额		成熟期
	专利质押	金额		成熟期
	专利并购	金额		成熟期

表 18 – 3　法律类评估指标

筛选类型	筛选指标	定量信息	定性信息	发现时间
法律类	有效期	年数		成熟期
	无效	次数	原告是否重要	成熟期
	诉讼	赔偿金额 和解金额	结案情况	成熟期
	"337 条款"	涉及金额		成熟期

二、专利价值如何进一步升级

和氏璧价值高是因为它美丽、稀缺，等秦始皇派人把和氏璧二次雕刻成传国玉玺之后，其价值就得到了更大的提升，由一块美玉转眼就成了一个国家的权力象征，哪怕是崩了一角它的价值也不会有任何的降低。当一件物品由于被赋予了某种特殊的含义，而被异化成一种权力或价值的象征后，这种现象在知识产权领域叫作由于代表对象引起的价值升级，也叫作推动产业向价值链的最高端发展。

〈例 18 –2〉

1986 年，辉瑞公司在英国三明治市的分公司发现一个治疗高血压（hypertension）的小分子化学药物，该药物能让血管的平滑肌细胞放松，从而增加血液的流速和流量，降低血压，是一种很好的治疗高血压的方法。在临床试验中，科学家们意外地挖掘出了该药物更大的用途：一个治疗男性性功能障碍的药物——伟哥（Viagra），辉瑞公司迅速申请了该药物的系列专利。在它刚上市的第一天，辉瑞公司的股票每股涨了 8 美元，刚上市的头两周，伟哥即占了市场份额的79%，上市后的第一年的销售突破了 10 亿美元，第二年的销售额达到了18.79 亿美元。这使伟哥成为制药史上新药投放市场最成功的例子，以及药物史上卖得最快的药剂，同时也成为专利技术史上知识产权价值快速升级的典范之一。

三、机遇只留给有准备的人

十八路讨伐董卓的诸侯，为什么单单就孙坚得到了传国玉玺？这是因为当其余十六路诸侯（曹操除外）都在扯皮划地盘时，只有孙坚积极作战并首先攻入洛阳；当其余十六路诸侯都在隔岸观火时，只有孙坚还虔诚地想着打扫汉室宗庙，用太牢之礼祭祀；当后宫的井上五彩云气浮动，众军惊怪，没人敢去汲水时，孙坚让人下到井内，打捞出了稀世珍宝——传国玉玺。原因很清楚了，"规律每天发生，情节各有不同"，机遇只留给有准备的人，可能也只留给对自己的事业和追求有虔诚心的人。在知识产权领域也不例外，等待机遇的人是常人，抓住机遇的人是能人，创造机遇的人才是高人。

例 18 - 3

1969 年，复印机领域的大腕施乐公司（Xerox），在复印机市场挣得盘满钵满，他们居安思危，想开发新技术，找到公司第二个盈利点。1973 年，他们成功开发出了 Alto，这其实是真正意义上的首台个人电脑，它设计由一个人使用，有键盘和显示器，采用了许多奠定今天计算机应用基础的技术：首先是图形界面技术；其次是以太网（Ethernet），它在当时就实现了 Alto 计算机间的联网功能；最后它还配备了一种三键鼠标。今天回过头来看，其实这就是施乐的第二台可以"印钞票"的机器。可当时与施乐打交道的客户是被 IBM 的大型机、DEC 的小型机包围的大型用户，施乐高管脑海中无法勾勒出面向亿万普通用户的 PC 宏伟梦境。管理学者道格拉斯·K. 史密斯（Douglas K. Smith）评价道："施乐不知道该怎样去生产电脑，他们的销售队伍也不知道该怎样去卖电脑。"施乐的做法无异于"犹如三岁小孩手持黄金而不知"！

1979 年，乔布斯和他的同事们参观了施乐帕罗奥图研究中心，并被 smalltalk 的图形界面和位图显示屏幕完全吸引了，而此时，施乐公司还未将该技术商业化。"你们为什么不拿这个做点什么？这些东西太棒了，它将是革命性的！"在施乐帕洛阿尔托研究中心，乔布斯兴奋地嚷着。在此启发下，乔布斯将这次参观获得的灵感——图形界面技术用在了他的新项目"丽萨电脑"上，并对其进行改进，这对苹果公司来讲是革命性的，也是成功的第一步。

企业在专利挖掘的过程中，除了把握机遇，也需要积极、主动地主动谋划，因为专利挖掘是企业开展专利管理工作的基础，也是进行专利申请、专利布局、构建专利组合的前提条件。通过专利挖掘，能够更加准确地专注企业技术创新的主要发明点，能够对创新成果进行全面、充分、有效的保护，能够利用企业自身的核心专利与外围专利相互卡位形成更加严密的专利网，从而为企业专利创造最大的价值。

四、孙坚之殇是保密工作不到位

孙坚获得了至宝传国玉玺后，由于没有做好保密工作，被袁绍集团派出的间谍透露给了十八路诸侯盟主袁绍。此时，其余十几路诸侯的眼中的敌人不再是董卓，而是手持传国玉玺的孙坚，人人都想抢夺传国玉玺号令天下。此后荆州刘表接到袁绍信件，派手下大将黄祖用调虎离山之计引诱孙坚上山，孙坚被箭矢射中身亡，年仅 37 岁。

在《三国演义》中，是这样描写的：

谁想数中一军，是袁绍乡人，欲假此为进身之计，连夜偷出营寨，来报袁绍。绍与之赏赐，暗留军中。次日，孙坚来辞袁绍曰："坚抱小疾，欲归长沙，特来别公。"绍笑曰："吾知公疾乃害传国玺耳。"坚失色曰："此言何来？"绍曰："今兴兵讨贼，为国除害。玉玺乃朝廷之宝，公既获得，当对众留于盟主处，候诛了董卓，复归朝廷。今匿之而去，意欲何为？"坚曰："玉玺何由在吾处？"绍曰："建章殿井中之物何在？"坚曰："吾本无之，何强相逼？"绍曰："作速取出，免自生祸。"坚指天为誓曰："吾若果得此宝，私自藏匿，异日不得善终，死于刀箭之下！"众诸侯曰："文台如此说誓，想必无之。"绍唤军士出曰："打捞之时，有此人否？"坚大怒，拔所佩之剑，要斩那军士。绍亦拔剑曰："汝斩军人，乃欺我也。"绍背后颜良、文丑皆拔剑出鞘。坚背后程普、黄盖、韩当亦掣刀在手。众诸侯一齐劝住。坚随即上马，拔寨离洛阳而去。绍大怒，遂写书一封，差心腹人连夜往荆州，送与刺史刘表，教就路上截住夺之。

随着经济全球化加速和知识经济的发展，知识产权日益成为一个国家发展的战略资源和核心竞争力，与此同时技术秘密和商业秘密的重要性越来越突出，企业理应把保护技术秘密和商业秘密提到更高的位置，了解泄密渠道和窃密途径，积极研究应对策略，克服保护商业秘密的淡薄意识，明确商业秘密的范围，加强管理，运用经济、法律、技术手段，严防泄露点。

职工跳槽、人才流动是劳动力市场存在的普遍现象。据有关部门统计，近年来，我国80%的商业秘密外泄案都发生在职工跳槽之际，此类案件已占到知识产权案件类的20%，而跳槽者大多是企业或科研部门的业务骨干。随着市场经济的快速发展，现代科学技术转化为现实生产力的速度加快，特别是知识经济的兴起，商业秘密已经成为了现代企业在商业竞争中保持绝对竞争优势的秘密武器，甚至成为企业生死存亡的关键。如何防止跳槽者带走商业秘密，有效地保护好自己的知识产权，这已经成为许多企业和科研部门亟待解决的问题。

对于商业秘密，企业应该建构多层次立体法律保护空间，具体采取以下几方面措施：

一是限制接触，即对接触企业商业秘密的工作人员及其接触到的商业秘密进行严格的限制；

二是建立商业秘密登记制度，主要目的在于，日后万一发生企业商业秘密侵权诉讼时的举证需要；

三是签署保密协议，企业要从规范管理出发，及时与有可能知悉企业商业秘密的工作人员签署保密协议和竞业禁止协议，同时企业还应当与业务往来单位签署保密协议，约定保密范围和期限及违约责任等；

四是签署竞业禁止协议，公司的职员，尤其是高级职员在其任职期间不得兼职于竞争公司或兼营竞争性业务，在其离职后的特定时期和地区内也不得从业于竞争公司或进行竞争性营业活动；

五是适当发放保密费用，企业在发放薪酬的时候，可以适当考虑对负有保密义务的员工，支付保密费用，这样保密义务就与享有保密费的权利构成对等，也能增强员工的保密意识；

六是要增强维权意识，企业一旦发生商业秘密泄露事件要及时收集证据，必要时可先申请法院强制执行，使侵权企业和个人立即停止生产和销售，避免给企业造成更大的损失。

第十九回 论如何进行知识产权质押融资——孙策借兵

"小霸王"孙策从16岁接班孙氏集团总裁，到26岁遇刺而亡，虽然只有短短10年，但是在江东打拼出了一番事业，尽得江东六郡八十一州的市场，并成功创立了"小霸王"的品牌①！孙策是怎么做到的呢？

孙策接班后，制定了自己的"三步走"战略：

第一步：借尸还魂，找袁术要回老爹的旧部，如果袁术不答应，可以用传国玉玺交换；

第二步：树上开花，投奔舅舅吴景，在盛产精兵的丹阳郡拉起属于自己的一支队伍；

第三步：反客为主，占据吴郡、会稽郡，西进荆州报杀父之仇，做雄踞一方的诸侯。

而其中，最重要的是要走出第一步，找回老爹孙坚的旧部，拉起属于自己的队伍，这其中最重要的决策正是用传国玉玺换来兵将！同样，当企业自己暂时没有能力对自己的专利等知识产权进行转化时，不要敝帚自珍，也不要抱着金砖做白日梦，而是主动通过专利权的转让、许可、质押等形式获取企业发展所需的资金，先保证企业的生存，为下一步的发展壮大积蓄力量。

一、孙策用玉玺质押换兵将

三年守孝期满后，年仅19岁的孙氏集团CEO孙策去与袁术谈判。谈判中有来有往，孙策坐地起价，袁术就地还钱。但是当看到孙策手上的玉玺时，袁术马上答应借给孙策兵三千、马五百匹，还许诺一张九江太守的空头支票。最

---

① "小霸王"品牌在孙策之后一千多年，还被广东东莞的一家著名的学习机企业使用。

后，孙策靠这三千兵马起家，在程普、黄盖、韩当一干忠诚的老将的鼎力支持下，孙氏集团仅用三年时间就拿下整个江东地面，从一个中小型创业企业成为号令一方的集团大公司；22岁时，孙策与袁术决裂，理由是袁术大逆不道悍然称帝。而拿到玉玺的袁术，抱着传国玉玺、穿着龙袍，最后竟然被活活饿死！

如果将传国玉玺比喻成一项价值连城的高价值专利，那么孙策用玉玺换兵马的过程，就是通过专利质押获取创业资金后，最终称霸市场的过程。

二、什么是知识产权质押融资

知识产权质押融资，是为了解决中小企业融资面临的贷款门槛高、融资难、融资贵的困局而提出的一种具有创新意义的信贷品种，主要是以合法拥有的专利、商标、版权等知识产权作为质押物，经过评估机构评估价值后，由银行、投资机构按照一定的质押率提供贷款的融资模式。

知识产权质押融资在欧美发达国家已经很普遍，而我国虽然处于起步阶段，但是发展迅猛，2012~2017年五年间，我国专利质押融资总额达到2200亿元，2017年我国专利质押融资总额为720亿元。"理想很丰满，现实却很骨感"，尽管政府已经出台相关政策给予支持，但总体上成效依旧不显著。究其原因，主要是：商业银行的质押融资主要都是针对有形资产，是否提供贷款和提供贷款的额度比例都取决于有形资产质押物的价值，而知识产权属于无形资产，银行在做知识产权质押时，它的一切标准都沿用的是有形资产的评估体系，会影响结果的准确性和有效性。

但是，企业如果能够拿出技术价值足够高、市场认可度足够高、法律稳定性足够高的专利技术，就像孙策拿出传国玉玺最终打动袁术一样，就能大大提高获取专利质押贷款的可能性。

〔例19-1〕

2001年，冶金专业出身的许开华敏锐地觉察到，中国是矿产资源消耗大国，必然会面临资源耗尽的问题。许开华放弃在日本的合作研究回国创业，在深圳创立了格林美公司，专门从电子废弃物中提炼超细钴镍粉体等世界稀缺的战略金属，并将提炼的金属广泛应用在电子、汽车、工具、军工和高能电池领域，"吃进去的是垃圾，吐出来的是'金子'"。许开华在深圳的研发团队攻克了"废弃钴镍资源与废旧电池回收"和"电子废弃物整体资源化"两大核心技术，并申请了专利进行保护。2004 年，超细钴粉、超细镍粉等超细粉体材料生产车间和全流程生产线从深圳复制到了荆门，成立了荆门格林美公司。

荆门格林美公司成立之初为了缓解资金紧张的困难，2007 年以 6 项专利质押获得国家开发银行湖北分行 1 亿元的项目贷款，创下中国民营企业最大的专利抵押融资案例，轰动一时。在专利质押贷款的支持下，荆门格林美公司发展迅速。2010 年，格林美在深交所成功上市，成为中国"开采城市矿山"第一股。荆门格林美公司年处理废旧电池和各类废弃钴镍资源的能力达到 10 万吨，年循环再造超细钴镍粉末 3300 吨，支撑了中国 50% 以上超细钴镍粉体的市场供应，成为全球第三、中国第一的超细钴镍粉末制造商。

2012 年 8 月，荆门格林美公司再次以 39 项专利权质押，成功获得国家开发银行湖北分行 3 亿元贷款，创全国单笔专利权质押贷款的最高金额。在这些资金的支持下，2014 年荆门格林美公司建成了一座价值近 50 亿元的"电子垃圾处理王国"，并手握 300 多件专利。2014 年 11 月科技部批复"格林美国家电子废弃物循环利用工程技术研究中心"在荆门格林美公司正式揭牌，这是行业内唯一的国家级工程技术研究中心。

格林美从当时只有一栋厂房，占地面积几十亩地的小企业发展成为一家高新技术企业，这无不得益于对专利权质押融资的有效利用。

三、企业如何进行专利质押贷款

专利权质押贷款是指经工商行政管理机关核准的具有独立法人资格的企业、经济组织、个体工商户，依据已被国家知识产权局依法授予专利证书的发明专利、实用新型专利和外观设计专利的财产权作质押，从银行取得一定金额的人民币贷款，并按期偿还贷款本息的一种新型贷款业务。

若要申请办理专利权质押贷款，首先需要是合法的专利权人，若一件专利有两个以上的共有权人，需要提供另外的共有权人同意质押的书面文件；其次，要有两年以上和专利有关的经营业绩，有偿还贷款本息的能力；要有良好的信用记录，若是企业，则企业和法人等无不良信用记录。

银行专利质押贷款基本流程如下：

（1）准入知识产权评估机构并签署合作协议；

（2）贷前调查；

（3）授信批复；

（4）专利权正式评估；

（5）落实有关借款法律手续；

（6）专利权质押登记；

（7）放款；

（8）贷后管理。

专利权质押贷款金额，一般不能超过该专利权的市场公允价值或评估值的50%。专利权质押贷款期限一般不超过一年，特殊情况下不超过两年。专利权质押贷款的利率由贷款人根据质押专利权的市场前景、借款人资信及经营状况等因素合理确定。在申请专利权抵押贷款时，需要的材料有：

（1）专利权质押贷款申请书；

（2）授予专利权的公告文件（包括说明书、权利要求书、摘要等）；

（3）专利证书（原件及复印件），当年度缴纳专利年费的发票（原件及复印件）；

（4）专利法律状态检索报告，相关产品检索材料，专利评估机构对专利价值的评估报告；

（5）企业营业执照复印件、组织机构代码证复印件；

（6）专利权已形成产业化经营的有关材料证明；

（7）近两年的年终财务报表；

（8）专利权人同意以专利权出质的书面承诺，如果一件专利存在两个以上的专利权人，则所有专利权人均要书面承诺同意以该专利权出质。

四、进行专利质押贷款的几种模式

专利质押融资的流程一般包括：评估专利价值、签署融资合同和专利质押合同、办理专利质押登记手续、收到融资款项、清偿融资金额和办理专利质押解除登记手续。本文以北京模式、上海浦东模式、武汉模式为例，分别介绍专利质押融资流程（见表 19－1）。

表 19－1　北京、上海浦东、武汉专利质押融资贷款情况

地域	北京	上海浦东	武汉
企业条件	（1）资产总额在 4000 万元以内； （2）或年营业收入在 3000 万元以内	（1）注册地在浦东新区，属于浦东新区税务局负责征管的科技型中小企业； （2）经营期在 1 年以上	（1）依法在武汉市注册登记并从事经营活动的企业； （2）主要为科技型中小企业
专利条件	（1）企业的核心专利，处于实质性的实施阶段，形成产业化经营规模，具有一定的市场潜力和良好的经济效益； （2）发明专利现有有效期不得少于 8 年； （3）实用新型现有有效期不得少于 4 年	专利权有效期尚存年限在 5 年以上	专利权处于法定有效状态，出质的专利权已处于实质性实施阶段，并能获取较好的经济效益与社会效益
贷款期限	（1）贷款期限一般为 1 年； （2）一般不超过 3 年	单笔担保期限最长不超过 3 年	（1）一般不超过 1 年； （2）特殊情况下不超过 2 年
贷款额度	（1）贷款额度一般控制在 1000 万元以内； （2）最高不超过 5000 万元	单笔担保额度为人民币 200 万元以下	一般不超过该专利权的市场公允价值或评估值的 50%

1. 北京模式专利质押融资流程

北京模式专利质押融资主要通过交通银行北京分行的"展业通"业务完成，具体的质押融资流程主要包括：

（1）申请阶段。首先企业要完成专利权权利登记，在申请阶段，企业向交通银行北京分行申请专利质押贷款。

（2）审查评估阶段。银行审查阶段分两步进行：一是银行进行资格审查，审查申请专利质押贷款的企业是否满足申请条件；二是银行进行贷前初步调查、企业状况调查、专利权调查及专利价值评估，根据企业状况、专利权法律意见

书及专利权价值评估形成授信报告。

（3）授信审批及贷款发放阶段。根据授信报告，如果审批通过，则由分行审查审批，企业与银行签署借款合同及专利权质押合同；企业办理专利权质押登记手续后，银行向企业发放贷款。

2. 上海浦东模式专利质押融资流程

上海浦东模式的专利质押融资流程主要参与者包括上海浦东生产力促进中心（以下简称"生产力中心"）、新区科技基金管理办公室、新区科委、银行和企业。具体包括以下步骤：

（1）申请阶段。申请企业向生产力中心提交申请资料以及生产力中心受理接收申请企业提交的申请资料。

（2）评估阶段。首先，由上海浦东知识产权中心等单位对企业提供质押的专利进行评估，并提交评估意见。其次，生产力中心从资料、现场、银行、客户、政府等方面审查企业是否符合申请条件及具备还款能力，并结合评估单位出具的评估意见出具经所在部门负责人审核的审查意见。

（3）担保阶段。担保阶段包括担保方案制定和审批，先由生产力中心拟定担保方案，经科技基金管理办公室复核后，报新区科委审批。然后，生产力中心根据科委审批的决定作出担保确认，向银行出具担保确认文件，但担保的额度不超过质押的专利权评估价值的80%。最后，对银行审查通过的贷款企业，生产力中心与银行、企业签订担保合同，同时与企业和业主签订专利权质押和业主信用反担保合同。

（4）合同登记及贷款发放阶段。首先，上海浦东知识产权中心为企业向生产力中心提供质押的专利权办理质押合同登记或合同鉴证。其中，企业不得转让经过质押登记或鉴证的专利权。其次，银行与企业办理贷款手续，企业按要求使用资金。最后，生产力中心将获得贷款的企业担保资料按要求报浦东新区科技发展基金管理办公室备案。

3. 武汉模式专利质押融资流程

武汉模式结合了北京模式和上海浦东模式的特点，引进专业的担保公司作为担保主体，在进行专利质押融资时，担保公司也是参与的主体之一。具体的质押融资流程如下：

（1）申请阶段。借款人向贷款人提交专利质押融资贷款申请资料以及贷款人受理借款。

（2）担保阶段。贷款人在受理借款人专利权质押贷款申请时，还可寻求其他形式的担保作补充，包括：贷款人可要求借款企业法定代表人及其他高级管理人员以其个人资产为该项贷款提供补充担保，当出现贷款风险，处置质押专利权不足以弥补贷款人损失时，借款企业法定代表人及其他高级管理人员应承担相应担保责任。

五、企业如何选择进行质押融资的专利

企业在选择进行质押融资的专利时，应从经营风险、法律风险、估值风险和处置风险等角度出发，精选优选专利减少上述风险，以尽快完成金融机构的评估和授信，并获得较好的贷款条件。具体操作时，可以从以下几个因素着手筛选：

（1）确保专利权维持有效。在实际操作中，存在企业由于知识产权管理疏漏而发生漏缴年费、专利被提起无效宣告导致专利权终止等情形，这时申请专利质押融资便没有了任何成功可能性。

（2）符合企业所在地和银行的相关规定。企业应当根据企业所在地对进行质押融资的专利进行初筛，还要遵照银行的要求选择专利。如北京要求进行质押融资的专利必须是核心专利、处于实质性实施阶段、形成产业化经营规模、发明专利有效期不得少于 8 年、实用新型有效期不得少于 4 年等。

（3）确保专利权属无争议。因为专利质押融资需要经过全体权利人的同意方能进行，若专利权本身存在权属争议，势必会影响到专利质押融资的安全性和稳定性。

（4）保证专利权的稳定性。如果专利权在申请专利质押融资的过程中被宣告无效，势必会导致专利质押融资的失败；如果专利权在银行发放贷款后被宣告无效，银行可能会采取其他救济措施，让企业提供其他的相应担保，势必对企业的整体运营战略造成不利的影响。

（5）提前进行专利价值评估。企业应参照评估机构提供的评估因素进行预

评估，选择价值较大的专利进行质押融资，以在同等情况下争取到更高的贷款金额。

（6）专利打包进行质押。企业可以将技术或产品功能上关联的专利组成"专利包"进行质押融资，能够减少银行的操作风险，从而获得更好的质押率和贷款额度。

第二十回　论知识产权如何继承——
孙权经营江东

紫髯碧眼号英雄，能使臣僚肯尽忠。

二十四年兴大业，龙盘虎踞在江东。

这首诗描写的正是"富二代"孙权，他不是一个坐享其成、坐吃山空的纨绔子弟。曹操手下的第一谋士郭嘉曾评价："孙策不足惧也，轻而无备，性急少谋，乃匹夫之勇耳，他日必死于小人之手。"果不其然，孙策少年英雄，可惜英年早逝，被许贡的三个家臣伏击杀害。孙策在临终之前对其弟弟孙权说："举江东之众，决机于两阵之间，与天下争衡，卿不如我。举贤任能，各尽其心，以保江东，我不如卿。"

在《三国演义》中，赵咨对孙权的一番精妙评论，可以概括孙权的杰出，他说："吴侯乃聪明、仁智、雄略之主也。纳鲁肃于凡品，是其聪也；拔吕蒙于行阵，是其明也；获于禁而不害，是其仁也；取荆州兵不血刃，是其智也；据三江虎视天下，是其雄也；屈身于陛下（指曹丕），是其略也！"如果说赵咨的话有吹捧之嫌，那《三国志》的作者陈寿的评论就是非常中肯的了，他说："孙权屈身忍辱，任才尚计，有勾践之奇，英人之杰矣。故能自擅江表，成鼎足之业。"

从知识产权的角度来看，孙权最大的成就在于继承父兄之业之后，内结骨肉之恩，外托君臣之义，很好地把父兄基业发扬光大，最终建立东吴帝国，三分天下。下面我们就以此为切入点，谈一下知识产权的继承。

从立法实践来看，我国对知识产权继承制度缺乏系统的立法规定，但相关的法学理论与司法实践却普遍认可了知识产权的合法继承。我国《继承法》第3条规定，遗产包括"公民的著作权、专利权中的财产权利"。知识产权中的财产权利可以被继承，属于遗产的范围，这种财产权作为继承的客体为当今世界许多国家继承立法和知识产权法所认可。

一、著作权的继承

对于著作权问题，存在"一元论"和"二元论"两种不同的立法理论，但无论是采取"一元论"的国家还是采取"二元论"的国家，均承认著作财产权的继承。根据我国《著作权法》第 19 条的规定：公民死亡后，如果其著作权中的财产权在保护期限内，则依照《继承法》的规定转移。

著作权中的精神权利指的是发表权、署名权、修改权、保护作品完整权。法律永久保护署名权、修改权和保护作品完整权，作者死后，由其继承人或受遗赠人保护。由继承人保护不同于由继承人继承，因为这三项权利不能转归继承人。发表权原则上由作者自己行使，如果作者生前未行使发表权，即既未发表其作品，又未表示不发表，则在作者死后，发表权由继承人继承。

国家、法人作为著作权人时不发生民事继承问题。也就是说，被继承人只能是自然人，这是由继承法律关系的本质所决定的。在继承的适用范围上，遗嘱继承、法定继承均发生著作权由被继承人向继承人转移的法律效果，使继承人成为新的著作权所有人即继受人。

例 20 -1

2013 年 5 月，中贸圣佳公司发布已故著名学者钱钟书书信手稿拍卖公告。2013 年 6 月 13 日，钱钟书遗孀杨季康（杨绛）遂向法院提起侵害著作权及隐私权诉讼，认为李国强作为涉案书信的收信人将涉案书信手稿交给第三方的行为以及中贸圣佳公司在诉前禁令作出前为拍卖而举行的准备活动，已经构成对杨季康等著作权和隐私权的侵犯，故向北京市第二中级人民法院提起了诉讼。

法院经一审和二审后认为，根据《最高人民法院关于确定民事侵权精神损害赔偿责任若干问题的解释》《继承法》《著作权法》及《著作权法实施条例》的相关规定，杨季康作为钱钟书的遗孀、钱瑗的母亲，是其二人的近亲属，在钱钟书、钱瑗去世后，有权就涉案侵权行为请求侵权人承担侵权责任，并有权依法继承钱钟书、钱瑗著作权中的财产权，依法保护其二人著作权中的署名权、修改权、保护作品完整权，依法行使其二人著作权中的发表权。中贸圣佳公司召开研讨会、向鉴定专家提供涉案书信，且未与专家就不得对外提供涉案书信等事项进行约定，也未对专家作出此类明示，以及通过其网站转载媒体相关文章等行为，侵犯了杨季康等人对涉案书信享有的发表权、复制权、发行权、信息网络传播权、获酬权及杨季康等的隐私权。

据此，法院判决：中贸圣佳公司和李国强停止侵权、赔偿杨季康经济损失及精神损害抚慰金 20 万元并赔礼道歉。

二、商标权的继承

商标权，指商标注册人在一定期限内就指定商标享有的独占、排他使用权。商标申请人依照《商标法》及《商标法实施条例》的有关规定，商标局申请注册，经过商标局的审查、核准后，商标申请人即获得所申请注册商标的专用权，这里的申请人可以是自然人、法人和其他组织。由此，商标权的使用主体可以分为两类：一类是自然人；另一类是法人或者其他组织，例如有限责任公司、股份有限公司、国有独资企业等。自然人享有的商标权是一项财产权利，并且是归其个人享有的，所以可以继承。法人或者其他组织享有的商标权，因不属于个人财产，所以不能作为遗产被继承。对于注册商标，如果商标注册人死亡，商标专用权由继承人继承的，也应到商标局办理商标专用权继承登记。

例 20 - 2

近年来，随着人们对纯天然绿色饮品的推崇，酸梅汤等传统饮品逐渐走俏消费市场。而对于京城老百姓而言，提到这种饮品，最熟悉的莫过于"信远斋"牌。信远斋始建于清乾隆五年（1740 年），原址在东琉璃厂，创办人姓萧，清光绪翰林、末代皇帝溥仪的老师朱益藩对信远斋的蜜果脯和酸梅汤非常欣赏，曾题写"信远斋蜜果店"匾额，悬挂在门楣之上。

1983 年萧氏后人萧恺继承祖业，在工商局注册了个体经营的信远斋蜜果店。1985 年，该店注册了用于酸梅汤、秋梨膏、蜜饯食品的三类"信远斋"商标。萧恺辞世后，由萧宏觅子承父业，但经营惨淡，信远斋蜜果店于 1998 年停产。

1986年工商注册的北京信远斋饮料有限公司，1997年注册"信远斋"服务商标，2005年该公司被中华商业联合会中华老字号工作委员会批准为"中华老字号"会员单位。

2000年6月，信远斋蜜果店把信远斋饮料有限公司告上法庭，之后多年，双方就"信远斋"商标展开了数轮诉讼。2000年11月，北京市第二中级人民法院认定北京信远斋饮料有限公司侵犯商标权，判决其不得继续在商品标签上突出使用"信远斋"字样，在报纸上公开道歉，并赔偿经济损失8万元。2001年12月，北京市高级法院终审维持原判。2002年3月4日，北京信远斋饮料有限公司在报纸上刊登"致歉声明"，公开保证不再在商品上突出使用"信远斋"字样。

2002年6月，国家工商管理行政总局商标局发出通知，以"连续3年不使用"为由，把萧家的"信远斋"商标撤销了。2012年4月24日，北京信远斋饮料有限公司对外宣布，收到北京市高级人民法院终审判决，其最终获得了信远斋字号权和商标权。

老字号，是中国商业环境独有"商标权"，随着中国商业发展，老字号也会面临着诸多的发展问题要解决。"信远斋"的传承人虽然继承了商标权，在第一次诉讼中也得到了法律的支持，但是由于没有重视，违反了《商标法》"连续3年不使用"的规定，信远斋字号权和商标权最终归北京信远斋饮料有限公司拥有。所以，商标权继承后面临着如何继续发扬光大的问题。

三、专利权的继承

专利权继承是指继承人在专利权的保护期内，继承其中的财产权利部分，如许可他人使用专利权、收取专利使用费的权利等。发明专利权的期限为20年，实用新型专利权和外观设计专利权的期限为10年，均自申请日起计算。因此，继承人的继承应在专利权保护期内行使，过了期限，专利权人便丧失了专利权，他人可以无偿使用该专利，也就谈不上继承的问题了。如张某经多年研究，其一项发明获得专利，投产后获得良好经济收益。获得专利后的第10年，张某去世，张某的继承人可以继承在剩余的保护期内该发明专利的专利使用费、转让费等财产权利。

专利权中的人身权利如专利署名权，是发明人的专属权利，不在继承范围内。

依照《继承法》的规定，专利申请权、专利权的继承与有形财产继承一样，通常采取下列方式进行：

（1）专利申请权和专利权依法定的继承方式转移。专利权人死后，如果没有留下遗嘱，或者其所留下的遗嘱并未处理专利权的继承问题，也没有与法定继承人以外的其他人订立遗赠扶养协议将专利权遗赠给扶养人，在这种情况下，专利权按照法定的继承人的范围、顺序和份额，转归自己的法定继承人继承。若死者的继承人有多人时，则可能将一个整体的专利权按平均份额归属于各继承人，此时则发生专利权的共同共有问题，或者将整个专利权归属于一人，由该获得专利权的继承人补偿其他继承人以应得的继承份额的价款。

（2）专利申请权、专利权依遗嘱继承和遗赠的方式转移。若专利申请权人、专利权人在生前立有遗嘱，并在遗嘱中将自己的专利申请权、专利权作了处理。在这种情况下，应按照专利权人生前在遗嘱中所表达的意愿，归属于遗嘱继承人或者受遗赠人。

（3）专利申请权、专利权依遗赠扶养协议的方式转移。专利权依遗嘱人生前与扶养人订立的遗赠扶养协议，将专利申请权、专利权转移给扶养人，这在法理上是成立的。

（4）专利申请权、专利权归属于国家或集体组织。专利申请权、专利权人死后其专利申请权、专利权无继承人继承，也无受遗赠人接受遗赠，这时，该专利申请权、专利权应按照《继承法》的规定归属于国家；若死者生前属于集体组织成员的，则其专利申请权、专利权归属于死者生前的集体组织。

但是，《专利法》规定专利权主体的变更是一种要式的法律行为。即必须经过合法的手续才能履行，必须完成合法的手续才能生效。因此，一旦专利权人死亡或者消失，专利权的继承人或者继受人就应当在国家知识产权局办理专利权继承或者继受手续。即专利权人为自然人时，必须提交专利权人死亡证明，还要提交可以证明其与专利权人之间存在法定继承关系的证明，如父母与子女关系证明，夫妻关系证明等，专利权人为法人时，必须提交法人解散或者合并证明，或者要求继受该专利权的企业的上级主管部门证明等，经国家知识产权局审核后，可以办理专利权人著录项目变更手续，由其继承或者继受该专利权，并由国家知识产权局予以登记和公告。

例 20 - 3

四平市李连贵风味大酒楼于 1996 年 11 月 19 日委托四平市专利事务所代理申请"李连贵风味熏肉及其制作方法"和"李连贵风味大饼及其制作方法"的发明专利，两项专利后来均被授权。1997 年 4 月 13 日，李连贵风味大酒楼发文免去了李连贵的后人李玉在其餐饮部的经理职务，同时停止了李玉的一切工作。

以李玉为代表的李氏四兄弟向法院提出了专利申请权属的诉讼请求。原告李氏四兄弟诉称："李连贵熏肉大饼"的配方和制作工艺及产品名称已具备了无形资产的条件，该无形资产是其先祖所创，其产权依法应由其继承。李家店铺在 1956 年公私合营后，合营的企业逐步演进为现在的被告四平市李连贵风味大酒楼。但李家的无形资产的产权一直未转移，仍然归李家所有。然而，被告却于李氏家族不顾，独自去申请"李连贵风味熏肉及其制作方法"和"李连贵风味大饼及其制作方法"的发明专利。请求判令该两项发明专利申请权归原告所有。

长春市中级人民法院和吉林省高级人民法院经审理一致认为：驰名风味食品"李连贵熏肉大饼"系原告的曾祖父李连贵所创，按照我国《专利法》的有关规定属于非职务发明创造已不容置疑。"李连贵熏肉大饼"的独特配方和制作工艺以及商品的名称已成为一项无形资产，具备了知识产权的法律特征和条件。按照我国知识产权法律的有关规定，一项知识产权中一般包含两方面的权利：一为该项知识产权中的身份权，一为该项知识产权中的财产权。就"李连贵熏肉大饼"这项知识产权中的身份权而言，发明创造人李连贵的身份权永远受法律保护（这一身份权在被告向中国专利局申请专利的文献中也已承认）；就"李连贵熏肉大饼"这项知识产权中的财产权而言，依据我国《继承法》的有关规定，李连贵的子孙们享有继承权。李玉、李坚、李保、李良的继承是合法的，因此，他们是已申请专利、发明人为李连贵的"李连贵风味熏肉及其制作方法"和"李连贵风味大饼及其制作方法"的合法继承人。"李连贵熏肉大饼"的传统配方和制作工艺采取专利的方式予以保护和利用时，其专利申请权应归原告享有。

第二十一回 论如何打造无形资产——桃园三结义

无形资产，是指特定主体所拥有或者控制的，不具有实物形态，能持续发挥作用并且能带来经济利益的资源。其中可辨识的无形资产包括专利权、商标权、著作权、专有技术、销售网络、客户关系、特许经营权、合同权益等，不可辨识的无形资产是指商誉。知识资本崛起并成为经济竞争的焦点，《财富》杂志评选出的世界 500 强企业的资产构成中，1978 年为有形资产占 95%，无形资产仅占 5%，但到了 2010 年，有形资产降低到 20%，而无形资产则提高到 80%，到 2017 年，无形资产在世界 500 强企业的资产构成占比已经到了 90% 以上。这代表了企业投资的趋势，企业竞争优势也体现在知识资本上，尤其是体现在技术、设计等创新方面。另外，根据美国商务部发布的《2016 年美国知识产权密集型产业报告》显示，2016 年美国知识产权密集产业增加值的直接贡献为 6 万亿美元，占美国 GDP 的 38.2%，为美国提供了 4500 万个工作机会，占全部就业比例的 30%。

桃园三结义是《三国演义》中的第一个故事，也是最精彩的故事之一。在那个"人心萌动、大众创业"时代，那是一个春天，有三位草根：天桥摆摊卖草鞋的刘备、推车送快递的通缉犯关羽和杀猪卖烤串的张飞，三人意气相投、立志做一番事业。于是在河北涿郡张飞庄后养猪场所在的那花开正盛的桃园，备下黑牛白马，祭天告地，焚香再拜，结为异姓兄弟，开始创业了。

桃园结义后，三人的关系被定义成了"兄弟"，这时人情代替商业契约，董事会的话语权分配是按照辈分来排的，而不是根据出资比例。三兄弟各自亮明家底后经过资产评估，刘备是中山靖王刘胜的后裔，算起辈分来也算是当今皇帝的叔叔，虽然"皇叔"这个品牌在那时还没有得到市场认可，但是有较大的炒作空间。刘备有"招募乡勇、讨贼安民"一整套成熟的商业计划，又有老师卢植、同学公孙瓒等一些成熟的人脉关系，综合来算，刘备的无形资产大，占据 70% 的股权，成为绝对的控股股东。关羽虽然固定资产也没多少，但熟读《春秋》识文断字，核心竞争力是能征善战，属于技术入股，占据 15% 股权。按照现代商业制度来说，张飞是全部出资者，理应占有公司的股权的大头，但是张飞为人实在认为自己为人粗鲁、品牌稍差、武艺稍逊，况且年龄最小，只能排名第三，也占据 15% 股权。

公司刚成立，就有两位来自中山的天使投资人张世平、苏双来投资了，物资包括：良马五十匹、金银五百两、镔铁一千斤。依靠天使轮的投资，三兄弟分别拥有了自己的拳头产品——刘备打造"双股剑"、关羽造"青龙偃月刀"、张飞造"丈八点钢矛"。虽然三人后来在创业过程中屡受打击，但始终团结一心，在招聘诸葛亮做 CEO 之后，终于霸业有成，刘备公司成功上市，鼎足三分中国市场。

公司成立时，拥有无形资产的刘备和关羽反而比贡献了所有有形资产的张飞地位高，这是因为，对于创业公司而言，较之有形资产，以知识产权等为主要内容的无形资产，是企业的更重要战略资源。在无形资产的框架内，涉及三类非物质形态的财产权：一是知识类财产权利，该类财产主要由知识、技术、信息等无形资产利益所构成，可以分为创造性成果与经营性标记，其权利形态

184

包括著作权、商标权、专利权等，为典型的知识产权；二是资信类财产权利，该类财产主要是经营领域中的商誉、信用、形象具有经济内容的商业人格利益，其权利形态包括商誉权、信用权、形象权等，这些是与知识产权有关的其他无形财产权；三是特许类财产权，该类财产权利由主管机关或社会组织所特别授予的资格优惠、特权等法律利益所构成，其权利形态即是特许经营权，其特许的财产利益范围包括但不限于知识产权要素。

一、刘备的无形资产

刘备（公元 161 ~ 223 年），字玄德，幽州涿郡涿县（今河北省保定涿州市）人，西汉中山靖王刘胜的后代，三国时期蜀汉开国皇帝。

曹魏公司的前身——东汉资产管理有限公司（以下简称"东汉公司"），是一家亦官亦企的国有单位，作为公司执行总裁的曹操，素有权谋，擅长于资本运营，几年来利用政府力量"挟天子而令诸侯"，通过兼并、收购、联营等低成本扩张手段，让东汉公司迅速发展为一家集农、工、商和投资理财等多元化经营为一体的超级企业，跻身全国十强企业之列。自从曹魏公司打败吕布，彻底接收了徐州公司之后，毅然决定开始进军南方市场。

刘备和关羽、张飞初次创业失败后，也被收编为东汉公司的员工。有一天傍晚，曹操请刘备撸串喝酒，史书称作"煮酒论英雄"，曹操先贬低了袁绍等一干企业家，以手指玄德然后自指曰："天下英雄，唯使君与操耳。"曹操当时已是国企东汉公司的 CEO，且拥有国家特许经营类的无形资产，而刘备只是一个创业失败、没有任何固定资产的打工青年，曹操这么看重他，正是因为刘备具有极大的无形资产价值。

（1）刘备是皇叔，根正苗红。在汉朝直至魏晋南北朝时期，门阀出身很重要。刘备虽然来自河北农村，但是他是汉献帝经过核对家谱之后公开认可的"皇叔"，"帝排世谱，则玄德乃帝之叔也"。刘备自此拥有了"刘皇叔"这块金字招牌，且随着天下的大乱，汉家势力越衰微，作为汉室宗亲象征的"刘皇叔"的品牌就越增值，为自己的创业夺地盘落了个"清君侧"的美名，也为诸葛亮、赵云等一心为汉的高级人才的归附提供了必要的条件。"刘皇叔"这一品牌的商业价值，使得刘备哪怕是颠沛流离、身无分文，只要振臂一呼，总会有一群人为之效力，品牌的价值在现代企业的运营中也同样重要。

例 21－1

2015 年，可口可乐以 560 亿美元的品牌价值蝉联全球食品最具价值品牌。美国可口可乐公司前任董事长罗伯特·士普·伍德鲁夫曾说："只要'可口可乐'这个品牌在，即使有一天，公司在大火中化为灰烬，那么第二天早上，企业界新闻媒体的头条消息就是各大银行争着向可口可乐公司贷款，可口可乐公司立即就能重建，并仍是世界第一饮品公司。因为大火只能烧毁我的厂房设备等有形资产，而最重要的无形资产——'可口可乐'品牌没有被烧掉！"

（2）刘备很有仁义、讲诚信。北让曹操占天时，南让孙权占地利，刘备靠仁义与南孙北曹同分一杯天下羹。"仁"是刘备的招牌，"仁"是刘备的旗帜，"仁"是刘备号令天下的武器，"仁"也是刘备落难逃荒时的护身符。徐庶、赵云、诸葛亮等众多能臣猛将都因为刘备的仁义而效忠刘备，陶谦、刘表等人都因为他仁义想要主动把自己的地盘交给他。

例 21－2

在 20 多年中国改革的浪潮中，史玉柱无疑是最具传奇色彩的人物之一，"诚为人信为事"是史玉柱最有价值的无形资产。1989 年，以 4000 元借债起家，短短 5 年位居福布斯"大陆富豪排行榜"第 8 位。1997 年初巨人大厦未按期完工，各方债主纷纷上门，巨人现金流彻底断裂，媒体"地毯式"报道巨人财务危机。顷刻间财富又灰飞烟灭，沦落为负债 2.5 亿元的"中国首穷"。根据国家法律规定，巨人只要申请破产就可以不用还债，但是史玉柱坚决还债，甚至借钱还债。对于史玉柱"借钱还债"的磊落风范，商界人士赞不绝口。联想集团总裁柳传志说："摔了跟斗的人，甚至饿了肚子，知道钱有多金贵，拿到了这个钱以后，还想到先把该还的账还清，然后再重新起步。我觉得他就有做大事的这种潜质。"四通集团总裁段永基认为："史玉柱还钱表明了他做企业的诚信，表明了他做人的诚信。这对他未来的商业前途是一个非常高的回报投资。"果不其然，史玉柱在几年后卷土重来，还清巨债，又一次身家几亿，称霸保健品行业，入资民营银行，风头甚至胜过当年的鼎盛时期。

（3）刘备有自己的人力资源优势。刘备人才虽少，但个个都是能力与忠诚兼备的精英人才：在千军易得、一将难求的年代，"五虎上将"关羽、张飞、赵云、马超、黄忠都能敌万人；世传"卧龙凤雏得一可安天下"，而诸葛亮和庞统均为其鞠躬尽瘁，死而后已，一个累死沙场，一个战死沙场。

例 21 – 3

2016 年，深圳知识产权领域一家新创的互联网公司——深圳峰创智诚科技有限公司吸引了投资方、产业界的注意力，这家公司虽然人员不多，但是个个星光璀璨。创始人王活涛是腾讯原专利管理创始人，副总裁李富山是腾讯原运营总监，副总裁沈剑锋是中兴通讯原知识产权部长，顾问是比亚迪原法务总监黄章辉和华为原知识产权部长郭世栈，都是中国知识产权领域的领军人才，这些各企业的知识产权主管共同创业，反映了这些领军人才投身知识产权运营创业的勇气和决心。

（4）刘备具备很强的企业家精神。《三国志》记载："玄德幼时，与乡中小儿戏于树下，曰：'我为天子，当乘此车盖。'叔父刘元起奇其言，曰：'此儿非常人也！'因见玄德家贫，常资给之。"历史证明，干大事的人从小就得具备雄伟壮志，刘备利用自己志向大的无形资产，吸引力颇有实力的叔父刘元起的注意，主动资助刘备完成学业，让刘备在求学过程中不但学到了创业所必备的知识，还认识了老师卢植、同学公孙瓒等一干朋友。刘备找到诸葛亮时，刚刚破产，当诸葛亮问他下一步的打算时，一穷二白的刘备是这样说的："汉室倾颓，奸臣窃国，备不量力，欲申大义于天下。"前三句都是实话，但是正是最后一句貌似吹牛的话真正地打动了诸葛亮。

除了远大的志向之外，刘备的创新、冒险、敬业、合作、诚信、学习、执着的企业家精神，使自己的公司从无到有、从小到大、从弱到强、从强到王。另外，刘备尤其具备甚至有点偏执的自信心，历史不断证明：在创业过程中，只有偏执狂才能成大事。

《例 21 -4》

被苹果粉丝们称为"乔帮主"的苹果公司前 CEO 乔布斯，就是一个用偏执征服世界的人，他说："人这辈子没法做太多事情，所以每一件都要做到精彩绝伦。"而乔布斯凭借对苹果深沉的爱，他对工作细节的精益求精近乎偏执。他希望一切都在自己的掌控之下，认为对苹果了如指掌是他的本职。据说乔布斯亲自参与设计的苹果专利达到 458 项，其中就包括 iPod 用户界面，以及专卖店中炫目的玻璃台阶支架，在乔布斯去世后仍获得 141 项专利，简直是像神一样存在着的人。

二、关羽的无形资产

关羽是《三国演义》中重笔刻画的人物之一，在《三国演义》中的他武艺高强，神勇盖世，同时又"义不负心，忠不顾死"，是忠义的化身。有人说关羽"忠义无双""忠心贯日""赤面赤心""义薄云天"……这些话都是对他忠义一生的赞誉。一千多年以来，他既是忠和义的代表，也是中国人为人处世的榜样和楷模。

其实，关羽最后败走麦城、丢城失池、身首异处，反而成为千古"武圣"。关羽有投降曹操的经历，却成为忠臣楷模，义秉千秋。不是完人的关羽被打造成了比完人更胜一筹的神，这中间少不了品牌打造的无形资产增值过程。关羽的无形资产是如何增值的呢？一是要有自身素质，二是要有环境机遇，三是要有粉丝追捧。

温酒斩华雄、一刀劈车胄、斩颜良、诛文丑、过五关斩六将，对于关羽而言都是轻而易举的事情，除了"三英战吕布"外，关羽参加的战斗往往不超过三回合就杀敌成功了，关羽杀人都是干净利落、手起刀落、对方头落，让人永远不知道关羽的功夫有多强、潜力有多深。然后，老年关公擒于禁、斩庞德，逼得曹操不敢睡觉几次有迁都的想法，知晓关羽死后曹操曾喜曰："云长已死，吾夜眠贴席矣。"此时关羽的勇猛才一一真实地展现在读者面前，此时的关羽俨然成了三国时代的一尊战神了，其"勇"字的招牌也树立起来了。

关羽与刘备走散后，为了保护大哥的家室只能在土山暂时投降曹操，曹操用钱、权、豪车、美女均没能真正地收服关羽。在得知大哥的下落后，关羽封金挂印，挥手告别了曹操，驾驶着曹操送给他的枣红色宝马车，开始了"千里走单骑"和"过五关斩六将"英雄旅程。大意失荆州、败走麦城被俘后，关羽至死不降，"玉可碎不可损其白，竹可破不可毁其节"回荡云霄，而他的名字也从此变成了一种忠诚、信守承诺、敬业和荣耀的象征，此为关羽之"忠"。

白门楼义救张辽是"义薄云天之举"，华容道义放曹操是"滴水之恩，当涌泉相报"，长沙会战不杀黄忠是"英雄惺惺相惜"，此为关羽之"义"。温酒斩华雄，单骑单刀赴会，刮骨疗伤谈笑风生，此为关羽之"勇"。水淹七军、威震华夏，此为关羽之"智"。受到曹操知遇之恩，承诺报恩后方可离去，斩颜良、诛文丑，华容道忆往昔报答曹操，此为关羽之"信"。

至此，关羽的忠、勇、义、智、信的品牌都已经打造出来了，下一步就是"捧"！在人才林立的三国时代，关羽品牌要想鹤立鸡群，还是有一定难度的。但是，有志者事竟成，苦心人天不负！从天子到平民百姓，几乎所有的人都在捧关羽！

刘备自不必说，任何时候都不忘记夸一下自己的合伙人；就连好谋无断的袁绍，也在爱将颜良、文丑被杀后，说"吾若得云长，胜颜良文丑十倍也"；诸葛亮除了给关羽创造华容道放曹操的机会外，还写信说关羽绝伦超群："以亮度之：孟起虽雄烈过人，亦乃黥布、彭越之徒耳；当与翼德并驱争先，犹未及美髯公之绝伦超群也"；汉献帝除了封他为"汉寿亭侯"外，还赐他"美髯公"的雅号；孙权主动示好想与其结为儿女亲家；神医华佗到处宣传关羽的"刮骨疗毒"之勇；关羽死后，百姓将天降甘霖视为关公显圣……

但是，关羽品牌的超级粉丝非曹操莫属！作为一个已经傲视天下、号令诸侯的上市公司大老板，能够拉下身价招降关羽，其用心之良苦、用情之真切、关怀之备至、待遇之丰厚，可为古今招聘所罕见。就连关羽死后，曹操仍在不遗余力地打造关羽品牌，"设牲醴祭祀，刻沉香木为躯，以王侯之礼，葬于洛阳南门外，令大小官员送殡，操自拜祭，赠为荆王，差官守墓"。

在众多粉丝的追捧下，关羽的无形资产价值在三国时代就已经冠绝群雄，品牌价值位列打工者之首。关羽死后，随着时光的流逝，关羽的无形资产不降反升。朝代每更迭一次,关羽就官升一级,从道君皇帝宋徽宗开始,关羽的尊号一封再封,从关公、关二爷到关帝,无形资产的价值也在呈几何级数般地上升,直至清代登峰造极,取代岳飞成为与孔子并列的"武圣""关圣大帝",他终于走上神坛,名垂千古。今天,关公已成为一种文化现象,他成为中华民族忠义的化身,赋予他的荣誉和无形资产价值在中国历史上达到的高度不是一般人物所能够与之相比的!

例 21 - 5

形象魅力就是品牌价值。有人说,明清晋商的成功,源于对关公精神的一贯信仰,商儒并重的价值取向,劳资共创的管理秘籍和家国天下的博大胸怀。

众所周知,关羽的出生地是山西,牺牲的地方是湖北。从 2011 年开始,鄂、晋两地两家"联营合作"多年的酒企围绕"关公牌"系列商标展开了一场寸步不让、拼死残杀、旷日持久的跨省官司:1984 年,位于运城市稷山县的山西关公酒业有限公司登记注册了"关公牌"酒类商标。2003 年,稻花香集团旗下宜昌市关公坊酒业有限公司向国家工商行政管理总局商标局申请注册"关公坊"商标时,因与山西关公酒业有限公司持有的"关公牌"商标近似而被驳回,而其业已生产的"关公坊"白酒,也涉嫌侵犯了山西关公酒业有限公司的合法权益。此后,宜昌关公坊酒业有限公司与山西关公酒业有限公司洽谈"联营合作",山西关公酒业有限公司以"关公牌"商标无形资产入股。双方"联营合作"期间,"关公牌"商标先被依约过户至合资公司名下,后又经合资公司章程改动,"关公牌"商标竟悄然易主。这一事件,后被媒体称之为"关公牌"商标的"麦城之劫"。围绕"关公牌"商标,双方官司一打就是几年。2013 年 4 月,稻花香集团副董事长、关公坊酒业有限公司原董事长因涉嫌合同诈骗被捕,"关公牌"商标之争进入媒体视线。一片摇旗呐喊声中,两家酒企先后针对媒体报道发表"严正声明",山西关公酒业有限公司更明确表示:"誓死捍卫商标主权"。

无论称之为"品牌保卫战"还是"品牌争夺战",这场看不见硝烟的争斗都足以体现"关公"这样一个高价值品牌的魅力,亦足以唤起后知后觉者的警醒。

对山西晋商行文化传媒有限公司董事长梁某来说，这个有着浓浓晋商情怀和关公情结的山西人，"关公"品牌不容侵犯。2015 年 10 月 29 日，山西晋商行文化传媒有限公司与"关公"商标原持有人之间的变更转移手续全部履行完毕，成立不足 3 年的山西晋商行文化传媒有限公司，正式成为"关公"商标的持有者。这也是继 2015 年 9 月斥巨资从一位山东人手中购得"关公"域名之后，晋商行低调运作的又一个大手笔。至此，年轻的山西晋商行文化传媒有限公司，已然实现了"关公"相关法人公司、商标、域名、微信公众号的"五位一体"。关公品牌实现完满的"大团圆"，"关公"品牌成为山西晋商行文化传媒有限公司最大的无形资产。

这正是：

> 戎马一生义字连，不离不弃心相牵。
>
> 回眸千载看今朝，关公品牌很值钱。

三、张飞的无形资产

张飞（？～221 年），字翼德，幽州涿郡（今河北省保定市涿州市）人氏，三国时期蜀汉名将。张飞战吕布、斗马超展示了其英勇无敌，但张飞绝非胸无点墨，头脑简单，而是粗中有细，有胆有识。在当阳长坂桥，张飞在敌强我弱的情况下，用马拉树枝往复跑动激起灰尘设下疑兵，曹军不敢贸然前来，张飞才胆气倍增，更加气概超然，仅用二十骑据水断桥，用堪比帕瓦罗蒂的嗓音大吼一声："我乃燕人张翼德也，谁敢与我决一死战？"把曹操麾下的夏侯杰吓得心脏病突发口吐白沫而死，曹操也中计败走。这正是："长坂桥头杀气生，横枪立马眼圆睁。一声好似轰雷震，独退曹家百万兵。"

以勇猛著称的张飞也善于用计，这着实不易。进攻刘璋时在巴郡城假装醉酒用调虎离山计，捉到严颜，严颜宁死不屈，张飞敬重其为人，"义释"严颜。"张飞见严颜声音雄壮，面不改色，乃回嗔作喜，下阶喝退左右，亲解其缚，取衣衣之，扶在正中高坐，低头便拜曰："适来言语冒渎，幸勿见责。吾素知老将军乃豪杰之士也。""严颜感其恩义，乃降。"严颜归顺刘备，为平定西川铺平了道路。在瓦口隘一战中，他利用别人知道自己酗酒的缺点装醉，巧施连环计，把号称智勇双全的张郃打得一败涂地。就连诸葛亮都称赞他："张将军能用谋。"

例 21 −6

"安得快人如翼德，尽诛世上负心人。"这是罗贯中对张飞的评判，但其中不乏赞赏之意。张飞生性刚烈耿直，疾恶如仇又鲁莽天真的性格深得川蜀百姓的喜爱，并将四川特产牛肉干命名为"张飞牛肉"，来利用张飞妇孺皆知的名气"变宝"，为川蜀企业谋利益换来"真金白银"。

产于四川省阆中市的牛肉干，其表面为墨黑色，切开后肉色粉红，因其外观特征为"表面墨黑内心红亮"恰好和历史上的猛将张飞其人"面皮墨黑一颗红心向蜀汉"的特征很像，后世人称张飞牛肉。张飞牛肉在清代乾隆年间就远近驰名；民国时期在成都"劝业会"上又曾被评为"上等食品"；曾在 20 世纪40 年代获得成都工业协会优质产品银奖；1998 年获中西部优质产品奖，首届中国食品博览会铜奖；还荣获亚洲品牌 500 强、中国驰名商标、四川名牌产品、四川老字号产品、中国唯一"清水牛肉"特色产品、中国羽毛球队指定专用产品等称号。可以说，后世的川蜀人通过现代化的知识产权运营手段，将张飞的无形商标的价值成功挖掘并不断发扬光大。

四、无形商标的价值

当今社会，商标的作用已呈现出无比强大的优越性！它代表着商标所有人生产或经营的质量信誉和企业信誉。五千年的历史孕育了灿烂的精神文明与物质文明，中华民族用自己的勤劳与智慧，创造了大量的宝贵文化财富，也在各个不同的区域产生了许多具有鲜明特征的商标。无形商标是商标的一种形式，它本身不具有实体形式，是由一系列传达性的思想、意识或感观在大脑中产生的一种理念商标。当一个无形商标的坚挺程度、使用广度、可用性和影响力达到顶峰时，其价值是无可限量的！

"三结义"可以算是我国最早的无形商标之一，当属三国时期的品牌，提起刘备、关羽和张飞，人们总是会联想到他们早年在涿郡张飞庄后那花开正盛的桃园，和那"不求同年同月同日生，只愿同年同月同日死"的誓言。"三结义"引出三国时期的三位主要英雄，从多方面表现了忠义的主题，在三国的乱世之中，无论是守天下还是打天下都不能缺少仁、义和勇三大件，刘备自信爱哭的自己在"仁"方面还是蛮货真价实的，只是"义"和"勇"稍差，所以他就拉了"义薄云天"的关羽和"刚勇无敌"的张飞结拜为异姓兄弟，强强联合进行资源整合，以"三结义"为旗号，组建"义军"！刘备把他的"三结义"品牌发挥得淋漓尽致，他所提倡的忠义策略几乎是其他任何人都无法比及的，"顺大义""安黎民"的人生理想，使他最终成为手下大将们心目中的"仁义之君"。经过近两千年的洗礼，"三结义"的品牌形象已深入人心，它是中华民族道德的象征，也是中国历史文化的遗产！现在，好多商家也在蹭"三结义"的品牌效应，在国家知识产权局商标局网站上查到，截至 2018 年 4 月，已有 32 条与"三结义"相关的商标申请注册，并涉及 18 个商标大类。

伴随着经济体制改革的不断深入，我国的知识产权也进入快速发展时期，而商标中的无形商标的发展和保护，将是极其重要的一项工作，无形商标是中华民族巨大的创造性的财富，是建立品牌信誉度的最好武器，也是未来开发本土品牌的一个重要途径！

第二十二回　论如何用好小专利——三国小人物

　　《三国演义》中描写了上百个人物，书中武将们金戈铁马战场厮杀，文官谋士们刀笔娴熟大显身手，这些人物各有所长，各有千秋。受英雄史观的影响，后世历来多关注大人物，而忽视小人物，但历史长河如果缺了这些作为支流的小人物的衬托，大人物的戏也唱不了太精彩，有些小人物有时候甚至左右了历史大事件的发展。

　　在"滚滚长江东逝水"的三国历史中，正是一众默默无闻、踏踏实实、添砖加瓦的小人物组成的"浪花"，才成就了"浪花淘尽英雄"的大人物，也就是说正是千千万万的小人物映衬，才构成了整个三国时代纷繁复杂的完整历史。在三国中，在大人物功成名就的背后，小人物们不仅起着推动历史的作用，而且还为大人物形象的刻画做铺垫，还有很多小人物付出了艰辛的努力甚至是惨痛的代价。例如，吕伯奢用自己一家的冤魂成就了"宁可我负天下人，不可天下人负我"的曹孟德，华雄用自己的一个人头成就了关云长的威镇乾坤第一功，卧龙岗上的众多"群众演员"用自己的精彩演出成就了"三顾茅庐"的佳话，长坂桥上的夏侯杰用自己的一颗破碎的苦胆成就了虎豹雷霆的张翼德，自作聪明的蒋干成了周公瑾的"谈笑间，樯橹灰飞烟灭"……

一、小专利也有大价值

　　实用新型专利，又称小发明或小专利，也是一种专利类型，是"专利法"保护的对象。实用新型通常是指对产品的形状、构造或者其结合所提出的适于实用的新的技术方案。国家之所以保护实用新型，目的在于鼓励低成本、研制周期短的小发明的创造，更快地适应经济发展的需要。

　　有人认为：发明专利价值更大、技术含量更高、法律诉讼效果更佳、许可费用和交易费用更高，实用新型专利的含金量低，实用新型申请的技术方案都是发明专利的边角料，实用新型都是"垃圾专利"，简直就是专利家族中的"小人物""草根"。

可是，这些专利"小人物"往往能够产生大业绩、发生大事件，不能不重视更不能小觑。纵观专利的申请、保护和诉讼实践，横观产业行业的技术发展规律和生命周期，通观企业的市场运营策略，围观现有的专利诉讼实例，都可以负责任地告诉你，实用新型的价值不可小觑，更不可废弃。

小专利成就大业绩的典型案例非橡皮铅笔莫属，一个将橡皮和铅笔组合捆绑在一起的简单技术方案，正是因为想到了他人没有意识到的商业前景，所以能够在商业上取得巨大的成功。

〈例 22 - 1〉

美国佛罗里达州的画家李浦曼十分贫寒，一天作素描时，不小心出了个失误，须用橡皮把它擦掉，但找了好久才找到橡皮，但等到擦完想继续作画时又找不到铅笔头了，他非常生气，于是产生了拥有一只既能作画又带有橡皮的铅笔的念头。经过多次试验，他找到一种满意的方法，即用一块马口铁薄铁皮，将一块圆柱形的橡皮连接在铅笔顶端。1858 年，李浦曼借钱办理了专利申请手续并获得专利权，最终由 RABAR 铅笔公司购买了这项专利，价钱是 55 万美元（购买力相当于现在的 1.1 亿美元）。一支铅笔加一块橡皮的小专利让贫困潦倒的画家李浦曼摆脱了窘境一跃成为大富翁，并且成了名人，只是他不是作为画家，而是作为发明人被后世传颂。而 RABAR 铅笔公司因为这项"小专利"在

图 22 - 1　李浦曼的铅笔橡皮专利文件

后来的 17 年间至少获利 1000 万美元（购买力相当于现在的 20 亿美元）。

二、实用新型的前世今生

在 1980 年以前，世界上对实用新型给予保护的国家和地区只有十多个，近20 年来越来越多的国家开始重视本国中小企业在经济发展中的地位，这些中小企业的创新活力日益增强，小发明、小革新层出不穷，为企业带来了丰厚的利润，这些因素的快速聚集促进了实用新型制度在全世界范围内的迅速发展。目前全球已有 57 个国家和地区建立了实用新型制度，它们包括中国、德国、日本、法国、韩国、澳大利亚、奥地利、白俄罗斯、巴西、马来西亚等国家，各国实用新型制度各有特色，实用新型的名称也各不相同，有"实用新型""小专利""创新专利""创新证书"等叫法。

《德国实用新型法》规定："实用新型授予新颖的、具有创造性的且适于工业应用的发明创造。"《日本实用新型法》规定："实用新型，是指与物品的形状、构造或者组合相关的，利用自然法则作出的技术思想创作。"中国《专利法》第 2 条第 3 款规定："实用新型，是指对产品的形状、构造或者其结合所提出的适于实用的新的技术方案。"

三、实用新型的价值所在

那么，相比于发明专利而言，实用新型这类"小专利"有何价值呢？

第一，授权周期优势。发明专利是在对全球公开的专利文献和非专利文献以及使用公开记录等信息检索的基础上进行实质审查，即对发明专利的新颖性、创造性和实用性等可专利性因素进行审查；而实用新型大多不经过实质审查，多数国家采取登记制，我国采取的是初步审查加专利权评价报告的审查机制。根据我国《专利法》的规定，专利申请自获得授权之日才享有专有权，而发明专利的授权周期一般长达 2 ~ 3 年，也就是发明专利在申请过程中约 2 年多时间并不能为申请人带来直接利益和法律保护，如果有人侵权了只能搜集证据进行后续维权追溯，这期间就难免增加了很多不确定因素。而实用新型专利由于少了实质审查程序，授权周期就会短很多，在我国一般 4 ~ 6 个月就可授权，便于权利人尽早尽快维权。

在实践中，一旦依据实用新型专利权提出侵权诉讼，专利权人都需要向法院提交专利权评价报告或具有同等效力的检索报告，以帮助法庭和被告初步判断该实用新型是否存在不应被授予专利权的缺陷。侵权被告可以适时提出无效宣告请求，对此，多数情况法庭会裁定中止侵权诉讼的审理进程，直到专利复审委员会作出无效决定后再继续审理。虽然实用新型在授权前没有经过实质审查，但在实际的权利应用过程中，则会仍经历评价和无效宣告程序的考验，既能以此制度来保证不具备可专利性要求的实用新型不能为权利人带来垄断利益，又能兼顾权利人对于授权周期的要求，可谓不偏不倚。

第二，创造性较低的优势。创造性标准不同，实用新型的创造性标准在立法上低于发明专利，只需要"实质性的特点和进步"，低于发明专利的"突出的实质性特点和显著的进步"。在实践中，那些创造性水平较低的发明创造，如果难以获得发明专利权，通过选择实用新型专利进行保护，也完全可以对自己的权益进行有效的法律保护。

第三，短平快的优势。如果10年的保护期限足以支撑产品的整个技术生命周期，那么市场见效快、生命周期短的技术，即使具有较高的创造性，企业仍可优先选择实用新型来保护。这样，企业可以很快地获得专利授权，将专利产品尽快投入商业运营。在生命周期较短的技术领域，有些改进所带来的经济效益只有几年，对于这些技术的拥有者来说，实用新型提供的10年保护期足矣，尽快获得可给予有效保护的权益并抢占市场，更具有重要意义。而若固执己见地以发明专利来保护，可能在获得授权时，这一技术已经面临落后或被淘汰的境地，或者其所应用的环境和土壤已经变化，不再适于推广，之前的权益损失又可能难以追回。当今社会，随着"互联网＋"发展的脚步越来越快，在很多领域技术迭代周期短也将会越来越普遍。

第四，不容易被无效的优势。实用新型专利在可专利性的审查上要求比发明专利宽松，因此，将一件实用新型专利全部无效比发明而言，难度更大。具体来说，根据《专利法》的规定，发明在创造性上要求其具备突出的实质性特点和显著的进步，而实用新型只要具备实质性特点和进步即可。可见，实用新型对技术改进的程度要求没有发明高，这一点在无效宣告程序中表现得更加明

197

显。由于实用新型的创造性评价标准低于发明专利，同样的技术方案，如果按照实用新型专利的创造性评价标准进行评价，比按照发明专利的评价标准要求低，也就是说在同样的现有技术证据面前，实用新型专利因评价标准低，可能比发明专利的权利更稳定，更不容易被无效，导致某种程度上实用新型的专利价值含金量、诉讼威胁度甚至比发明专利更高。

第五，成本低的优势。相对于发明专利而言，申请实用新型的成本更低，在有限的预算下可以布局更多的外围专利，这样不仅在保护小改进以及更新较快的技术上有价值，还可在企业专利布局上发挥重要作用。从知识产权保护的战略层面来讲，为了保证企业的技术优势，很多企业不仅在技术推进过程中根据改进程度的高低不断提出发明或实用新型专利申请，还会将经营中实际应用的方案的周边设计方案、替代方案甚至被本企业否定淘汰的方案也保护起来形成"专利防御墙"，以保证本企业在该领域、该技术上的绝对优势和市场地位；或者在竞争对手已就核心技术获得专利保护的情况下，可以在该核心专利周边布局各种应用和改进方向的专利，使得竞争对手对核心技术的具体应用和改进受到限制，从而为日后交叉许可并获得优厚的许可条件挣得机会。实用新型在此类方案的保护上提供了一个极具性价比的途径。

总之，技术的价值不仅在于相对现有技术的革新程度和进步水平，还在于其对市场的适应状况。在转让和许可过程中，衡量技术的价值，更在于其所保护的技术在市场上的价值体现，一件权利评估结果积极甚至经过无效考验的实用新型，完全可能因其良好的市场反应获得较高的估值，为权利人收获巨大利益。

四、体现实用新型市场价值的著名案例

"说得黄金遍地不如做得实际"，下面用两个国内实用新型小专利的典型案例来体现其市场价值。

例 22－2

"小家伙"打赢61场专利维权官司

传统的儿童饮料外包装普遍使用插吸管，儿童吸食过程中，往往直接用手

接触，既不卫生，吸食又不方便。1998 年初，潘笃华作为发明人设计生产出无须托管和打开瓶盖，只要用手一拧，就可以饮用的"旋转式吸管瓶盖"，并于 1998 年 3 月向国家知识产权局提出实用新型专利申请，之后专利申请人注册成立了浙江小家伙食品有限公司并出任总经理，1999 年 3 月 31 日该申请被授予实用新型专利权（专利号：ZL98201649.2）。由于其饮料瓶设计新颖独特，推向市场后供不应求，1998 年该企业创出销售过亿元的佳绩。正因如此，全国范围内出现了大量涉嫌仿制上述专利饮料产品，短时间内就达到了 81 家之多，其中较有影响的是广东乐百氏集团有限公司、浙江金义集团及杭州三利食品工贸公司。

"小家伙"开始了维权之路，1999 年 4 月，以侵犯专利权为由，把浙江金义集团、江西宏泰食品批发部同时告上法庭，要求赔偿经济损失 1300 万元以及其他诉求；同年 5 月 31 日，以同样理由，将广东乐百氏集团有限公司及中山市乐百氏保健品有限公司告上法庭。诉讼期间，浙江金义集团有限公司和广东乐百氏集团有限公司都对上述实用新型专利提出了无效宣告请求。2001 年 7 月 18 日和 2002 年 5 月 23 日，专利复审委员会先后两次作出维持上述专利权有效的决定。经过两审终审，法院判定浙江金义集团赔偿"小家伙"1300 万元，并停止生产、销售带旋转式吸管瓶盖的饮料，并书面赔礼道歉；"乐百氏"与"小家伙"主动言和，赔偿 1200 万元。"小家伙"维权 4 年，在全国打赢 61 场专利维权官司，获赔总额 6000 多万元。而一件实用新型专利的获权成本不过 1 万多元，即使加上维权成本，该案例中的知识产权保护价值直接投入回报比也高达数千倍，更何况，通过这件实用新型专利，"小家伙"所占据的市场竞争优势及排他的市场垄断回报，更在亿元以上。

例 22 –3

涉案赔偿金额最高的"正泰诉施耐德案"

截至 2017 年底，中国侵权诉讼涉案金额最高的单项专利不是发明专利，而是已为大家周知的"正泰诉施耐德案"中名称为"一种高分段小型断路器"的实用新型专利（专利号：ZL97248479.5）。在该案中，杭州正泰集团股份有限公司认为施耐德电气低压（天津）有限公司生产的断路器产品侵犯其实用新型专利权，因此首先提出立即停止侵权并赔偿损失50万元的诉讼请求。不久之后，杭州正泰集团股份有限公司即以被告经审计确定的历年销售额推算施耐德电气低压（天津）有限公司获得的利润为依据，变更诉讼请求，将索赔数额增加至3.35亿元。如常见的实用新型侵权纠纷案件一样，该案所涉专利在诉讼期间也历经了无效宣告程序以及进一步针对无效宣告决定的行政诉讼。然而，该实用新型最终未能被宣告无效，侵权纠纷的原被告双方最终也以1.575亿元的高额赔偿金达成庭外和解。借由此案，实用新型专利权的价值可见一斑。

上述［例22-2］和［例22-3］两个实际案例，都说明实用新型专利虽然前审阶段未经实质审查，但经后续无效宣告程序验证，依然具有相当的权利稳定性，并且具备很高的市场价值。实用新型专利属于专利制度的规则之一，企业可以充分利用好这一规则，首先针对技术交底书做好检索工作，然后进行针对性的专利撰写和布局工作，进而通过战略管理和运营，提高其战略价值。

当年齐国孟尝君宾客三千，有冯谖等高瞻远瞩之人，亦有鸡鸣狗盗之辈，有人瞧不起后者，可是从秦昭襄王手中救出孟尝君的正是后者。从专利权人的角度上考虑，只要一项专利能够促进公司的有效运营或者能够节约成本，它就有其存在的价值和意义。

总而言之，无论是小人物还是小专利，都不能忽略其存在的价值，适合的就是最好的，适合企业战略需求的就是价值最大的。

第二十三回　论方法专利的重要性——邓艾被困八卦阵

《三国演义》第一百一十三回"丁奉定计斩孙琳，姜维斗阵破邓艾"中，姜维曾经使用诸葛亮教授的八卦阵击败过邓艾，邓艾失败的原因正是只知道八卦阵的形式，不了解其变换方法。

次日，两军列于祁山之前。维按武侯八阵之法，依天、地、风、云、鸟、蛇、龙、虎之形，分布已定。邓艾出马，见维布成八卦，乃亦布之，左右前后，门户一般。维持枪纵马大叫曰："汝效吾排八阵，亦能变阵否？"艾笑曰："汝道此阵只汝能布耶？吾既会布阵，岂不知变阵！"艾便勒马入阵，令执法官把旗左右招，变成八八六十四个门户；复出阵前曰："吾变法若何？"维曰："虽然不差，汝敢与吾八阵相围么？"艾曰："有何不敢！"两军各依队伍而进。艾在中军调遣。两军冲突，阵法不曾错动。姜维到中间，把旗一招，忽然变成'长蛇卷地阵'，将邓艾困在垓心，四面喊声大震。艾不知其阵，心中大惊。蜀兵渐渐逼近，艾引众将冲突不出。只听得蜀兵齐叫曰："邓艾早降！"艾仰天长叹曰："我一时自误其能，中姜维之计矣！"

《水浒传》中，宋江为了营救小旋风柴进攻破高唐州，北宋朝廷令呼延灼派出三千连环马，梁山众人惨败而归。宋江苦思不得破连环马计策，新招降的金钱豹子汤隆献上关键一计：欲破连环马，需用钩镰枪！汤隆拥有祖传的钩镰枪的图纸，根据图纸记载的技术方案打造出了钩镰枪，钩镰枪算是一种长枪和镰刀的组合发明，与美国画家李浦曼发明带橡皮的铅笔专利的原理是一样的。

汤隆会钩镰枪的制造方法但是却不会钩镰枪的使用方法，知其然不知其所以然。在金枪手徐宁被赚上梁山后，教授了梁山兵卒钩镰枪的使用方法后，才大破连环马。

这两个故事体现出了方法和操作技巧的重要性，邓艾虽识八卦阵但不懂其变化，汤隆能造出神兵钩镰枪但是不会使用方法！从这个角度上也驳斥了某些人认为方法专利、工艺类专利不重要的观点，也解释了为何我国制造业的工人用德国原装进口的设备生产出的零件精度比不上德国制造的原因！

一、方法专利的含义及基本特征

什么是方法专利？《专利法》第 2 条第 2 款 规定："发明，是指对产品、方法或者其改进所提出的新的技术方案。" 由此可知，方法专利就是有关方法的专利技术方案。

1. 方法专利的类型

方法专利并不只是指制造产品的方法，按照我国《专利审查指南 2010》第二部分第二章第 3.1.1 节中的解释，涉及方法专利的方法主要包括制造方法、使用方法、通信方法、处理方法，以及将产品用于特定用途的方法等。常规做法是把方法划分为三种类型：

第一是制造加工方法，如汤隆的钩镰枪制造方法。它的方式是作用于一定的物品上，使这些物品在形状、结构或者物理化学性质上发生变化，产生出新物品。

第二是作业方法，如钩镰枪的使用方法。这种方法不在于改变已有物品本身的形状、结构和物理化学性质，而是借助这些物品来达到某些技术上的效果。例如，测量方法、检测方法、采掘方法、分析方法等；另外还包括发电方法、制冷方法、照明方法、通信方法、广播方法等用于获得某些技术效果的方法。

第三是使用方法，也叫用途发明，如建筑行业用钩镰枪（又名"步步紧"）取代传统的铁丝捆绑法、罗杆丝杠法、固圈加塞法，提高工作效率的同时节省了大量的木材。这是对已知物品的一种新的应用方式，在不改变产品本身的情况下，通过对该物品的特殊使用而获得新的技术效果。

例 23 −1

新的用途发明的典型案例之一是辉瑞公司发明用于治疗男性勃起功能障碍（ED）的良药"万艾可"（伟哥）的故事。"万艾可"最早的名字叫作"西地那非"，它本来是辉瑞公司的科学家们发明的心脏病新药，科学家希望它能够治疗心绞痛。然而当这种心脏病新药在英国斯旺西市的一家医院中首次进行临床试用时，医生却意外地发现了它的新用途。辉瑞公司于是决定改弦易辙，将这种意外成了"壮阳药"的心脏病新药取名"万艾可"，同时申请专利进行保护，并于20世纪90年代末正式投向全球市场，这一"失之东隅、收之桑榆"的壮阳药给辉瑞公司带来了滚滚的财源。

2. 方法类专利的保护

在现有的知识产权国际公约以及国内的知识产权法律法规中，都把方法专利作为了一种独立的专利类型与产品专利相对应，但是，方法专利是不能离开产品而存在的。在实际操作中，产品或结构有创新时，应将方法同时申请专利保护；如果结构没有创新，纯工艺类的方法不建议申请专利保护。

除此之外，专利对特殊技巧类的方法保护效果难以保证，例如八卦阵的运行方法、钩镰枪的使用方法固然重要，但是用专利进行保护的话基本上难以维权，某些时候，这类专有技术还是用商业秘密保护的方式更为合适！

二、方法专利被侵权后如何举证

"谁主张，谁举证"是我国民事诉讼法的基本原则之一，即当事人对自己提出的主张应当提供证据。在专利侵权民事诉讼中，原告对自己提出的诉讼请求所依据的事实，或者被告反驳原告诉讼请求所依据的事实，有责任提供证据并加以证明。

但是方法类专利被侵权后，由于侵权人的阻挠，权利人可能很难到生产加工一线去了解情况，权利人存在举证难的问题。根据《专利法》第61条规定，制造同样产品的单位或者个人应当提供其产品制造方法不同于专利方法的证明，即对于涉及新产品制造方法的发明专利的侵权诉讼，适用举证责任倒置，也就是说，对使用不同方法的举证责任转移到被告身上，如果被告不能举证或者举证不足，可能要承担相应的法律责任。

即专利权人向法院提交证据证明被控侵权人制造了同样的产品，即其完成了举证责任，此时应由被控侵权人承担其未使用专利方法生产同样产品的举证责任。被控侵权人无法举证的，应承担举证不利的后果，即应认定其所使用的技术落入了专利权人的专利保护范围，承担侵权责任。

例 23-2

宜宾长毅浆粕有限责任公司（以下简称"宜宾长毅公司"）系一种"木浆粕变性生产工艺"（授权公告号：CN100572657C）的专利权人，其于 2011 年 3 月从成都鑫瑞鑫塑料有限公司（以下简称"成都鑫瑞鑫公司"）处购买了粘胶木浆粕产品。经查，上述粘胶木浆粕产品系潍坊恒联浆纸有限公司（以下简称"潍坊恒联公司"）生产，该公司向成都鑫瑞鑫公司出售粘胶木浆粕产品后，成都鑫瑞鑫公司又将粘胶木浆粕产品销售给宜宾长毅公司。

宜宾长毅公司以潍坊恒联公司生产的粘胶木浆粕产品使用了"木浆粕变性生产工艺"，侵害其发明专利权，成都鑫瑞鑫公司销售该侵权产品亦构成侵权为由，提起诉讼，请求判令潍坊恒联公司、成都鑫瑞鑫公司承担侵权责任。

宜宾长毅公司在一审中提交了"潍坊恒联公司棉浆粕出门证""潍坊恒联公司浆粕质量检验单"及潍坊恒联公司生产过程的视频等资料，用以证明潍坊恒联公司确实生产了涉案产品。且通过产品检验等方式对涉案产品与涉案专利系使用同一发明进行生产进行了证明。此外，一审法院根据宜宾长毅公司的证据保全申请，先后两次到潍坊恒联公司调查取证。第一次取证，法院被潍坊恒联公司以其负责人不在为由，阻止进入生产现场。第二次取证，潍坊恒联公司提供的调查现场与视频资料上的并不一致。

一审、二审法院认为：原告宜宾长毅公司已经尽到了举证责任，被告潍坊恒联公司虽然否认生产销售涉案产品，却没有提供有力的反驳证据，并且有阻止证据保全的行为，推断被告侵权可能性较大。经一审判决、二审判决，判定原告宜宾长毅公司获胜，潍坊恒联公司不服，申请再审。

再审法院认为：专利权人能够证明被诉侵权人制造了同样产品，经合理努力仍无法证明对方确实使用了该专利方法，且根据相关情况可以认定同样产品系由专利方法制造的可能性很大的，可由侵权人承担举证责任，由其提供制造方法不同于专利方法的证据。宜宾长毅公司在一审中对其潍坊恒联公司生产、销售了涉案产品进行了举证，亦提供了相关材料证明涉案产品的制造方法。虽不足以证明潍坊恒联公司生产涉案产品的制造方法，但宜宾长毅公司已尽到举证责任。应由潍坊恒联公司承担证明其未使用涉案专利生产产品的证据，因其举证不能，故应承担不利后果。认定潍坊恒联公司生产被控侵权产品所使用的技术已落入宜宾长毅公司专利保护范围，应承担侵权责任。

最后，再审法院裁定：驳回潍坊恒联公司的再审申请，维持一审、二审判决，判定潍坊恒联公司侵权。

第二十四回　论非遗的知识产权保护——神医华佗

三国神医华佗（公元 145～208 年），字元化，汉族，沛国谯（今安徽省亳州市）人，三国著名医学家。少时曾在外游学，钻研医术而不求仕途，行医足迹遍及安徽、山东、河南、江苏等地。华佗一生行医各地，声誉颇著，在医学上有多方面的成就，他精通内、外、妇、儿、针灸各科，号称外科鼻祖，并在原创知识产权方面有颇深的造诣：发明麻醉剂"麻沸散"，创立健身疗法"五禽戏"，著有医学专著《青囊书》，最早发现了青蒿（茵陈蒿）的药效。

一、麻沸散及其知识产权保护

利用某些具有麻醉性能的药品作为麻醉剂，在华佗之前就有人使用，比如江湖中著名的"蒙汗药""迷魂药""迷魂香""十香软筋散"等。不过，它们或者用于战争，或者用于暗杀，或者用于执弄，或者用于龌龊，而真正用于手术治病等为民服务用途的却一直没有。

一般而言，发明创造都是站在巨人肩上进行的创新，华佗在发明麻沸散的过程中也无出其右。华佗到处走访了许多医生，收集了一些有麻醉作用的药物，并总结了众多这方面的既有经验。发明的过程往往又是关联创新的过程，华佗又发现人醉酒时能够沉睡，于是巧妙地进行关联创新，他又把麻醉药和热酒配制，终于发明了热酒服麻沸散的麻醉术。由于需要合着热酒与麻药散剂同时服下，因此华佗给它起了个名字——麻沸散。

经过多次不同配方的炮制和临床试验后，华佗将麻沸散正式用于医学，从而大大提高了外科手术的成功率，进而扩大了手术治疗的范围。由于华佗用麻沸散全身麻醉法施行外科手术，在中国医学史上是空前的，在世界医学史上也是罕见的创举，被后世尊之为"外科鼻祖"。在对患者的诊疗过程中，如果经过望、闻、问、切后，发现病患集结郁积在体内，扎针吃药的疗效都不能奏效，应须剖开割除的，就进行外科手术。手术时，先让患者用热酒服下麻沸散，患者失去知觉，再剖开腹腔、割除溃疡，洗涤腐秽，用桑皮线缝合，涂上神膏，四五日除痛，一月间康复。

《三国演义》记载，在华佗给关羽刮骨疗毒过程中，"关公饮酒食肉，谈笑弈棋，全无痛苦之色"。关羽虽为"战神"，毕竟也是肉体凡胎之人，而怎么可能毫无痛苦之色？"军神"刘伯承虽然能用意志力克制着自己在手术过程中一声不吭，但还是得疼得出冷汗，甚至抓破了床单。

真实的情况很可能是：华佗早已施展妙手在关公喝的酒中加入了麻沸散，只不过量比较少所以没有昏迷，又由于关公的意志力比较强，在刮骨疗毒的过程中就表现得比刘伯承勇敢一些，更再加上传播过程中的众口铄金，所以最后在大家口中关公在刮骨时就"全无痛苦之色"了。

刘伯承在讨袁护国的丰都战斗中眼睛不幸被一颗敌弹射中，子弹从颅顶射入，从右眼眶飞出，后来伤势严重，在临江门外一所教会医院做手术医治眼伤。给刘伯承医治眼伤的是德国医生沃克，刘伯承从大夫口中了解到，施用麻醉药，有可能对大脑神经带来不良影响，他静静地凝思了一阵，坚决地向沃克大夫提出，给他做这次手术不用麻醉。在手术过程中，刘伯承虽然一声不吭，但是他的双手紧紧抓住身下的白床单，手背青筋暴起，汗如雨下。他越来越使劲，崭新的白垫单居然被抓破了。沃克问他："痛不痛？"刘伯承答："当然痛！"沃克又问："那你怎么克服的？"刘伯承回答："我在数你为我开了多少刀，你为我开了72刀！"沃克为刘伯承将军钢铁般的意志感动，不禁为之动容："你不是军人，而是军神！真正的军神！"

那么，华佗发明的在医学上具有突出的实质性贡献和显著的进步的"麻沸散"，该如何进行知识产权保护呢？

（1）通过申请专利进行保护。除了外科手术方法属于《专利法》第25条中"疾病的诊断和治疗方法"中不授权的客体，不能进行专利保护之外，但可对其他的内容进行专利保护。例如，可通过"一种麻沸散的配方"对其配方进行保护；通过"麻沸散的炮制工艺"对其工艺进行保护；通过"一种麻醉方法"对其用途进行保护；通过"一种用热酒服用麻沸散的方法"对其服用方法进行保护等。

（2）通过技术秘密保护。从某些方面来讲，通过保密处方等技术秘密的方式来保护中药知识产权更有优势。首先，专利保护是有期限的，最长的发明专利保护期限也仅为20年，保护期一到，任何厂家都可以生产；另外，在中药成药没有走出国门，没有申请其他国家的专利之前，国外的药品公司很容易照葫芦画瓢，按照外国人习惯的方式包装，来攫取利益。因此，大部分情况下只有保密处方才能真正保护好中药知识产权，保密处方下的中药新产品只需要一个商品名，不需要通俗名。产品的成功就代表企业的成功，如果没有新产品超过它，就能一直从中获取回报。一旦企业尝到了甜头，对新药开发的投入积极性就会更高。从而形成"生产一代，开发一代，研究一代，构思一代"，对新产品作有效的储备，进入新产品层出不穷的良性循环。

在华佗去世后1803年之后的公元2011年，浙江省湖州市的发明人孙奇在2011年4月13日申请了名称为"防盗通信电缆"的发明专利，并于2013年4月17日授予专利权（CN102157245B），该专利中提及"本发明涉及防盗通信电缆，所述电缆中含有麻沸散。这样，偷盗者剪断电缆后就会被麻沸散迷昏，更容易将其抓获。"先不论该发明的实用性如何，单是发明者的奇思妙想就足以让人五体投地。

2011年11月24日，位于华佗老家的安徽亳州市华祖堂药业有限公司到国家工商行政管理总局商标局商品注册了"麻沸散"的商标。而申请"华佗"品牌的商标，甚至达几百种之多。

二、五禽戏及其知识产权保护

有一个著名的小故事：

魏文王曾求教于名医扁鹊："你们家兄弟三人，都精于医术，谁是医术最好的呢？"扁鹊："大哥最好，二哥差些，我是三人中最差的一个。"魏王不解，扁鹊解释说："大哥治病，是在病情发作之前，那时候病人自己还不觉得有病，但大哥就下药铲除了病根，使他的医术难以被人认可，所以没有名气，只是在我们家中被推崇备至。我的二哥治病，是在病初起之时，症状尚不十分明显，病人也没有觉得痛苦，二哥就能药到病除，使乡里人都认为二哥只是治小病很灵。我治病，都是在病情十分严重之时，病人痛苦万分，病人家属心急如焚。此时，他们看到我在经脉上穿刺，用针放血，或在患处敷以毒药以毒攻毒，或动大手术直指病灶，使重病人病情得到缓解或很快治愈，所以我名闻天下。"

华佗比扁鹊三兄弟见识还要超前，不仅善于治病，还特别提倡养生之道，也是中国古代医疗体育的创始人之一。他曾对弟子吴普说："人体欲得劳动，但不当使极耳，动摇则俗气得消，血脉流通，病不得生，户枢不朽也。"他继承和发展了前人"圣人不治已病，治未病"的预防理论，为年老体弱者编排了一套模仿猿、鹿、熊、虎、鸟等五种禽兽姿态的健身操——"五禽戏"，神情上通过模仿虎的雄壮威猛、鹿的轻捷舒展、熊的憨厚刚直、猿的灵活敏捷、鸟的轻盈潇洒，配合气息调理，动作上模仿虎的扑动前肢、鹿的伸转头颈、熊的伏倒站起、猿的脚尖纵跳、鸟的展翅飞翔等五种仿生导引术，动作柔和。

"五禽戏"也叫"五禽操""五禽气功""百步汗戏"等，这是一套使全身肌肉和关节都能得到舒展的医疗体操，既可以用来防治疾病，同时可使腿脚轻便利索，用来当作"气功"，五禽戏不仅使人体的肌肉和关节得以舒展，而且有益于提高肺与心脏功能，改善心肌供氧量，提高心肌排血力，促进组织器官的正常发育。华佗说："大家可以经常运动，用以除疾，兼利蹄足，以当导引。体有不快，起作一禽之戏，怡而汗出，因以着粉，身体轻便而欲食。"练熊戏，调理脾胃；练虎戏，缓解腰背痛；练鹿戏，缩减腰围；练猿戏，增强心肺功能；练鸟戏，预防关节炎，身体不舒服时，就起来做其中一戏，流汗浸湿衣服后，接着在上面搽上爽身粉，身体便觉得轻松便捷，腹中想吃东西了。他的学生吴普施行这种方法锻炼，活到九十多岁时，听力和视力都很好，牙齿也完整牢固。

放到现代，"五禽戏"该如何进行知识产权保护呢？

（1）可以通过非物质文化遗产的形式进行保护。为了继承和弘扬中华民族优秀传统文化并与国际接轨，2011年6月1日开始我国实施了《非物质文化遗产法》。2011年5月23日，华佗五禽戏经国务院批准列入第三批国家级非物质文化遗产目录（编号Ⅵ–63），申报人是华佗的老家安徽省亳州市。

（2）对"五禽戏""五禽操""五禽气功""百步汗戏"等商标进行合理保护。我国商标权的取得采用注册原则，商标要获得法律保护，必须进行注册。安徽省亳州市文化传播有限责任公司已于 2006 年 2 月 27 日申请了"五禽戏"商标在 41 类的教育、体育等类别的注册权，并于 2009 年 7 月 16 日获得了注册。

（3）用著作权对"五禽戏"的武术套路进行保护。现代的"五禽戏"是在世代流传的套路基础上，结合当今的审美情趣、价值取向的重新编排，编著成书必然应享有著作权。比如张永红编著、成都时代出版社出版的《五禽戏》一书，周金钟主编、人民体育出版社出版的《传统华佗五禽戏》一书等都享有各自的著作权。

（4）用技术秘密对"五禽戏"的内功心法进行保护。"五禽戏"的套路是可见的，但是中国传统武术中的内功心法、练气法门都是可意会不可言传的东西，这些内容用技术秘密进行保护，可以起到令模仿者"知其然不知其所以然"的效果。

（5）用专利的形式对"五禽戏"的衍生品进行保护。近年来，一些发达国家借助强势研发能力不断将发展中国家的非物质文化遗产开发转化为自己的专利，如美国现已拥有 135 件基于印度瑜伽的技术创新专利。我们国家的发明人在这方面的专利布局意识和产品开发的经营意识还得继续加强。经过检索，截至 2016 年 9 月，"五禽戏"相关的专利不多，包括外观专利 6 件：ZL20083002172.3 体育陶艺（华佗五禽戏，见图 24－1）、五禽戏工艺品 5 件，还有发明专利 2 件："用于五禽戏锻炼的爬行健身器材"（ZL201510843681.0）、"协调式爬行健身器材"（ZL20151090620.8）。

图 24－1　ZL20083002172.3 外观设计专利中的五禽戏陶俑示意图

三、青囊书及其知识产权保护

为了将医学经验留传于后世，华佗晚年曾把自己丰富的医疗经验整理成一部医学著作，名曰《青囊书》，也叫《青囊经》，可惜没能流传下来。《三国演义》原文是这么记载的：

华佗在狱，有一狱卒，姓吴，人皆称为"吴押狱"。此人每日以酒食供奉华佗。佗感其恩，乃告曰："我今将死，恨有《青囊书》未传于世。感公厚意，无可为报；我修一书，公可遣人送与我家，取《青囊书》来赠公，以继吾术。"吴押狱大喜曰："我若得此书，弃了此役，医治天下病人，以传先生之德。"佗即修书付吴押狱。吴押狱直至金城，问佗之妻取了《青囊书》；回至狱中，付与华佗检看毕，佗即将书赠与吴押狱。吴押狱持回家中藏之。旬日之后，华佗竟死于狱中。吴押狱买棺殡殓讫，脱了差役回家，欲取《青囊书》看习，只见其妻正将书在那里焚烧。吴押狱大惊，连忙抢夺，全卷已被烧毁，只剩得一两叶。吴押狱怒骂其妻。妻曰："纵然学得与华佗一般神妙，只落得死于牢中，要他何用！"吴押狱嗟叹而止。因此《青囊书》不曾传于世，所传者止阉鸡猪等小法，乃烧剩一两页中所载也。

由于一直做"五禽戏"而身康体健的华佗本以为自己还能再活50年，没有料到得罪曹操而被置于死地，没有机会将著作传给自己的徒弟，只能传给对自己有恩的狱卒，可惜不慎被焚毁。

后人有诗叹曰："华佗仙术比长桑，神识如窥垣一方。惆怅人亡书亦绝，后人无复见青囊！"

但不能说，他的医学经验因此就完全湮没了。因为他许多有作为的学生，如以针灸出名的樊阿，著有《吴普本草》的吴普，著有《本草经》的李当之，把他的经验部分地继承了下来。宋代的《中藏经》也包括一部分当时尚残存的华佗著作的内容。

另外，记录人类医学精华的《青囊书》还有残页没烧掉，上面只剩一行字："阉割家畜，可增肥。"阉割后的家畜，失去了生殖机能，性情变得驯顺，便于管理、使役、肥育和提高肉的质量，还可以防止劣种家畜自由交配，对改良家畜品种起了积极作用。因而，家畜阉割术的发明和幸运流传，是中国畜牧兽医科学技术发展史上的一件大事，大大提高了饲养家畜的经济效益。

四、华佗是青蒿药效的最早发现者

2015 年，我国药学家屠呦呦因为发现治疟疾的"神药"青蒿素而获得了诺贝尔医学奖。据屠呦呦教授讲，东晋葛洪的《肘后备急方》中的一句"青蒿一握，水一升渍，绞取汁，尽服之，可治疟疾。"让她获得了灵感，屠呦呦教授据此在材料和方法上改进，得到高活性的乙醚提取物。不过最早发现青蒿这种植物具有药用价值的，却是比葛洪早100 多年的三国时代的华佗。

华佗给一黄痨病人治病，苦无良药，无法治愈。过了一段时间，华佗发现病人突然好了，急忙问他吃了什么药？他说吃了一种绿茵茵的野草。华佗一看是青蒿，便到地里采集给其他黄痨病人试服，但试了几次，均无效果。华佗又去问已痊愈的病人吃的是几月的蒿子，他说三月里的。华佗醒悟到，春三月阳气上升，百草发芽，三月蒿子有药力。第二年春天，华佗又采集了许多三月间的青蒿给黄痨病人们服用，果然吃一个好一个，但过了三月青蒿却又没有功效了。为摸清青蒿的药性，第三年，华佗又把根、茎、叶进行分类试验。临床证明，只有幼嫩的茎叶可以入药治病，并取名"茵陈"。华佗三试青蒿草，还编歌供后人借鉴："三月茵陈四月蒿，传于后人切记牢。三月茵陈治黄痨，四月青蒿当柴烧。"

总之，麻沸散、五禽戏、青囊书、茵陈蒿都是三国时代的神医华佗留给我们的宝贵的非物质文化遗产，也是我们国家在世界上推行"文化自信"的软实力，我国现行的知识产权法律对民族传统非物质文化遗产的保护起到了一定的积极作用，但在全面保护上还存在很多缺陷。因此，以知识产权法律为核心，通过众多其他法律或者法律部门的相互衔接，形成法律保护体系，使民族传统非物质文化遗产的法律保护制度、法治理念和立法技术日臻进步，以便及时、科学、有效地保护我们灿烂的民族传统文化。

第二十五回　论如何进行知识产权尽职调查——遥想公瑾当年

大江东去，浪淘尽，千古风流人物。

故垒西边，人道是，三国周郎赤壁。

乱石穿空，惊涛拍岸，卷起千堆雪。

江山如画，一时多少豪杰。

遥想公瑾当年，小乔初嫁了，雄姿英发。

羽扇纶巾，谈笑间，樯橹灰飞烟灭。

故国神游，多情应笑我，早生华发。

人生如梦，一尊还酹江月。

相对于《三国演义》中描述的心胸狭窄的周瑜，苏轼的这首《念奴娇·赤壁怀古》才写出了真正的周瑜。历史上真正的周瑜不只是"江左风流美丈夫"，还是"世间豪杰英雄士"，是三国时代最有眼光、最成功的"金牌投资人"之一。

一、尽职调查成就了金牌投资人周瑜

周瑜字公瑾，出身士族，17 岁时他听说寿春的孙策是个潜力股，特地从舒城赶去见他，两人一拍即合，成了好朋友。在交友过程中周瑜趁机对孙策作了第一次知识产权尽职调查，结果是令人满意的。周瑜还让出自家路南的大宅院供孙家居住，且登堂拜见孙策的母亲，进一步加深了与孙策的感情。

鉴于先前第一次尽职调查的良好印象，在孙策起兵创业后，周瑜作出了第一笔天使投资，给孙策送来了急需的兵粮物资，并且和孙策一起攻下了几座城池，深入实地亲身进行了第二次尽职调查。经过两次尽职调查和一番策划后，周瑜下决心把剩余资产包括自己都打包投给孙策，正式加入孙吴团队。孙吴集团成功上市后，周瑜的回报率也在稳步提高。

这个时候孙吴集团出现了一个黑天鹅事件，那就是董事长孙策遇刺身亡。这件事对孙吴集团的影响极大，孙吴集团的股票价格也随之急剧下滑，连续跌停，大小股东都有撤资的意图。周瑜这个时候对孙策的继任者孙权作了一次尽职调查。调查后他对孙吴集团的未来充满信心。于是，周瑜不但没有撤资，反而加重了投资筹码，千里迢迢从巴丘赶来帮助孙权顺利继位。周瑜也通过这件事情提高了他在孙吴集团的影响力，如果先前他只是因投资额较大在孙吴集团占据了一个"董事"席位外加一个行政职务，那么这个时候他就差不多成了CEO兼执行副总裁。最终，周瑜凭借赤壁一役打败曹魏集团扬名天下，名垂青史，成就了那个"谈笑间，令樯橹灰飞烟灭"的羽扇纶巾形象。而这一切的基础，均源自周瑜对孙吴集团所作的三次详尽、准确、可信的尽职调查结论。

二、企业如何进行知识产权尽职调查

知识产权尽职调查，是指对一家企业的知识资产进行系统化的梳理，记录其知识产权现状，发现存在的问题，评估存在的风险，并提出专业的解决方案。换句话说，知识产权尽职调查是指对企业的知识产权资产进行摸底，发现问题并解决问题。

知识产权的尽职调查，除了需要依赖律师以外，有时还需要专利代理人、专业技术人员、行业协会的专家的配合才能使调查行为得以专业、有序、高效地进行，也可以让拟上市企业遭遇上市失败的风险和成本降到最低。

1. 进行知识产权尽职调查的目的

进行知识产权尽职调查的目的，首先在于通过调查企业的相关知识产权信息并发现问题和潜在风险。其调查目的是确认专利、商标、版权、域名、集成电路布图设计等各类知识产权的以下主要事项：

（1）权属关系、法律状态；

（2）权属关系有无瑕疵及法律问题；

（3）权利内容、许可、特许经营及质押情况；

（4）诉讼、仲裁信息；

（5）在行业内的竞争力；

(6) 对企业盈利的影响度；

(7) 对企业发展可能带来的其他不确定因素。

例 25 - 1

国内企业在并购合资前没有进行知识产权尽职调查而失去市场的例子比比皆是。在 1994 年上海牙膏厂与联合利华合资之前，"美加净"牙膏在中国已经是家喻户晓，年销量达到了 6000 万支，产品的出口量全国第一，但当它被折价 1200 万元投入合资企业后，立刻被打入冷宫，代之而起的是露美庄臣，到 1997 年，联合利华停止在各种媒体上投放美加净的广告。至此，联合利华的这次收购策略显露无遗，即通过收购在中国拥有较高知名度和市场占有率的品牌，更快地抢占庞大的中国牙膏市场，然后将原有品牌"美加净"打入冷宫。

2. 进行知识产权尽职调查的范围

随着经济全球化和网络信息化的飞速发展，现代企业可能拥有的知识产权范围已经不只包括商标、专利、版权等传统内容，在企业上市知识产权尽职调查过程中可能会出现：

(1) 商标、品牌；

(2) 商号；

(3) 企业名称；

(4) 专利（发明专利、实用新型专利、外观设计专利）；

(5) 著作权（包括软件著作权、文字出版物著作权、影视作品著作权等）；

(6) 半导体集成电路的布图设计权；

(7) 商业秘密（技术秘密、经营秘密）；

(8) 原产地名称保护（包括地理标志产品）；

(9) 企业域名，及与企业商号、商品相关的网络域名；

(10) 植物新品种的新品种权；

(11) 企业商品特有包装、装潢、产品名称及商誉；

(12) 掌握核心技术的重要人物；

(13) 作为企业出资部分的知识产权。

虽然有些项目不一定是一种知识产权对象，比如掌握核心技术的技术人员，但这也是评价一家企业整体知识产权价值不可或缺的重要因素，其最终归属需要调查清楚。尤其在"企业的竞争就是人才的竞争"这样的时代背景下，掌握一项关键技术的开发人员和技术人员对企业的盈利能力和稳定性发展来说是至关重要的宝贵财富。周瑜在对孙吴集团进行尽职调查时，就是认准了该集团旗下的孙策、孙权、程普、黄盖、太史慈等核心人才的无形资产价值，才会死心塌地加盟的。

3. 进行知识产权尽职调查的重点

（1）权利的确定。对于知识产权尤其是专利权权利的确定尤其要注意，已授权的专利仅具有法律上的推定有效性，专利审查部门的授权只是法律形式上的推定有效，专利审查部门无法确保授权专利 100% 满足法律规定的专利授权条件，实践中已授权的专利被宣告无效也常有发生。也就是说，并不是有了专利证书，就可以高枕无忧了。为避免收购的专利日后被宣告无效，应当对目标专利进行更细致、更全面的审查，通常需要评估其是否满足新颖性、创造性、实用性，以及其他授权条件。

另外，对诸如专利权、商标权等权属关系的审查，其中不但包括权利证书上的登记状况、权属关系（有无共有人、担保、授予第三人许可使用权等）的确认，还需要调查权利的期限、可能发生被宣告无效或者被撤销的风险、有无第三人侵权、权利被保护的范围；拟上市企业如果还有多项准备申请的发明、商标时还需审查相关的信息。尤其值得注意的是，应厘清有无与第三人合作开发的专利、是否是员工的职务行为、合同条款有没有可能在行使权利的时候出现纠纷、权利行使有没有设置了限制条款等。如果拟上市企业的知识产权是被许可使用他人权利的情况，则要重点查看许可合同中被许可的权利范围、使用费支付条件等条款。另外，还需要提防权利人如果出现破产或将相关权利转让给第三人时无法行使应有权利的情况出现。

例 25 —2

在浙江华立集团收购飞利浦 CDMA 移动通信业务案中，华立集团为了取得 CDMA 芯片技术，收购了飞利浦 CDMA 无线通信部门几乎所有的 600 件 CDMA 核心技术专利，但华立集团未进行技术情报的知识产权尽职调查，导致无法间接获得飞利浦拥有的高通 CDMA 专利技术，原因是飞利浦与高通之间关于 CD-MA 芯片有一系列交叉协议和授权协议。

（2）知识产权诉讼。一方面，知识产权的无形这一特征可能会给权利人带来一些诉讼纠纷的发生。比如，当某一专利侵害了第三方的合法权利时，有可能被行政机关或法院采取保全措施或被原告要求损害赔偿。有些国家对专利、商标侵权的打击非常严厉，因此如果拟上市企业的产品有出口的话，应该特别调查所有出口国的法制环境，研究在国外侵害第三方正当权利或被要求损害赔偿的可能性。另外，对于《专利法》第 6 条、第 8 条规定的职务发明、共同发明、委托发明等特殊情况下实施专利时的专利使用费，也必须了解相关的合同条款，以免将来需支付巨额的专利使用费。

另一方面，拟上市企业与第三方签订的与知识产权相关的授权许可合同、共同开发合同、委托开发合同等合同中，有没有对拟上市企业设立什么不利的条款、上市行为对合同会产生什么影响、合同中关于权利义务继承的条款等都需要认真研究，遇到这种情况就需要考虑是否应该事先与合同相对方进行沟通，以尽量避免这些条款对拟上市企业的不利影响。

例 25 -3

拟上市公司和上市公司在专利方面面临的主要风险集中在三方面：专利质量不高导致的专利风险、专利权不稳定导致的专利风险、专利存在重大权属瑕疵导致的专利风险。近年来，不少拟上市公司在 IPO 关键时期，因为各种知识产权问题而不幸"栽跟头"的案例不在少数。比如原定于 2014 年 1 月 17 日进行网上路演的石英股份在路演前一天突然发布公告称，公司收到举报且需要进行核查，决定暂缓后续发行工作，而石英股份所指的需核查的举报是高纯石英砂专利诉讼风波。此外，恒久光电、星网锐捷、吉林永大、新大新材、松德包装、艾比森光电等公司都曾因为知识产权问题在 IPO "临门一脚"时败下阵来。

（3）知识产权价值评估。确认知识产权归属后，还需要进一步对知识产权的价值进行评估审查，确定其是否影响拟上市企业的盈利能力和稳定成长性。一般而言，知识产权的价值包括经济价值和战略价值。前者通常取决于知识产权的类型及其范围，包括知识产权的有效期长短、受保护地域的范围以及是否受到其他协议的限制等；后者取决于其是否能很好地适应拟上市企业的稳定发展和营利能力。

以发明、实用新型专利为例，如果专利的权利要求撰写得不完备、范围保护过小，都会直接影响一项专利的价值。简言之，保护范围很小的专利是没有实质技术价值的，甚至是形同虚设。同时，还需要对被调查对象专利的权利要求进行一定评估。一方面，确定权利要求是否容易被宣告无效，使该专利的法律价值丧失殆尽；另一方面，了解该技术方案是否容易被他人找到技术取代的方法，使该专利的经济价值丧失殆尽。

此外，还需要进一步审查该专利相对于其他基础专利是否为外围专利，也即在该专利的实施时是否需要获得其他基础专利的许可，因为如果一项专利还需要经过他人基础专利的许可或者通过强制许可的方式才能实施，这势必影响拟上市企业的盈利能力、成长性和抗风险能力。

例 25 −4

一家从事医疗器械研发、生产、销售的 A 公司，为了开拓新业务，引进了一名在脑血管专业医疗器械研发方面取得突破的留学美国的博士。该博士多年来专门研究相关技术，在国内拥有两件该技术的发明专利。A 公司为了让此项目能够"落地生根"，斥巨资进驻某沿海城市的高新技术园区，同时拟成立新的 B 公司，注册资本 5000 万元。但在设计新公司股权时，双方发生了争议。该博士认为，他的专利技术价值至少 2500 万元以上，要求持有 B 公司 50% 以上的股权。A 公司不同意，表示公司花的是真金白银，引进该博士的技术只是"预估"的价值，该技术目前并未带来任何效益。双方协商不下，筹建工作一度陷于停滞状态。

后来 A 公司作了详尽的知识产权尽职调查，通过专业的第三方评估机构对该博士的专利从经济价值和战略价值上进行了客观地价值评估，最终建议博士以专利及相关技术初始作价 500 万元，占有 B 公司 10% 的股权，后期动态股权比例的预期提高与工作成果等因素密切相关。该博士最终表示认可，并与 A 公司签订了出资协议书，B 公司成立并顺利运转。

第二十六回　论如何建设知识产权联盟——十八路诸侯讨董卓

　　联盟，是指两个或两个以上独立的国家或民族为了互相保卫通过正式协定（条约或合同）建立的集团，或者一人或多人与其他人或组织集合在一起的组织的统称，也指为共同利益而结合的势力组织。一般而言，联盟的成立基于两个最主要的因素——利益和博弈，都遵循一个原则——趋利原则，就是要求本着"趋利避害"的思想，努力取得对于自己最好的经济效益。

　　"天下熙熙，皆为利来；天下攘攘，皆为利往。""亲朋道义因财失，父子情怀为利休。"各个联盟的成立也大概如此，都是由利益选择驱动的，不同的选择导致不同的行为，为了获利而来，为了保利而去。

一、利聚则盟利散则分，十八路诸侯结盟讨董卓

　　东汉末年，董卓专权，杀大臣，祸百姓，淫后宫。曹操本人立起"忠义"的大旗招募军队，并以"讨伐恶贼，还我大汉"的名义召开了一场新闻发布会。在曹操的倡议下，共有十八路诸侯兵力讨伐董卓，匡扶汉室。

　　操作檄文以达诸郡。檄文曰："操等谨以大义布告天下：董卓欺天罔地，灭国弑君；秽乱宫禁，残害生灵；狼戾不仁，罪恶充积！今奉天子密诏，大集义兵，誓欲扫清华夏，剿戮群凶。望兴义师，共泄公愤；扶持王室，拯救黎民。檄文到日，可速奉行！"操发檄文去后，各镇诸侯皆起兵相应：第一镇，后将军南阳太守袁术。第二镇，冀州刺史韩馥。第三镇，豫州刺史孔伷。第四镇，兖州刺史刘岱。第五镇，河内郡太守王匡。第六镇，陈留太守张邈。第七镇，东郡太守乔瑁。第八镇，山阳太守袁遗。第九镇，济北相鲍信。第十镇，北海太守孔融。第十一镇，广陵太守张超。第十二镇，徐州刺史陶谦。第十三镇，西凉太守马腾。第十四镇，北平太守公孙瓒。第十五镇，上党太守张杨。第十六

镇，乌程侯长沙太守孙坚。第十七镇，祁乡侯渤海太守袁绍。诸路军马，多少不等，有三万者，有一二万者，各领文官武将，投洛阳来。时袁绍得操矫诏，乃聚麾下文武，引兵三万，离渤海来与曹操会盟。

东汉末年，全国有 13 个州，大约 105 个郡，因此，郡以上的地方官员包括州长官至少有 118 个。这 118 个的官员中，来了 17 个。还有至少 101 个没来。公开反对董卓的占 14.5%，是少数派，还有占 85.5% 的大多数没有明确表态，他们在隔岸观火。

操乃宰牛杀马，大会诸侯，商议进兵之策。太守王匡曰："今奉大义，必立盟主；众听约束，然后进兵。"操曰："袁本初四世三公，门多故吏，汉朝名相之裔，可为盟主。"绍再三推辞，众皆曰非本初不可，绍方应允。次日筑台三层，遍列五方旗帜，上建白旄黄钺，兵符将印，请绍登坛。绍整衣佩剑，慨然而上，焚香再拜。其盟曰："汉室不幸，皇纲失统。贼臣董卓，乘衅纵害，祸加至尊，虐流百姓。绍等惧社稷沦丧，纠合义兵，并赴国难。凡我同盟，齐心戮力，以致臣节，必无二志。有渝此盟，俾坠其命，无克遗育。皇天后土，祖宗明灵，实皆鉴之！"读毕歃血。众因其辞气慷慨，皆涕泗横流。歃血已罢，下坛。众扶绍升帐而坐，两行依爵位年齿分列坐定。

十八路诸侯聚齐后，作为联盟发起人的曹操本打算商议进兵之策，这时河内太守王匡要求推选盟主，曹操顺水推舟推举袁绍为盟主，袁绍假装再三推辞后欣然接受盟主之位。按照现在大部分猎头公司的标准，也是要选择袁绍当盟主的，原因有三点：

（1）袁绍出身高贵，名门之后，祖上有四代人担任过三公的职务，极为显赫，朝廷、地方的许多官员都是袁家的门生。

（2）在所有的诸侯中，除了曹操之外，只有袁绍曾经在中央朝廷担任过最高职务，并且在杀"十常侍"集团时，功劳最大。

（3）早期的袁绍个人修养颇高，英俊威武且善作谦虚状，又好纳名士，好养门客，在京城的时候，宾客莫不争赴其庭，来投奔他的人有时因为停车位紧张甚至会造成交通堵塞，无论贵贱，袁绍都会亲自迎接以礼相待。

因此，在联盟创建初期，在不了解联盟成员各自的能力水平的时候，门面资源和企业规模是一种强有力的竞争优势。

操行酒数巡，言曰："今日既立盟主，各听调遣，同扶国家，勿以强弱计较。"袁绍曰："绍虽不才，既承公等推为盟主，有功必赏，有罪必罚。国有常刑，军有纪律。各宜遵守，勿得违犯。"众皆曰惟命是听。绍曰："吾弟袁术总督粮草，应付诸营，无使有缺。更须一人为先锋，直抵氾水关挑战。余各据险要，以为接应。"

但是，让能力有限、胸怀狭窄、不懂管理的袁绍来当盟主，原本就不是一条心的十八路诸侯就成了一伙乌合之众。袁绍当上盟主伊始，就开始昏招迭出，先将总管后勤的肥差安排给了自己的弟弟袁术，给跟自己关系好的鲍信等成员优先安排工作，最后袁术作为督粮官不给先锋孙坚拨粮致使孙坚败退，鲍信不听盟主号令擅自安排自己的弟弟抢功结果却被华雄斩首。不只是袁绍，十八路诸侯各自都怀揣着自己的"小九九"，人马是聚在一起了，心却不齐，气得曹操发出"竖子不足与谋"的感慨。因此，所谓十八路诸侯联军征讨董卓，打的是"扶持王室，拯救黎民"的旗号，干的是钩心斗角、尔虞我诈的勾当，各怀心事，都企图称王称霸。最终，十八路诸侯的口号虽响，却只能半途而废。

那么，包括知识产权联盟在内，一个成功的联盟应当怎么管理呢？

（1）联盟管理的关键首先是赏罚有序，标准统一。孙子说："车战，赏其先得者；攻城，赏其先登者。"车战时，重赏夺得第一辆战车的兵士，先得者往往是先谋划者，依托于他的先发动，大家才能一拥而上；攻城时，重赏第一个登上城墙的人，这样才能使人人奋勇争先。同样，在知识产权联盟中，在没有既有的赏罚标准可依托时，最有效的做法就是重赏先谋者、先攻者等一干敢于第一个吃螃蟹的人，营造人人奋勇、事事争先的良好环境。这个在管理学理论中叫作"示范效应"：当我们要推广一种行为，倡导一种做法时，要多宣传领先者、示范者。历史也公正地给予了积极者以公正的回报，曹操第一个出击，孙坚第一个动手，结果曹魏公司和孙吴公司最后都做大了，其余各怀鬼胎保存实力的诸侯都被历史的滚滚车轮给碾碎了。

（2）联盟管理的关键还在于选举正确、有为的盟主。毫无疑问，十八路诸侯选择袁绍作为盟主是失败的。一个联盟，纵有多么美好的理想和追求，多么正确的建议，只要盟主没确立好，联盟事业成功的可能性就很小。在管理学理论中有一个理论叫作"羊群效应"：一个散乱的羊群如果在一个头羊的带领下会行动一致，整个羊群会不断模仿头羊的一举一动。所以，做好一个联盟，选出一个积极而坚定的带头人是非常必要的。

抛却出身、地位等门面资源而言，当时真正合适的盟主候选人应该是发起人曹操。在发起联盟前，曹操是有非常完整、准确的战略规划的，他感慨地说：我作为第一个兴兵讨伐董卓、匡扶汉室大业的人，目的就是要为国家铲除逆贼（董卓）。咱们十八路诸侯既然同样为了国家大义来到这里聚集，我一开始的计划是想麻烦袁绍率领河内地区的士兵，驻扎到孟津、酸枣一带，并派遣大将严密防守并占据成皋、敖仓、辗辕、太谷等军事要地；麻烦袁术率领南阳的军队，驻扎在丹、析一带，并攻入武关，以此来震动三辅之地（长安、洛阳一带）。其余各位诸侯都挖深壕沟，垒高城墙，不与董卓直接交火，而是作为疑兵震慑住他，来形成天下人民讨伐董卓的形势。我们凭借维护国家的正义来讨伐董卓的暴行，那么天下的大势必定可以平定了。但是现在各位诸侯犹豫不决，迟迟不肯进兵，让天下有识之士大失所望。我曹操私下为各位的这种行为感到羞耻。

曹操的这番话，才是盟主该做的事：制定大略，不徇私，不妄为。如果当时曹操作为盟主，即使个别诸侯信心有所动摇，因为战略清楚、战术得当，集合绝大部分有为诸侯去追袭董卓，应当是有胜算的。

二、博弈三分， 魏蜀吴构筑三足鼎立

曹操南征荆州，其势如破竹，促成孙权和刘备结成了"孙刘联盟"，赤壁之战过后，三国鼎立的局面逐渐形成。建安二十四年（公元219年），刘备大将关羽向曹操樊城发动进攻，在关羽攻取樊城时，吕蒙乘机袭其根据地荆州，孙刘联盟破裂。章武二年（公元222年），刘备伐吴失败后，孙权派遣使者前来请和。在诸葛亮的主持下，孙刘重新联盟后，关系一直很稳定，两国的友好关系持续了有40多年。

三国的魏蜀吴就是经济学中"枪手博弈"的典型例子。赤壁之战前曹操实力最强，孙权次之，刘备最弱，孙、刘都无法单独抗曹，所以孙刘联合。这时

的孙权是最肯卖力的一个，所以孙权火烧赤壁打败曹操，后来还长期承担了抗曹的主要任务。刘备则趁机占据益州扩充地盘，将曹操赶出汉中，又派关羽北伐，水淹七军，不但取代了孙权原来老二的地位，甚至有可能击败曹操，成为新的老大。

任何一个联盟的成员都会时刻权衡利弊，一旦背叛的好处大于忠诚的好处，联盟就会破裂。这个时候孙权趁着关羽北伐后方空虚，与曹操合谋，夺取荆州，"同盟破裂"，刘备兴兵复仇，又被孙权打败，蜀汉从此衰落，东吴也面临两面作战的不利局面，孙刘两家只能再结良缘，直至双方被西晋吞并。从博弈论上，孙权是犯了大错误，他在关羽攻打曹操的时候，出于嫉妒和刘备翻脸，致使两败俱伤，收渔利的自然是曹魏。那么孙权该怎么做呢？他应当让刘备去和曹操恶斗，自己扩充势力，那么天下三分将会是长久的事情。这就是从博弈论的角度分析三国中孙刘联盟有意思之处。

例 26－1

《三国演义》里曾说："天下大势，分久必合，合久必分。"毛泽东也说，敌人的敌人就是朋友。这些简单的道理往往道出了某些真理。商业世界，同样如此。竞争中，没有永远的朋友，也没有永远的敌人。为了自己的利益，要随时准备同自己以前的对手进行合作以对付更危险的敌人。纵观当今全球的电子通信行业，就是微软、苹果与谷歌三巨头之间演绎的一部"新三国演义"。

苹果、谷歌和微软三家公司在硬件、电脑操作系统、手机操作系统、应用程序、互联网搜索方面相互斗法，均希望取得行业的领导地位，已经形成三方争霸的局面。目前，谷歌掌控互联网搜索，微软握有操作系统和应用程序，苹果长于高端硬件和媒体娱乐数码产品。但随着三家公司都谋求进入竞争对手的地盘，未来局势都将发生变化。

"滚滚长江东逝水，浪花淘尽英雄。"20 世纪 70 年代，当比尔·盖茨的微软与史蒂夫·乔布斯的苹果彼此谩骂、互为敌人之时，谷歌创始人佩奇和布林还在吃着棒棒糖，仰望着两位高手之间互有胜负的过招。1997 年，微软对苹果的注资避免了苹果的关门破产；1998 年，佩奇和布林同样在硅谷创立了以二人名字命名的谷歌。

"青山依旧在，几度夕阳红。"步入21世纪，现在苹果的iOS平台完全威胁着微软的系统及办公软件平台。考虑到iPhone和iPad的快速崛起，以及它们对Mac电脑所带来的正面购买效应，在如今的个人计算机世界，微软的Windows系统和Office办公软件这样的产品已经没办法保持曾经属于自己的帝国地位，而且其光环正在减弱。更为关键的是人们正在认识到似乎已经不再需要它们了。毫无疑问，苹果的崛起正在慢慢地毁掉我们曾多年崇拜的微软帝国。如今苹果的价值已比微软多出近2000亿美元。主导了互联网几十度春秋的微软，眼睁睁地看着自己的对手从地狱之门慢慢变成世界最值钱的公司，其内心将是怎样一种煎熬！

"是非成败转头空。"往回退几年我们就会发现，苹果和谷歌曾经为了共同对付微软也曾结成了多么牢固的联盟。我们不会忘记，当年谷歌的CEO斯密特还是苹果董事会成员，并且为了很多项目（比如iPhone）两家也曾手牵手、肩并肩，"热恋"非同一般。但是这段"感情"不长，随着谷歌推出Android系统，与苹果产生了严重的利益冲突，随之这段关系就画上了句号。虽然那个时候谷歌可能并没有想得太多，但是这次分手却让微软和苹果在北电的专利问题上结成了联盟，共同对付谷歌。

"一壶浊酒喜相逢。"现在我们已经很少看到微软和苹果之间公开攻击的报道了。事实上，它们经常在某些议题上保持同步或者进行着共同防御。这段时间本来应该进行着血腥厮杀的一对冤家，如今反而再一次手拉手、肩并肩，谈起了"恋爱"，确实让人有点匪夷所思。答案很简单，因为微软如今有比苹果更强大且更紧迫的敌人谷歌需要对付，而与此同时苹果的目标与之一样。这也就是我们所说的：敌人的敌人就是朋友。

微软本来应该与正快速崛起中的iOS平台进行战争，但是相反，他们认为目前最重要的是对搜索引擎Bing投入巨资与谷歌争夺市场。而且看起来它特别喜欢通过与关键OEM厂商的授权协议来打击谷歌的Android系统。与此同时，当被问及是否将微软作为自己竞争对手关系时，苹果看起来很不耐烦，不屑一顾。但是当问及与谷歌（特别是Android系统）的关系时，其刀锋显出了异样的光芒，那是把嗜血的刀！

"古今多少事，都付笑谈中。"所有的这一切都让科技世界充满了戏剧性。

一边是谷歌和苹果两虎相争的专利大战，而在另一边微软正在"隔岸观火"积蓄力量。但是我们也可以看到，这个联盟内部本身也问题重重，彼此之间都有着各自的恩怨情仇，正所谓：敌人的敌人就是我的朋友。

"分久必合，合久必分。"三国争霸的历史一直在重演，变化的只是其中的演员罢了，不管微软、苹果和谷歌之间如何轮流"隔岸观火"，看双方的刀光剑影，且让我们坐山观虎斗，静观微软、苹果和谷歌如何演绎"新三国演义"吧！

三、知识产权联盟如何建设

国家知识产权局于 2015 年印发了《产业知识产权联盟建设指南》，其中对产业知识产权联盟的定义是：以知识产权为纽带、以专利协同运用为基础的产业发展联盟，是由产业内两个以上利益高度关联的市场主体，为维护产业整体利益、为产业创新创业提供专业化知识产权服务而自愿结盟形成的联合体，是基于知识产权资源整合与战略运用的新型产业协同发展组织。

从产业的最终输出目的来看，为了进一步整合知识产权各组成部分的资源，提升管理与保护水平，完善创新及交流新秩序，知识产权联盟可分为专利联盟、品牌联盟、版权联盟等各自的联盟形式，以协同各有关行业及部门，统筹规划，将知识产权的创新、交流、保护有机结合起来。

本书以专利联盟为例进行详细说明。

就像打着"为了大多数人的利益"的旗号，曹操号召十八路诸侯共同讨伐比自己强大的董卓一样，专利联盟的建立也有反垄断和打破竞争壁垒的主要目的。除了"专利丛林"和"反公地悲剧"这两个专利联盟出现的直接原因外，正反馈引起的网络效应、技术标准化引起较高的转换成本而带来的锁定效应、"敲竹杠"和双重边际化引起的高交易成本等新经济壁垒，也会促使专利联盟不断涌现。

第一种专利联盟的形式是"企业专利联盟"。企业专利联盟是企业之间基于共同的战略利益，以一组相关的专利技术为纽带达成的联盟，联盟内部的企业实现专利的交叉许可，或者相互优惠使用彼此的专利技术，对联盟外部共同发布联合许可声明。企业专利联盟的效益主要体现在：联盟共同清除专利商品化过程中的障碍性专利，使得专利商业价值最大化；联盟内专利的差异带来产品的多样性，有效降低创新的不确定性带来的市场风险；从单个专利为特征的战术竞争转向以专利组合为特征的战略竞争；减少技术溢出效应，维护行业技术创新的积极性。

第二种专利联盟的形式是"专利池"，是指两个或两个以上的专利权人之间交叉许可或共同向第三方集中许可专利的联营性协议安排。专利池的效益主要体现在：通过交叉许可，相关企业得以免费或以较低的成本使用所需专利；通过集中许可，减少了池外专利使用者的交易成本和时间成本。

第三种专利联盟的形式是"专利标准化"。一旦联盟研发的技术标准被确立为行业标准，威力更大的专利池即以此为基础形成。专利标准化的效益主要体现在：标准制定者通过专利联盟控制标准甚至垄断产业，从而获得研发投资的激励作用；标准化后由于被许可方的基数变大，因此在一定程度上会降低每个专利使用者的专利交易成本；有利于促成规模经济和网络效应，打造产业生态圈；有利于防止技术过快迭代导致的产业化效率的降低。

总结而言，正是：

专利本无盟，

利益促其生。

防御众成城，

进攻更凶猛。

联盟建标准，

垄断来制胜。

第二十七回 论知识产权咨询师——三国谋士

仰头知天文，俯首察地形。

笔下龙蛇走，胸中隐甲兵。

一、古今谋士的区别

上述这首诗是对古代谋士的经典描述。所谓"谋士"，即以谋取士。谋士作为一种钻研智慧计谋的职业，为几千年的中国历史演化过程增添了不少色彩。他们用自己的智谋为王侯霸业服务，进而达到自我价值实现的最高理想，谋士常以"门客""食客""军师""幕僚""师爷"等身份示人，为自己的"主人""主公"出谋划策、排忧解难，有时甚至以死相报成为"死士"。他们或运筹帷幄，或料事如神，或舌辩群儒，或视死如归，或治国有道，或安邦有术。三国中谋士的特色是，凡事只说结论少说推理过程，以使其显得足智多谋、高深莫测。

现代的"谋士"，用当今管理学的术语来描述就是"咨询师"，也可叫作"智囊""智库""顾问"。他们在某件事情的认知上能够达到较高的程度，能够敏锐地发现国家规划发展、企业开拓市场等所面临的问题，他们借助于推理证据的真实性、推理理由的合理性和推理过程的完整性，给出独立、中立的解决建议，并如实体现到咨询报告中。

无论是古代的谋士还是现代的咨询师，一般都会抱团组成一个智库，这些从不上战场的人其实人人身怀绝技，擅长"纸上谈兵"。纸上谈兵非但无错，反而是一种需要：他们刀笔智慧无敌，通过激昂文字来预测未来、指点江山，制敌于无形，古有孟尝君的三千食客随时待命，今有麦肯锡、波士顿、埃森哲等众多管理咨询机构为企业提供服务。

227

二、知识产权行业的谋士

巴菲特说世界上有两件事最难做：一是把自己的思想装进别人的脑袋里，二是把别人的钱装进自己的口袋里。前者成功了叫老师，后者成功了叫老板，两者都成功了就叫"咨询师"。知识产权咨询师，是把知识产权战略规划和问题解决方案装到老板的脑袋里，然后让老板心甘情愿地从口袋里掏钱付费的一种新兴职业。2015 年 12 月发布的《国务院关于新形势下加快知识产权强国建设的若干意见》中明确提到了要求加强知识产权咨询服务，这为我国的知识产权咨询服务业注入了新的动力，同时也提出了更高的要求。

知识产权咨询师，在一定程度上除了具备知识产权律师、专利代理人、商标代理人、专利分析师等的专业技能外，还要具备管理咨询师、战略规划师的宏观视野，他们能够为企业提供专利、商标、商业秘密、植物新品种、特定领域知识产权等各类知识产权的"获权、用权、维权"相关咨询，并可参与企业知识产权管理制度的制定、执行、监督的全过程，在企业的科研开发、投资决策、技术引进中提供冷静、客观的意见和建议，并在企业遇到知识产权纠纷时，提出多种解决方案并预估结果以供参考，以规避企业决策上的重大失误，减少遭遇侵权的风险，同时保证在人才流动中控制无形资产的流失。

知识产权咨询师，他们智慧又辛劳，他们聪明有能力，他们既能根据既有知识产权信息进行深入的分析和挖掘，还能为产业、企业提供市场战略导引和危机解决方案；他们还能制定企业研发战略，防范投资风险，建立预警机制；他们基于企业要求进行信息检索和分析，整理研究专利文献中所披露的技术信息；他们参与客户沟通、确定项目方案，撰写项目报告，准备项目演示，积极参与客户需求解构与集体讨论，采取有效的方法应对不同的项目；他们根据专利信息评价相关技术发展趋势、评测专利风险，降低专利侵权风险，制定相关专利部署策略；他们根据企业的品牌战略，制定商标品牌企划推广方案；他们还要对企业的知识产权交易、融资、法律纠纷提供解决方案……

三国中谋士有两类典型代表：一类是只支招不执行的纯谋士，如郭嘉、荀彧；另一类是既支招又执行的管理谋士类，如诸葛亮、庞统、司马懿。参照

2015 版的《中华人民共和国职业分类大典》，在知识产权咨询行业，知识产权咨询师也可分为两类：分析咨询师和管理咨询师。分析咨询师一般只负责找到问题并提出问题的解决方案，不负责具体的解决实施方案；管理咨询师需要从前期发现问题、建立方案、具体实施乃至战略规划都要参与。下文以专利行业为例，来探讨知识产权咨询师应掌握的技能和主要工作职能。

三、专利分析咨询师

三国谋士中大多只具备大略不具备雄才，咨询能力超群却从不执行的类型如郭嘉、荀彧、贾诩，这类谋士有自知之明，从来都是"聚精会神纸上谈兵，自己承认沙场白丁"；出谋划策很牛，执行不力而失败的典型是马谡。现代战略咨询的翘楚麦肯锡的创始人詹姆斯·麦肯锡（James O. McKinsey），可以说是美国版本的马谡，他创办麦肯锡咨询公司一炮走红，晚年经不住实战的诱惑，担任一家遭遇破产危机的百货公司的执行总裁，负责具体事务，在辛苦工作 3 年后仍未能改善该百货公司的状态后，詹姆斯·麦肯锡积劳成疾抱憾归天，临死之前留下名言："做咨询一定不要过多插手客户的内部事务！"

专利分析咨询，是指专利分析师为实现委托人特定专利事务目标而提出解决方案的顾问服务行为。咨询意见可能并不影响委托人的决策，也通常不产生法律后果。具体而言，委托人一般包括企业、事业单位、政府机关和各种社会团体，也可能包括个人；专利事务则指的是专利创造、运用、保护、管理和服务过程中的各种事务；解决方案指决策依据、研究报告和实施建议等能够指导委托人的各种结论、评价、意见和建议等。

专利分析咨询项目按工作性质分五类：

（1）信息咨询类，指利用专利文献信息所提供的咨询服务，包括专利检索服务、专利分析服务、专利跟踪服务、专利导航服务等；

（2）获权咨询类，指为企业有效获得专利权所提供的咨询服务，包括专利挖掘服务、申请决策咨询、专利布局策划、授权前景预测等；

（3）攻防咨询类，指就专利攻击和专利防御所提供的咨询服务，包括专利预警服务、侵权风险分析、尽职调查服务、权利稳定性分析、专利组合策划等；

229

（4）交易咨询类，指围绕专利交易所需的查证、分析和评估所提供的咨询服务，包括专利资产评估、交易分析评估、交易合同咨询、权利有效性分析等；

（5）管理咨询类，指围绕企业专利管理事务所提供的咨询服务，包括专利战略策划、制度建设咨询、专利托管服务、专利尽职调查、标准相关咨询等。

同时，一名优秀的专利分析咨询师，最起码要具备以下十点基本素质。

（1）知识储备和专业背景。熟悉《专利法》，了解相关知识产权法律，对所提供服务的技术领域比较熟悉，最好是有一定的研发经验，通过阅读文献可以很快理解技术要点。专利代理人、专利审查员在这点上占据先天的职业优势。

（2）情报收集能力。能通过网络、数据库、调研、图书报刊等方式收集企业技术源信息和竞争对手信息，对于专利信息和非专利信息进行全面的检索和查询。专利审查员在这点上占据先天的职业优势。

（3）使用数据分析工具能力和可视化制作能力。要熟练使用数据分析工具，并能胜任制图工作，因为咨询报告作出来是给管理层看的，所以要具备较好的书面表达能力和可视化制作能力。

（4）演绎归纳能力和情报转化能力。能够从现象看本质，分析技术生命周期，判断竞争态势，预测市场的变化。

（5）策略制定能力。通过对数据的挖掘和分析，能够向决策者提出建议和应对方案，或攻或防，沉着应对。

（6）良好的表达能力。包括报告撰写时的书面表达能力和谈判沟通时的语言交流能力。

（7）多门外语能力。出色的英文沟通能力是应必备的，同时掌握日语、德语、法语等专利常用语言。

（8）团队合作能力。无论在企业还是在信息服务机构，专利分析咨询师的工作都是一项需要沟通的团队工作。

（9）足够的耐心、责任心和刨根问底的态度。

（10）见微知著的能力。在专利分析过程中，要相信"一切反常的行为背后都隐藏着不可告人的秘密"，要培养善于从细小、司空见惯的专利现象中看出问题的能力。

四、专利管理咨询师

比专利分析咨询更高一层级的是专利管理咨询，它要求在提供咨询建议之外还能成功、有效地执行。在三国中能够胜任专利管理师角色的典型代表诸葛亮，不仅会咨询，还具有超强的操作执行能力。这是咨询追求的理想境界——知行合一、咨询与实施双管齐下、大略和雄才兼备，真正走在了时代的前沿。他在《隆中对》中给出了刘备三分天下的战略部署，在《前出师表》中一语道破咨询的作用："诚宜开张圣听，以光先帝遗德；恢弘志士之气，不宜妄自菲薄，引喻失义，以塞忠谏之路也。"其意思是，无论是国家事务还是企业战略，均应先向专业人士进行咨询，然后再予以实施，据此免于失误和失策。

虽然国务院在2014年11月24日取消了"知识产权管理工程师"的职业资格许可和认证，但是不可否认，专利管理咨询师对于企业的专利战略制定、流程监控、运用实施、诉讼应对、人员培训、研发创新整合等一系列的专利管理行为，有着不可或缺的作用。

专利管理咨询师的作用主要体现在综合管理企业的研发促进、申请管理、权益维护、权利运用、制度建设和条件保障等六个方面：

（1）研发促进，包括技术主题检索、专利信息分析、专利布局管理、竞争信息获取、研发进展监控和创意提案管理等；

（2）申请管理，包括申请素材挖掘、交底材料整理、申请事项决策、申请事务管理、复审事务管理、专利代理机构管理等；

（3）权益维护，包括维持放弃管理、无效事务管理、侵权风险管理、合作风险控制、侵权假冒监控、诉讼事务管理等；

（4）权利运用，包括专利输出管理、专利引进管理、质押贷款管理、专利实施协助、专利组合管理、标准相关管理等；

（5）制度建设，包括专利战略制定、专项方案策划、综合档案管理、管理制度建设、表单系统建立、战略实施管理等；

（6）条件保障，包括组织机构建设、服务机构遴选、管理平台建设、员工培训考核、专利资金筹措、信息系统建设等。

五、穿越时光揭秘三国咨询师

三国中的谋士是分为五种境界的：谋己、谋人、谋兵、谋国、谋天下；知识产权咨询师也是分为五种境界的：谋撰写、谋分析、谋市场、谋布局、谋战略。如果让三国时代的谋士来转行做知识产权咨询，想必也会干得各有千秋（见表 27 - 1）。

表 27 - 1　三国时期谋士的知识产权综合能力测评表

排序	能力	诸葛亮	司马懿	郭嘉	贾诩	张松	马谡
1	知识储备	10	10	10	10	10	10
2	专业能力	10	10	10	10	10	10
3	情报收集	10	10	10	10	10	5
4	分析能力	10	10	10	10	10	10
5	预测能力	10	10	10	10	5	5
6	团队协作	10	10	10	5	5	5
7	策略制定	10	10	10	10	10	10
8	文字水平	10	10	10	10	10	10
9	口头表达	10	5	10	5	10	10
10	执行能力	10	10	0	5	0	0
11	身体素质	一般	优秀	太差	一般	良好	良好
综合得分		100	95	90	85	80	75

1. 高级知识产权管理咨询师诸葛亮

知识储备多、专业素养高。诸葛亮本身就是一个大发明家，《三国志·诸葛亮传》中写道："亮性长于巧思，损益连弩，木牛流马，皆出其意"，由此可见诸葛亮科技研发能力和发明水平之高。

知识产权理论和实践兼备。诸葛亮具有从商标、专利、技术秘密多角度立体化进行知识产权布局和运营的战略思维能力，能够成功运作无形资产，通过借东风、草船借箭、借荆州等手段，整合外部资源，积极寻求融资，帮助老板白手起家。

分析能力强、文笔好、口才好。诸葛亮还掌握多种数据分析方法，拥有法律、经济、新闻等多角度的宽阔视野和交叉复合型的分析能力，尤其擅长 PEST 分析方法，从政治、经济、社会、技术（军事）等角度综合分析考虑；文笔好，著有《梁父吟》《出师表》等朗朗上口的文章；谈判、演讲口才好，赤壁之战前舌战群儒，两军对阵中骂死王朗，唇舌之间藏兵百万，在专利谈判中能够以一当百。

宏观能力强、具有无敌的战略思维能力。未出茅庐就能作出《隆中对》的战略规划方案，史无前例地制定三分天下的大计；赤壁大战后，高瞻远瞩地安排关羽在华容道放走曹操，完成打造三分天下的基石。

具有很强的执行能力。治国理政（内事）、行军打仗（外事）除了能帮企业老板分忧外，还能独当一面，在企业由于老板操作失误遭受打击后，能够在最短时间内消除各种外部风险，进行破产重组，二次创业成功。

可惜，高级知识产权管理咨询师诸葛亮不懂得放权，调研、分析、撰写报告等无论什么事情都事必躬亲地去做，不注意锻炼身体，结果在开拓北方市场时病死在了五丈原。

2. 知识产权战略咨询师司马懿

司马懿出身高干家庭，颇有见识，在曹魏公司担任知识产权战略咨询师的职务后，由于老板曹操以莫须有的理由认为他有狼顾之相，总是防着他跳槽，没有重用。因为与曹丕私交不错，司马懿升任太子中庶子，曹丕为王后司马懿在战略上给予其很大的帮助。司马懿作为咨询师"每与大谋，辄有奇策"，为曹丕所信任。曹叡担当公司老板后，升为公司"法务总裁"的司马懿逐渐走进一线进行实操，征辽东灭公孙康，降叛乱打败孟达，坚壁据守防诸葛亮。诸葛亮派人刺探军情，司马懿经过对诸葛亮派的使者的一番不经意的询问，知道了诸葛亮吃得少、加班多、不锻炼，准确地得出了"诸葛亮将不久于人世"的预断。曹叡死后，面对曹氏家族的打压，假痴不癫灭曹爽、夺企业领导权，由咨询师一跃自己做了企业 CEO，临终前顺利地将权力移交到自己的儿子手中。

知识产权战略咨询师司马懿是一个性格坚韧、谋略一流的角色，最关键的一点是他身体好寿命长，熬死主要竞争对手诸葛亮，熬死曹家三代人自己当老板，司马懿告诉你：作为一个咨询师，身体好比啥都重要。

3. 知识产权战术咨询师郭嘉

郭嘉从袁绍之处跳槽至曹操麾下后，受到重用成为知识产权战术咨询师，在收刘备、战吕布中提供了非常重要的咨询建议。在曹操与袁绍的专利战开打之前，提供详尽的专利检索和分析服务，进行可专利性分析，找到研发空间，给曹操公开发动专利战提供著名的《十胜十败》咨询报告；袁绍败后，提供《隔岸观火》咨询报告，帮助曹操打败袁尚、袁熙；在征乌桓的出差途中，不幸染疾，临终之前遗计定辽东。郭嘉妙计安天下，是曹操最信任的专利战术咨询师，可惜身体不行，英年早逝，以至于曹操在兵败赤壁后痛哭："若奉孝在，不使孤至此！哀哉奉孝！痛哉奉孝！惜哉奉孝！"所以对于咨询师这种工作压力大的行业来说，坚持锻炼，每天有个好心态，保持一个好的身体，是多么的重要啊！对于郭嘉提供的《隔岸观火》咨询报告，后人有诗赞叹说：

敌分裂，敌矛盾，有利于我，坐高山，观虎斗，隔岸观火；
待时机，看火候，一旦成熟，猛出击，不留情，收效更多；
出击时，要切忌，操之过急，防敌人，再联合，弄巧成拙；
想当年，曹孟德，大胜袁绍，袁公子，尚与熙，侥幸逃脱；
曹丞相，有意识，按兵不动，只因为，郭奉孝，早献计策。

4. 知识产权分析咨询师贾诩

臧姑才子贾诩年少成名，跟随董卓进京后凭借"奇谋百出，算无遗策"成为著名咨询师，被评为"毒士诩"。董卓死后，作鸟兽散的西凉军阀李傕、郭汜凭借贾诩的"金点子"专利，竟然能够二次创业成功；成为张绣的咨询师后，张绣曾用他的战略两次打败曹操，官渡之战前他劝张绣归降曹操，保旧主不死；为曹操打工后，献"离间计"助曹在潼关破西凉马超、韩遂，赤壁之战前劝阻曹操，曹操不从，结果在赤壁之战中大败而归；在曹操立继位人问题上贾诩暗助曹丕，曹丕日后称帝封其为太尉、魏寿亭侯。作为咨询师，贾诩认为自己非曹魏公司元老，却策谋深长，难免董事长会猜嫌，于是采取自保策略，闭门自守，不与别人私下交往，他的子女婚嫁也不攀结权贵，一辈子都做"打工皇帝"，好吃好喝，善始善终，死时七十七岁；谥曰肃侯。

5. 知识产权地图咨询师张松

张松能够依靠超强的记忆力，切实了解刘璋集团的专利信息应用情况及需求，从专利申请前的在先技术调查到更深层次的防侵权调查、技术动向调查、详尽的技术点调查分析，制作出完善的专利地图，为刘备公司最终成功并购刘璋公司发挥了重要的作用；被刘备成功策反后，张松继续为刘备公司并购益州公司提供强有力的信息支持。但其由于自己的哥哥举报，被前老板刘璋以泄露技术秘密罪判处死刑。

6. 知识产权建议咨询师马谡

马谡一直是诸葛亮所欣赏的知识产权建议咨询师，主要工作就是纸上谈兵提供建议，且颇受诸葛亮重视，私交也不错。诸葛亮有将咨询师马谡培养为自己的接班人、让其成为知识产权战略咨询师的意向。诸葛亮南征伐孟获前，马谡对平定南方的咨询建议是"收其心"，并细化为"攻心为上，攻城为下；心战为上，兵战为下"。此咨询建议被诸葛亮成功采纳。诸葛亮一出祁山时，马谡又给出了正确的咨询建议，建议离间曹叡和司马懿的关系，成功把司马懿革职回乡，扫清北伐障碍。

马谡错就错在了立功心切，自告奋勇去守街亭。对于没有市场实战经验的咨询师，马谡继续待在中军大帐中纸上谈兵、运筹帷幄而不是亲自披挂上阵，是最好的选择；或者退而求其次首战选择做副将，让实战经验丰富的王平做主将，等到积累了实战经验后再逐步担任主将。后人作诗感慨：

> 失守街亭罪不轻，堪嗟马谡枉谈兵。
>
> 辕门斩首严军法，拭泪犹思先帝明。

例 27 –1

2010 年，由于苏州恒久光电科技股份有限公司（以下简称"恒久公司"）的专利咨询师缺乏市场实战经验，忽视了专利的重要性，恒久公司 5 件专利（4 件外观设计专利、1 件实用新型专利）因欠缴年费 4500 元，被国家知识产权局宣布终止专利权，而公司在创业板上市也因此搁浅，最终失去了在创业板上市的机会。直到 2016 年 8 月，恒久公司才最终在中小企业板上市。

知识产权是国家未来发展的核心竞争力，当前知识产权强国建设进入关键阶段，深入实施创新驱动发展战略，持续深化供给侧结构性改革，加快培育发展新动能，都对知识产权服务工作提出新的更高要求。从对以上六种类型的知识产权咨询师的分析可以看出，成长为专利咨询师的路径并不相同，但总体原则是一致的：找专业的人干专业的事，尽量做到人尽其能、物尽其用。分析、定位、行动、评价等多维方向上实现的知识产权战略咨询，是希望为企业和行业正视自己在知识产权保护、管理、运用和保护的战略规划方面还存在不足，重视知识产权咨询，为企业和行业的发展提供更为聚焦、更为务实的知识产权解决方案。同时，知识产权咨询师也应不断加强自身学习，提升知识产权服务水平，为企业知识产权工作提供强有力的保障。

第二十八回 论企业如何用人—— 刘孙曹的用人观

人才，是企业发展的首要因素，也是企业的最大财富。对于现代企业而言，竞争的焦点在于人才资源的竞争，谁能拥有一批高素质的人才队伍，谁就拥有市场竞争的主动权优势。苹果公司前 CEO 乔布斯说："发现人才，起用人才，让人才真正为我所用，这就是苹果公司成功的秘诀。"

三国中的刘备、曹操和孙权都是善用人才能留人才的典范：刘备以义结关、张，以情留赵云、诸葛亮，用情怀感召人，用善用发挥人，用事业留住人；曹操海纳百川，不拘一格用人才，手下人才济济，战将千员，梯队合理；孙权传承有序，任贤用能，用人不疑，疑人不用，手下人才都能以死效力。

一、刘备的用人观

刘备家底薄弱，是中小型企业创业者的典型代表。

刘备没有广招天下贤才的资本，所以招聘人才的原则是少而精：用"桃园三结义"组建自己的创业合伙人班底，用自己的个人魅力和情意吸引赵云等一线人才，用礼贤下士的态度和为民分忧的抱负吸引诸葛亮等精英人才，合并刘璋公司后能善用法正、李严、黄忠等骨干人才并委以重任。

但是，这种用人方式很容易对员工造成道德绑架，当企业遇到困境或遇到突发状况时，孟达跳槽到曹魏公司，傅士仁跳槽至孙吴公司，孟获和魏延带走团队自己成立公司，骨干人才的离职会对企业发展造成难以估量的损失。一旦战斗减少，并购现象不多时，刘备公司很难再有吸纳优秀人才的机会，且只用感情维系人才的手段在接班人才对接方面有先天的缺陷，等诸葛亮病故后，蒋琬、费祎、姜维在刘备公司原有管理体系下还能勉强应付。但是不久后，刘备公司的人才短缺竟然到了"蜀中无大将，廖化作先锋"的地步，只能让拥有部门经理级领导能力的廖化担任公司执行副总裁的角色，公司怎能不倒闭！

二、孙权的用人观

作为富二代的孙权是经营家族企业和民营企业的典型代表。

孙权在接手孙吴公司的初期勇于打破常规，不搞论资排辈，以才智衡量人，而且注重潜力的考察。他"纳鲁肃于凡品，拔吕蒙于行阵"，任陆逊于"未有远名"时，正是由于他的这种科学合理的人才规划，才使得麾下人才济济，灿若群星。

但是孙权的用人难以规避家族企业的一些顽疾，外来人才很难进入其核心领导团队和高管群体。这种用人方式虽然能够最大程度上避免人才流失的问题，但是由于人才可选的范围太小，往往造成人才难以为继的现象出现。比如周瑜、张昭、鲁肃之后，还有吕蒙、陆逊等人的出现，再之后就罕有优秀人才从内部挖掘出来了。

三、曹操的用人观

相比较创业型企业主刘备和传承性企业主孙权而言，国企出身、实力最强大的曹魏公司的总裁曹操反而是真正地不拘一格降人才，招人用人的广度、深度、气度都是孙刘两个集团所无法比拟的，曹操的用人可以说是海纳百川。

说到曹操的纳贤用人，首先要提他三次颁布求贤令，强调用人的标准是有一技之长，曹操在三国时期第一次提出了"唯才是举"的用人方针。在这一方针的指导下，曹操广招天下之才，不拘一格使用人才，使得曹魏公司英才荟萃，人才济济，成为三国实力最强大的公司。

曹操是如何唯才是举的呢？从曹魏公司的人才结构和来源来看，包括曹氏家族的庞大阵营、四面八方闻名投奔的人群、并购他人企业后阵前招募的人才、从其他公司挖墙脚得到的人才等。

（1）初始创业团队打造班底，忠诚第一。"打虎亲兄弟，上阵父子兵"，创业初期的合伙人往往是最值得信任的群体，依赖他们构建公司的班底。曹操刺杀董卓失败逃回家后开始创业，曹仁、曹真、曹洪、夏侯惇、夏侯渊等组成了曹魏公司的核心阶层，他们不但实力强大，而且对曹操绝对忠诚，任何时候都是曹操事业和人身安全的重要保证。

（2）慕名而来的应聘人士打造班子，人气为王。刺杀董卓、发矫诏号令天下群雄，让曹操充满了人气，成为当时的"网红"。刚把招聘的旗子竖起来，除了自己人来了一大堆外，乐进、李典、典韦、许褚等人才也纷纷投靠，荀彧、荀攸、郭嘉、程昱、刘晔等一大批名士也加入曹魏公司。

（3）在两军阵前招贤纳士充实团队，大度至上。曹操在三国的老板中爱才是有名的，被并购企业的优秀人才也乐意投向于他，张辽、张郃、高览、徐晃、庞德、许攸、贾诩等人才都是这样得来的。对于优秀的人才，曹操还能做到不计前嫌，袁绍的笔杆子陈琳曾经写了一篇檄文把曹操的祖宗八辈骂了个遍，曹操将其俘虏后不但不杀反而加以重用，表现了作为一个优秀领导者的大度，后来果真有"千金市骨"① 之效用。

（4）为了优秀人才不惜挖别人墙脚，爱才如命。创业成功之后的曹操非常重视通过猎头从别的公司挖优秀人才，建议曹操将汉献帝迎接到许昌"挟天子以令诸侯"的董昭正是曹操从汉献帝那儿挖来的；在曹丕篡汉时充当马前卒的华歆，就是曹操花费重金从孙吴公司挖来的。曹操从刘备公司两次挖人才都没有成功，但是也起到了战略上的作用：一次是挖徐庶，人来心不来，虽终生不为曹操献一计，但是也阻断了徐庶继续为刘备公司效力的路径；另外一次是挖刘备的合伙人关羽，虽然精诚所至，但金石不开，关羽最终还是挂印封金、过五关斩六将而去，不过关羽还是为曹魏公司在斩颜良、诛文丑，华容道放一条生路上给予了充分的支持。

刘备的失败，用今天的话说，根子上还是供给侧的不合时宜。它的供给侧的根基还是"桃园三结义"的兄弟情，这个供给侧决定了刘备公司的顶峰只能是上市之后的鼎足之一，而无法一统天下。荆州公司在刘备公司和孙吴公司之间几次易手，都不曾影响合作对抗曹魏公司的大局。在刘备公司的创始合伙人

---

① 千金市骨，字面意思为用重价购买千里马的骨头，比喻重视人才，渴望求得人才的愿望。根据《战国策·燕策一》的记载，燕王用千金求千里马而不得，而地位卑下的涓人以五百金买得死千里马的马骨，由此引来多人献千里马。

之一关羽被害之后，刘备公司的股权结构决定了刘备必然要举全公司之力去讨伐东吴公司。相比之下，曹操唯才是举、不论亲疏的特点更突出一些，也就是说曹操的供给侧比刘备与孙权稍稍优秀了那么一点点，曹魏公司便能最终一统天下。

四、企业招人用人的思考

刘备、孙权和曹操在人才争夺中争夺天下，在争夺天下中发现人才，都能够做到爱惜人才、知人善用，从刘备、孙权和曹操的用人观上借鉴到企业的招人、用人和人才管理中，可以从以下几个角度出发。

（1）初始创业团队和合伙人必须是有共同理想追求、绝对忠诚的合作伙伴，无论"三结义""曹家军""江东旧部"，还是"亲兄弟""老同学""老战友""老同乡"，都是最值得信赖的伙伴之一，且无论对于何种类型、何种规模的企业，关键位置的用人必须将此放在首位。将忠诚的人放在用人首位不是指以私废公，而是用其忠诚度，管理手段还是得一视同仁。

（2）企业的带头人要有较高的人气和知名度，企业要有社会认可、员工认同的价值观文化、科学化的薪酬制度，这样才能通过社会招聘找到适合的人才组成企业的主力军，并给员工提供拓展职业发展空间的合理通道，以及积累自身发展所需的能力和经验的可循路径。

（3）对于特别优秀的"千里马"型人才，要利用自己的个人魅力、情深义重的情意、礼贤下士的态度、广阔的事业发展空间来吸引，因为千里马除了草料之外更需要宽广的草原。"千里马"型人才的获得除了通过猎头推荐外，还需要企业高层管理人员以一双识才的慧眼、"三顾茅庐"的态度来获得人才，通过可预期的职位提升空间和股权收益来留住人才。

（4）除了选人时注意德才兼备之外，企业应将培养人放在同样关键位置。诸葛亮接班刘备公司后，一直把团队建设作为管理的中心，非常重视人才的选拔与培养，庞统、马超、姜维、蒋琬、杨洪等人都是他经过长期考察与培养相结合后，选拔或培养出来的。

（5）加强管理层与员工之间的沟通，增强彼此间的认知与认同感；引导员工建立职业生涯发展规划，做员工背后的强大支撑。刘备的三顾茅庐自不必多言；典韦死后，曹操"亲自哭而奠之"，对其重视程度甚至超过了自己的亲儿子和亲侄子，令自己的下属无不动容并坚定了为曹魏公司效力的信心；孙权在周泰为保护自己受伤后，亲自把盏赐酒，赐给他青萝伞盖，委以高官厚禄，老板能感激下属的救命之恩，下属便没有不效命的理由，东吴公司的成员无不坚信，只要忠诚护主就能得到高官厚禄和尊重。

（6）建立合适的企业文化是企业可持续发展的必备手段。有人说：企业文化是一个企业的灵魂，它对员工的影响是潜移默化和长远、持久的，它更注重对员工思想和心理上的教育、引导。曹魏公司的企业文化是"挟天子以令天下"，刘备公司的企业文化是"复兴汉室"，孙吴公司的企业文化是"成就齐桓公、晋文公一样的霸业"，正是在以上企业文化的引导下，各个公司都成功上市。

（7）老板要永远保持求贤若渴的态度。向来求贤若渴的曹操，为什么会对主动献地图的张松那么怠慢？从表面上看，曹操在大破马超后，感觉天下半数以定，以至于到达了"无事少出"的地步，其实是曹操主观上已经失去创业初始那种求才若渴的锐气。同样是能够三顾茅庐的刘备，当赤壁大战后自己逐渐安稳时，对自己早已仰慕的"凤雏"庞统却也会冷落对待。往往是外界压力一旦消失，创业者顿失创业锐气和放松对人才的重视！

企业的用人和留人，要充分利用情怀、感情和利益手段，就是大旗上写理想、嘴上讲感情、手上给实惠，有诗词为证：

求贤若渴把人招，
忠诚之心不可少。
低层薪酬要给好，
高层理想驰骋跑。

精英人才如何留，
感情永远不能丢。
企业文化要够牛，
员工认同才长久。

第二十九回 论知识产权运营中的 苦肉计——周瑜打黄盖

赤壁大战之前，面对实力远强于自己的曹魏军队，周瑜苦思破曹之计。一日深夜，老将黄盖来到帐中，商议破曹以火攻为好。周瑜说："我也这样想，所以才留下假投降的蔡中蔡和兄弟，只是无人去曹营诈降。"黄盖自告奋勇，甘愿领此重任。当夜二人定下"苦肉计"——这就是我们常说的"周瑜打黄盖，一个愿打一个愿挨"。第二天，周瑜传各路将军帐下议事，命大将们各领三个月粮草，准备抗敌，黄盖当即反对说："不用三个月，如果这个月能破敌就破，不能破敌，早点投降！"周瑜听后大怒道："老东西，我奉命督军破敌，你敢动摇军心，推出去斩了。"黄盖骄傲地说："我是东吴三世重臣，我南征北伐时，你还不知道在哪呢！"周瑜恼羞成怒，坚决要斩掉黄盖，在场的将领们纷纷跪下替黄盖求情。周瑜假装狠狠地说："看在众将面上，饶你不死，打一百军棍！"武士们把黄盖推倒在地，没打到五十下，黄盖已皮开肉绽，鲜血直流，几次晕死过去。黄盖的好友老将阚泽，根据周瑜的安排，带着黄盖早已写好的投降书前去诈降。不久，曹操又接到蔡氏兄弟的密信，说只要见到插有青牙旗的船只就是黄盖来投降了。结果在赤壁一战中，黄盖引火船冲入曹营，大江之上一片通红，把曹操用铁链连起来的几千条战船烧成灰烬。老将黄盖中箭落水，被韩当从江水中拼死救出才得以生还。①

一、警惕国外企业在专利战争中的 "苦肉计"

在现代商业战场上的知识产权战争中，"苦肉计"不再只是中国人的专利，现在这个计谋被很多外国知识产权人用得很熟练，甚至用其来打击中国企业。

---

① 苏教版语文四年级下册《练习三》。

近年来，随着我国对自主知识产权研发的日益重视，中国在某些方面已经拥有了和国外巨头抗衡的技术和经济实力。也正因为如此，外国企业在无计可施的情况下，有时也不得不用"苦肉计"来栽赃陷害了。因此，我国企业在面临外国企业员工主动"投怀入抱"时，需要格外警惕对方的"苦肉计"。

例 29 -1

在北京市高级人民法院受理的美国超导（American Superconductor）诉中国华锐风电侵犯商业秘密案以及山东省高级人民法院受理的韩国晓星公司诉国内某氨纶生产企业侵犯商业秘密案中，"苦肉计"被美国公司和韩国公司都用得极其娴熟。

美国超导是美国清洁能源领域的明星企业，总部设于马萨诸塞州戴文斯（Devens），主要设计并生产风电系统和导线。华锐风电是装机容量排名全球第二的风力发电机制造商，并曾是美国超导的最大客户，贡献了美国超导2010 年逾75%的营业收入。2011 年9 月，美国超导一名前工程师在奥地利被判定犯有欺诈和"工业间谍罪"，同时指控华锐风电花费百万美元雇间谍。这位现年38 岁的塞尔维亚工程师卡拉巴斯维克（Dejan Karabasevic）"主动"承认：由于对美国超导的调职感到不满，随后想到了和华锐风电打"交道"；他受到华锐风电的挑唆，于2011 年4 月获取机密信息，通过篡改华锐风电所持有的美国超导Windtec 公司的软件，特别是"C12 软件代码"，并通过使用属于美国超导Windtec 公司商业秘密且受源代码保护的程序和结构文件，使得该软件能够不受限制地使用于华锐风电的风电设备上，并可以免费复制，而无须支付许可费用或购买该产品的更新版本，从而侵害了美国超导Windtec 公司的财产权。卡拉巴斯维克被奥地利法院判处3 年有期徒刑并赔偿美国超导Windtec 公司20 万欧元，但是据悉很快被美国超导的"朋友"保释出狱，且不用担责。

2008 年12 月22 日，山东省高级人民法院受理的原告韩国晓星公司（Hyosung Corporaton）、晓星氨纶公司与被告山东如意公司、中远氨纶公司、中远机械公司、中原差别化纤维公司、桑向东侵犯商业秘密纠纷一案中，原告晓星公司、晓星氨纶公司指控被告授意其原来雇佣的金姓员工，先后盗窃原告的连续

243

二次反应聚合器及技术图纸和工厂设备布置图等商业秘密，要求被告赔偿5300万元。当时韩国晓星公司提供的部分证据是，指控的该金姓员工表示认罪服法和中方公司挑唆窃密的口供。但令人吃惊的是，金姓员工甚至一天监狱没坐，判完后就跑到中国的长城来旅游了，并将旅游的照片放在了社交网站上。

两案的故事情节十分雷同，如出一辙。原被告对簿公堂前均是多年的合作伙伴，由于国内企业通过引进、吸收、消化逐步掌握了核心科技并不再依赖外国公司的技术，致使双方的合作不再延续，外国公司不甘心就此失去中国公司这个财神爷，遂指责中国合作伙伴盗窃其商业秘密。

为了把这出戏唱好，唱得真实博人同情，两案原告都使出了"苦肉计"。那就是先在国外起诉其前员工，指控他们因受到其中国合作伙伴的唆使和利诱，非法窃取了公司的核心商业秘密将其卖给了中国合作伙伴。在这些发生在国外的刑事案件中，我们看到这两个并无任何前科的前员工均非常配合法庭的讯问和调查并自认有罪，而且在其证词中也都反复提及是公司的中国合作伙伴唆使他们这么做的。但是，判决结果也都是重打轻放。如果事实真像外国公司所指控的那样，这两个员工给各自公司造成的损失高达数亿美元，外国法院又岂能如此轻判了事，其各自的母公司又岂能轻易放过他们？！

因此，毫无疑问，事实真相是这两人不过是扮演了黄盖的角色，配合其母公司实施了一出对付中国企业的"苦肉计"而已。

二、知识产权战争中常用的 "苦肉计"

用"自害"手法谋取利益，最终都要以实现自身利益为前提，否则就失去了伤害自己的意义。知识产权战争中，"苦肉计"还有以下六种形式：一是"自己诉自己"，用"自我破坏性的诉讼"向公众证明自己的专利权牢不可破，或者发起"不侵权之诉"；二是用"牺牲价格"的手段抢占市场，来推销专利产品或服务；三是用"牺牲秘密"的方式公开专利技术，为竞争对手设置专利布局障碍；四是放弃使用他人先进技术"独享利润"，以获得市场的垄断地位；五是明知不可为而为之，通过"割肉计"花钱辅助企业市场战略；六是在品牌推广营销中，通过打"悲情牌"获得消费者的关注流量。

1. 自己诉讼自己

专利诉讼的目的往往都是为了争夺市场，通过专利诉讼抑制竞争对手的生产规模，同时不断扩大自己的市场。

对于专利权人，在诉讼之前，可使用"苦肉计"，以子公司的名义或委托他人先行对自己的专利启动无效宣告程序，使专利经过一次无效宣告的考验，如果是"真金不怕火炼"，再起诉他人侵权发动专利进攻。对于专利权人而言，"自害"式诉讼能够起到以下两个作用：第一，经过无效宣告的初步检验，能够证明自己的专利权权利的稳定性和可靠性，在诉讼侵权方的时候心里有底，并且能够较为容易地把握侵权判定的关键点和赔偿金数额；第二，让侵权方看到公开的无效宣告程序，能够知难而退，尽快与专利权人达成和解，从而有效地缩短专利维权的周期。

对于非专利权人的技术实施方，如果针对专利权人的专利主动发起"不侵权"之诉，以主动采取措施规避潜在的专利风险，能够获得先发优势，争夺巨大的市场份额。

《例 29-2》

左洛复是辉瑞公司的一种专利药，其销售收入约占辉瑞公司总销售收入的 7%。它的仿制药有广阔的市场前景。总部位于以色列的 Teva 制药公司是居全球前 20 位的制药企业，也是全球最大的仿制药供应商之一。它 91% 的销售收入来自北美和欧洲市场。为了抢先进入左洛复的仿制药市场，Teva 制药公司向美国食品药品监督管理局（FDA）提交了针对左洛复仿制药的简化新药申请（ANDA）。在申请书中，它向 FDA 提交了关于不侵害专利的证明，并给专利权人辉瑞公司发去了"不侵权"的通知书。辉瑞公司没有在 45 天时效内对 Teva 制药公司提起专利侵权诉讼。于是，Teva 公司首先向法院提起了"不侵权"之诉，要求法院作出宣告式判决，确认自己的仿制药不侵犯辉瑞公司在《药品目录》上登记的专利。不难理解，这种主动提起"不侵权"之诉的做法是 Teva 制药公司为了规避专利风险的自我保护之举。

2. 牺牲价格"重新布局"

企业在一定时期内，迫于市场压力（消费者需求、竞争对手崛起、专利权到期、产品更新换代等因素），利用产品降价快速占领市场，提升市场占有率的手段，就是牺牲价格赢取市场的"苦肉计"。通过价格促销占有市场后，为新一代产品赢得口碑和客户群基础，从专利战略上讲，也是"抛砖引玉"和"欲擒故纵"相结合的"苦肉连环计"。

例 29 -3

在专利药的专利权即将到期，面临"专利悬崖"之前，在仿制药的药效与原研药没有差距的情况下，为了应对仿制药的性价比优势，原专利权企业往往提前采取下调价格或与仿制药厂合作的方式，通过薄利多销的手段积极地"重新布局"。2014 年 7 月 1 日辉瑞公司在万艾可专利权到期后，在仿制药的药效与原研药相近的欧洲等市场，迫于仿制药的竞争压力主动降价销售，推出了廉价版万艾可，在泰国万艾可降价约 30%，澳大利亚每粒万艾可售价不到 20 元人民币。可是在中国，由于国产仿制药药效与原研药存在差距，到万艾可专利权到期已经 2 年后的 2016 年，中国消费者仍没有看到"伟哥"预期中的降价，"蓝色小药片"摇身一变成了"红色小药片"，还是原售价 128 元，销量反而同比上升了 47%。

3. 牺牲短期利润"打造生态"

在通过专利跟踪、专利预警和专利间谍等手段，获知主要竞争对手已经率先抢占新兴产业专利布局先机时，可以针对性提前公布自己的部分技术秘密或尚未完善的技术。这样做一是可以为竞争对手专利布局设置技术公开的"路障"，破坏对手申请专利的新颖性，为自己赢得抢占市场的宝贵缓冲时间；二是通过专利技术共享找到更多的"同盟军"和"同行者"，从而使行业得到快速发展，减少市场的开拓成本。抱团出海，永远比单打独斗更有力量。

例 29 -4

继国际上丰田、特斯拉共享专利之后，青岛特来电新能源有限公司在中国汽车业首创无偿开放专利技术的先河，原因是在自己企业的产业规模与生产成本之间存在不能解决的现实矛盾面前，主动寻求整个产业更开放、创新、共享的平台式发展模式，而非"单打独斗"的封闭式围墙模式。

4. 放弃使用他人先进技术"独享利润"

企业在新技术推广过程中，遭遇到竞争对手设置"专利路障"，如果为了独享利润不愿意达成专利交叉许可，往往采取"苦肉计"放弃先进的技术，采用效能稍差但是能规避对手专利壁垒的替代技术，以达到垄断市场，进而获得更多利润的目的。

〈例 29 - 5〉

蒸汽机之父詹姆斯·瓦特（James Watt）于 1776 年发明制造第一批新型蒸汽机并应用于实际生产，在将蒸汽机活塞推动技术从直线往复运动转化为圆周运动，以获得更大的推动力的过程中，由于曲柄传动专利技术的所有人约翰·斯蒂德（John Steed）要求同时分享瓦特的分离冷凝器专利而瓦特不同意，只能暂时以效能较差的轮回式活塞技术代替曲柄式活塞，以规避曲柄传动专利的限制，并于 1884 年 4 月获得英国政府授予的制造蒸汽机的专利证书，独享蒸汽机技术带来的丰厚利润达 20 年之久。

5. 明知不可为而为之"割肉计"

（1）明知得不到赔偿，甚至又可能败诉，也敢于亮剑。企业使用"苦肉计"进行起诉，真正的目的很可能是利用知识产权诉讼周期长的特点，通过专利诉讼消耗对方精力、伤其元气、挫其锐气、乱其军心、借诉讼之势宣传自己等，趁竞争对手疲于应付之际分得一杯羹，即使最终败诉但其商业目的也已经达到。

〈例 29 - 6〉

2012 年，虽然三星在与苹果的专利战中败诉，被判赔偿 10 亿美元，但各种数据显示，通过和苹果的专利战，三星迅速提升了品牌知名度和美誉度，反而扩大了在智能手机领域的市场份额。加多宝在与王老吉的品牌官司中屡败屡战，接连输掉 21 场官司，并相继失去了商标、标志性的红罐包装，还有那句经典的"怕上火，喝王老吉"广告语，赔款几十亿元人民币，但是加多宝却赚足了眼球，并通过打"悲情牌"获得了大多数消费者行动上的支持，市场占有率不降反升。

（2）明知自己已使用公开，也花钱申请专利。这是一种抑制性专利防御战术，主要是为了防止他人申请相关专利而进行的反限制、反伤害、免诉累的"割肉"战术。首先，能够防止他人告己方侵权，避免己方陷入被动、举证困难，劳民伤财的同时声誉还可能受到影响；其次，即使当对方反诉己方专利无效时，也应是对手举证，其将耗费其大量的人力、物力和时间。切记，此计只能用于专利防御，不能用于专利进攻，否则得不偿失。

（3）明知得不到保护，也花钱进行专利布局，借以迷惑敌人。在策略性的专利布局中，基于专利情报防范的考虑，通过隐瞒己方真正在进行的专利技术研发工作，对实际根本不存在、难以得到保护、难以实施的技术进行专利申请并公开，好像是在花冤枉钱，实际上有可能将时刻跟踪己方研发方向的竞争对手的注意力从真正重要、真正保密的计划上引开。

例 29 −7

苹果的成功，一部分原因是其对专利的保护和重视，但是你若想通过监控苹果的专利申请来了解其新产品的研发动态，极有可能会被带入歧途。因为，从乔布斯开始，苹果一直追求产品在发布时具有爆发性的效果，同时为了防止竞争对手仿制，苹果甚至有一组专门负责保密工作的"特遣部队"，经常会放出一些"烟雾弹"来干扰对手的注意力。

6. 舆论造势打"悲情牌"

有的企业在知识产权竞争中处于不利地位时，利用消费者一般会同情弱者的心理，会使出苦肉计打"悲情牌"的促销策略，制造舆论，吸引消费者的关注。

例 29 −8

在加多宝和广药集团即将闹翻的时候，加多宝借助于忠实消费者和忠实经销商的力量，制造舆论，赢得支持，在和广药集团打品牌官司的过程中，使更多的民众倾向加多宝这一边。知识产权官司屡战屡败后，加多宝有意地激发消费者对"不劳而获""守株待兔"行为的反感，使加多宝获得民众的支持和同情。加多宝在网上流传了一些帖子，被众多论坛、微博、微信群疯狂地转载：

"一个被亲爸亲妈没好好养的孩子，被后爸后妈养大、养出名了，亲爸亲妈马上就跳出来说这个孩子是我的，你不能再养他了……""对不起，是我们出身草根，彻彻底底是民企的基因。"加多宝通过铺天盖地的广告和舆论造势成功博取民众的同情心，进而获得更大的关注度和销量。

总之，苦肉计就是利用"人不自害"这一人们习惯的心理定式，造成受损失的假象，以迷惑和欺骗对手，从而得到对自己有利的结果。推而广之，凡是为了达到某种战略目的而甘愿作出牺牲的计谋，都与苦肉计的原理相通。当企业发现竞争对手在专利方面有"自害"的情形时，不要局限在固定的思维模式下而被蒙蔽了双眼，要通过全面的专利分析、专利预警和专利评议等工作，认清形势，准确出击。

第三十回　论知识产权运营中的欲擒故纵——七擒孟获

南王孟获叛乱后，诸葛亮深知孟获在南中地区的权威和势力，便想活捉孟获并迫使他归顺，最终达到让该地区少数民族归顺的目的。早在一开始，诸葛亮就为平叛南人定下了"攻心为上，攻城为下；心战为上，兵战为下"的基调。因此，与其说诸葛亮是在不厌其烦地擒纵孟获，不如说他是在步步为营地俘获人心。第七次交手之后，诸葛亮仍打算放掉孟获，不料孟获这次反而不肯离去，他心服口服地对诸葛亮说："你代表着天上的神威，我们南中百姓从此以后再也不会反叛了。"不久，孟获在滇池与诸葛亮订立盟约，南方平叛结束。

诸葛亮七擒孟获，其实是军事史上一个"欲擒故纵"的绝妙战例，七擒七纵皆手段，而目的只有一个：攻心。企业在知识产权的运用中，欲擒故纵往往作为一种攻心计使用，"擒"与"纵"的辩证关系很明确：擒是战略，纵是战术，战略为战术"运筹帷幄"，战术为战略"冲锋陷阵"。下文列举企业知识产权工作中的几项欲擒故纵策略。

一、"温水煮青蛙"策略

当一些跨国公司在进入新的市场、但在一段时间内没有相当的市场资源时，往往采取"放水养鱼"的知识产权策略，等羊养肥了再宰，等瓜熟了再摘。管理学中也叫作"温水煮青蛙"理论，把青蛙放到开水里，它能马上跳出来，如果把它放到温水盆里，一点点加热，青蛙往往安于现状不会跳出来，直到被煮熟。在市场拓展初期，跨国公司往往有意放任国内某些企业使用其知识产权或专利技术，通过侵权者培育和发展市场，一旦企业发展到一定规模，就依法提起诉讼，要求高额赔偿。

对于专利技术，这种在先的非法使用使得使用人已无法摆脱对该技术的依赖，否则对其前期成本（人力、机器、运营等成本）与投入会前功尽弃。换言之，在国内相关产业发展之初，放任企业利用其专利，而当企业发展到一定规模时，则"收网捕鱼"，提起诉讼并要求高额赔偿。因此，该策略在非法使用人使用形成一定规模后，非常奏效。这也是美国等西方国家的跨国公司对我国企业所惯用的一种策略。

该策略最典型是"DVD 播放机案"。掌握 DVD 播放机众多专利技术的 6C 联盟在我国 DVD 播放机生产企业发展初期，并未对它们提出权利要求，但一旦发现我国 DVD 播放机生产企业规模扩大，产品出口海外并与专利技术持有人形成竞争时，6C 成员毫不犹豫将专利大棒伸向这些企业，"狮子大张口"般地要求我国 DVD 播放机生产企业向其缴纳高额的专利许可使用费。在 6C 联盟等集团的"欲擒故纵"战略下，高额的许可使用费使中国的 DVD 播放机产业如同"鸡肋"，使相当一部分中国企业陷入困境。退出则意味着人力、物力与技术等前期投资血本无归，损失惨重；继续生产又不得不"为他人作嫁衣裳"，并成为其低端的主要利润"创造者"。这给我国企业敲响了警钟，不能抱着撞大运的态度"浑水摸鱼"，在技术及经验都不及对方的情况下，要敢于正视这种差距，同时脚踏实地地做好消化吸收再创新，注重自主知识产权的布局，才能自己掌握主动权。

二、构筑"技术温床"

国外跨国公司经常利用其技术及经验的双重优势，在授权其他企业的专利许可使用时"欲擒故纵"，即通过技术绑定的方式构筑"技术温床"，让被授权企业难以脱离跨国公司的掌控；如果被授权企业脱离，跨国公司则坚决地通过专利侵权诉讼对其进行打击。

一种方式是，跨国公司在我国企业针对某项高新技术产业进行自主知识产权研发之初，针对性地构建"当地化战略"，主动提供相关的技术援助、咨询和人员培训等业务。对于国内企业而言，这样"天上掉馅饼"的好事一般会赶紧笑纳；对于国外跨国公司而言，这样不但能够消除其进军中国市场的文化差异壁垒，还能阻碍我国自主知识产权的发展，等市场成熟后再收取高额的专利许可费。例如，规模庞大、不断崛起的中国市场对微软的业务增长非常重要，针对中国市场的特殊性，微软精心设计了"借力打力""放水养鱼"的经营战略：在微软进入中国的早期，中国政府保护知识产权的力度尚有欠缺，微软顺水推舟，放纵侵权盗版行为，让用户逐渐只习惯使用它的视窗系统，进而全面占据市场，成为事实上的标准。然后微软再举起知识产权保护的大旗，美国政府也向中国政府施加压力，微软迅速取得了中国市场的绝对份额，光是大力推行软件正版化的政府机关、事业单位、国有企业、大型企业的办公系统，就是一笔十分巨大的生意。

另一种方式是，某项专利技术的市场在我国处于起步阶段时，跨国公司收取较低的专利许可费或进行增值许可（专利许可费在协议期间保持不变，即使专利权人的专利池中的专利数量有所增加），以此来推动有关技术成为事实标准，进而在市场成熟后垄断市场，然后再提高专利许可费，或者通过各种方法逼迫使用相关专利技术的产业链中下游企业缴纳高额的专利许可费。实施这些专利技术的企业一旦被"擒"，就会被技术绑定，脱身不得，任由专利权人剥削掠夺。例如，美国高通的"捕获期条款"就是通过标准必要专利实现技术绑定，然后与中下游企业签订诸多不平等条款进行利润压榨。

我国企业需要谨记，"温室里的花朵看上去很美，但是缺乏顽强的生命力与竞争力"，在利用国外跨国企业"技术温床"的同时，还要布局相关的外围专利，逐步发展自己的核心专利技术，将企业的"生命线"牢牢地抓在自己手中，才不会落得"人为刀俎，我为鱼肉"的后果。

例 30 −1

高通是一家美国的无线通信技术研发公司，成立于1985年7月，在以技术创新推动无线通信向前发展方面扮演着重要的角色，以在CDMA技术方面处于领先地位而闻名，而LTE技术已成为世界上发展最快的无线技术。高通拥有所有3000多件CDMA及其他技术的专利及专利申请，已经向全球125家以上电信设备制造商发放了CDMA专利许可。

在很多情况下，高通选择与高通的授权厂商达成这样的协议，通过协议中的"捕获期条款"来达到其不可告人的"欲擒故纵"的目的。

此类"捕获期条款"是高通典型专利许可协议的一部分，其授予授权厂商在一个标准的生命期内使用高通现在和未来核心专利和非核心专利的权利。这意味着在许可协议期间，制造和销售单模或多模 CDMA 产品（如单独 CDMA 2000 或 WCDMA，或结合 OFDMA 或 GSM 等其他技术）的被授权方有权使用所有高通新申请的核心专利。专利许可费率在该捕获期内保持不变。

在大多数情况下，高通对提供这些新申请的专利的使用权不提高其全球的标准 CDMA 专利费费率，无论这些新申请的专利多么具有突破性或创新性。这种安排使高通和被许可方都可从中受益。一方面，被许可方可得到持续的技术改进，无须支付额外的专利费；另一方面，这些改进可提供更多的最终用户利益，因此刺激更多的产品销售。

但是同时，不要忘记："时间长了，被圈养的鸟自然就忘记了翱翔天空的自由。"等到授权企业到了签订下一个专利许可协议时，高通就会胁迫企业签订所谓的"保密协议"，实际上是"霸王条款"。

"保密协议"让被许可人有苦说不出，明明知道高通收取的入门费、提成费不合理，也不敢明讲。高通的手机提成费是按照手机"销售价"的百分比来计算的，即使手机只有一部分用了高通的芯片，其他的零部件，比如按键、机盒、荧光屏等与高通的 CDMA 技术毫无关系，但高通的霸王条款硬性规定要按手机的"销售价"提取，就算你的手机上有一颗钻石，高通也要抽整机"销售价"的百分比。怪不得厂商对高通满腹怨气："芯片加提成，一半的利润都给高通拿走了。"

高通通过建立独有的专利技术主导行业标准，并将其作为关键资源和能力对授权企业通过策略性的专利许可协议"欲擒故纵"，垄断了"利润流"。

2013~2014 年，伴随着高通在全球尤其是中国遭遇反垄断机构调查，且被罚款 9.75 亿美元（约合 60.88 亿元人民币），高通面临着越来越多的合作者变成自己的敌人，从而让自己站到整个行业的对立面的问题。对于高通来说，整个商业环境正在发生巨大的变化，一个聪明的做法就是及时调整自己的商业模式，顺势而为。正所谓合作共赢才会长久，商业就是这样，专利也不例外。

三、专利开放策略

对于已经积累了雄厚知识产权资产的大型企业，在不会动摇其在行业领域内的科技垄断地位的前提下，也会有计划、有步骤地开放专利。通过策略性分层次地公开部分专利技术，占据产业技术主流，进而作为制定者参与到产业标准的建立过程中，从而更能有利于企业占据产业发展的主导地位。因此实施专利开放战略，等于在行业领域内利用其标准导向型技术设置了更高的进入壁垒，能够有效遏制竞争者在产业链中的纵向深入，也能为自己确立市场主导地位赢得先机。

现在，越来越多的企业实施专利开放策略，以期降低市场的进入门槛，吸引更多的资金和研发资源，打造产业的生态圈。但是我们应当注意，某些专利开放设置了开放时间和使用范围的限制，一旦开放时间到期或专利使用不当，企业可能面临专利纠纷，落入专利陷阱。

面对专利开放，国内企业是高枕无忧地"拿来"，还是将其拒之门外？国外企业专利开放有助于国内企业降低技术创新研发成本，为企业带来更多市场机遇，但我们应该取之有道，借专利开放之势，积极引进先进专利技术，通过再创新打造自主专利技术，增强企业竞争力；在进行专利合作的同时，应该在专利分析和评议上做足功课，防止自己落入竞争对手的专利陷阱。

四、研发投入"先予后取"

要开发出高水平、高质量的专利技术，使技术创新实现可持续发展，通过专利运营合理获利，必须有大量的研发资金投入作保障，即欲擒"专利之利"先纵"资金投入"，"将欲取之，必先予之"。

一般而言，创新专利的水平和数量，与研发者的创造力水平成正比，与科技研发资金的投入也成正比。国际上一般认为，企业研发资金占销售额比重的2%才能维持生存；比重为5%企业在市场上才有竞争力。例如，2014年中兴通讯研发资金占销售额比重为5.26%，5年研发投入超400亿元，专利储备成为中兴通讯的制胜利器，其市场地位和影响力与日俱增。2011年4月28日晚，

"五一"刚放假，中兴通讯收到了华为在德国、法国、匈牙利的诉讼，华为指控其侵犯 LTE 专利和商标侵权，正是依靠事先准备的专利布局和专利储备，中兴通讯在 20 小时内就针对华为提起了反诉，简直是谋定而后动。

创新研发舍得投入，专利申请、专利维持、专利诉讼、专利情报、专利奖励、专利收购不怕花费，才是现代企业管理的明智长远之举。

五、品牌推广中"饥渴营销"

在市场营销学中，所谓"饥渴营销"是指商品提供者有意调低产量，以期达到调控供求关系、制造供不应求的假象、维持商品较高售价和利润率的目的。饥渴营销实质就是通过调节供求两端的量来影响终端的售价，达到加价的目的。

中国有句老话说："物以稀为贵。"老百姓认为，越是得不到的越是好的，越是不容易得到的东西越让我们刻骨铭心，越是容易够得着的东西越觉得无所谓去珍惜。这样的逆反心理，让我们去不断地追求新奇、刺激。它运用到营销之中，不仅满足了逆反、好奇之心，还使用户获得了一种通常难以得到的情感体验。众多奢侈品品牌、地理标志产品及特殊目标受众的产品，都擅长使用饥渴营销，以充分满足消费者的心理需求。苹果的产品在推向市场之前，众多"果粉"大规模彻夜排队；小米手机新品上市前，众多"米粉"提前进行网络预订，产品供不应求。这些公司在产品推向市场初期频频出现卖断货现象，让很多消费者产生了购买的冲动。这正是企业通过实施"欲擒故纵"的品牌饥渴营销策略，通过调控产品的供求，引发供不应求的假象，引发消费的好奇和逆反心理，最后是疯狂追逐。

例 30 －2

《三国演义》中最精彩的故事之一——刘备三顾茅庐才把诸葛亮请出来，诸葛亮在营销自己的方式上，就是采取了饥渴营销的策略。刘备你越想请我，我就越不让你轻易找到我。诸葛亮躬耕陇亩，在南阳卧龙岗当个农民，其实他不干活，下边有长工，家里有佣人，没事唱个曲，写个诗词，弹弹琴，唱唱《梁甫吟》，报名参加"三国好声音"。其实诸葛亮憋一肚子劲儿想跟着刘备干，但为啥刘备一顾茅庐、二顾茅庐他不同意出山，甚至不见面，这就是技巧。就好像现在的男孩追女孩，女孩都懂得欲擒故纵的技巧：男孩挺积极地追求女孩，那越费劲，越追不上，他越来劲，追到手以后往往对女孩非常珍惜，这就是饥渴营销策略。给你制造一种饥渴效应，越得不到你觉得对方越好，如果得到太容易就不懂得珍惜。所以诸葛亮为什么到处安插眼线，前两次刘备一来就大声唱歌通风报信，让诸葛亮躲起来，来回折腾刘备三次。那就是让刘备觉得得到诸葛亮不容易，得到后就得加倍珍惜。所以诸葛亮在营销方面的情商和技巧都非常高。

需要指出的是：运用欲擒故纵谋略，"擒"与"纵"度的把握需要考虑充分，既要看"纵"是否对全局有利，有利则纵，有害则擒；也要看"纵"之后，最后能不能通过自己的撒手锏再将其"擒"回来，倘若是无法"擒回来"，这种"纵"无异于纵虎归山，有去无回。

第三十一回　论知识产权运营中的
虚虚实实——空城计

《三国演义》中，最有名的两个空城计例子是：诸葛亮用空城计智退司马懿，赵云用空营计大败曹军。空城计用于军事上，是指在敌众我寡的情况下，缺乏兵备而故意示人以不设防备，造成敌方错觉，从而惊退敌军。易中天说："空城计最基本的要素和内核，那就是公开示弱示虚，让对方不知深浅不知虚实，进而因生疑而不敢进攻甚至撤退。"

一、新解三国空城计

1. 诸葛亮用"三国好声音"唱退司马懿

刘备公司第一次北伐战争期间，诸葛亮因用错喜欢纸上谈兵而缺乏实战经验的咨询师马谡，而失掉战略要地——街亭，令自己的部队被拦腰斩断，曹魏集团的司马懿乘势引大军 15 万向诸葛亮大本营所在的西城蜂拥而来。当时，诸葛亮身边没有大将，只有一班文官秘书，所带领的五千军队，也有一半运粮草去了，只剩2500名老弱病残士兵在城里。诸葛亮听到街亭失守，不禁愁上眉头，赶紧用羽毛扇遮住。众人听到司马懿带兵前来的消息都大惊失色。诸葛亮登城楼观望后，镇定对众人说："大家不要惊慌，且放心看山景，我略用计策，便可教司马懿退兵。"于是，诸葛亮传令，把所有的旌旗都藏起来，士兵原地不动，如果有私自外出以及大声喧哗的，立即斩首。又叫士兵把四个城门打开，每个城门之上派20名士兵扮成百姓模样，洒水扫街。诸葛亮自己披上鹤氅，戴上高高的纶巾，领着两个小书童，带上一把瑶琴，到城上望敌楼前凭栏坐下，燃起檀香，慢慢地弹琴静坐。

司马懿的先头部队到达城下，见了这种气势，都不敢轻易入城，便急忙返回报告司马懿。司马懿便令三军停下，自己飞马前去观看。离城不远，他果然看见诸葛亮端坐在城楼上，左面一个书童，手捧宝剑；右面也有一个书童，手里拿着拂尘；城门里外，20多个百姓模样的人在低头洒扫，旁若无人。诸葛亮笑容可掬，正在弹唱一首古筝曲《北京欢迎你》："我家大门常打开，开放怀抱等你……有勇气就会有奇迹！"

司马懿听后大惊，马上下令后军充作前军，前军作后军火速撤退。他的二儿子司马昭说："莫非是诸葛亮家中无兵，所以故意弄出这个样子来？父亲您为什么要退兵呢？"司马懿说："诸葛亮一生谨慎，不曾冒险，现在城门大开，弹琴的手稳、唱歌的气定，里面必有埋伏，我军如果进去，正好中了他们的计。还是快快撤退吧！"于是各路兵马都退了回去。其实，诸葛亮这次空城计就像老实人玩炸金花，偶尔会来把诈，令司马懿防不胜防，吓退了司马懿率领的曹魏大军。

2. 赵云用"空营计"大败曹军

赵云也演过一出"空营计"，巧退曹兵，化险为夷。东汉建安二十四年（公元219年），刘备与曹操为争夺汉中展开大战，曹操"举数十万之师"从长安（今陕西西安）出斜谷道（今陕西眉县），直逼汉中。曹军主力人马杀到赵云营前，力量悬殊，形势危急。赵云冷静地下令大开营门，偃旗息鼓，静待曹军到来。曹操率重兵追到赵云大营门口，见守门哨兵如木偶一般站立着，营内静悄悄的，不见一名士卒。

曹操这时面临一个二选一的选择题：A. 赵云在周围设伏兵，诱我进攻；

B. 赵云没多少兵力，只是使用"树上开花"造势。曹操的大脑快速运转，这个营寨不是战略要地，没必要为其冒50%失败的风险！于是下令立即撤兵，赵云乘曹军慌乱之际，一声令下，战鼓齐鸣，喊杀声震天动地，箭如雨点般向曹军射去。曹军惊慌失措，竞相逃命，自相践踏和落入汉水中而亡者不计其数。刘备次日到赵云的军营视察，观看了昨日的战场，称赞说："子龙一身都是胆啊！"

从战争结果来看，赵云的空营计不光有"防"，还有以少胜多的"攻"，可谓比诸葛亮的空城计更为全面。当然，曹操虽然在这个案例中作了参照物成就了"龙胆"赵云，但是从曹魏公司的角度来考虑，曹操撤兵"走为上"无疑是个正确的决策。因为，风险率＝（当前权益/占用保证金）×100%，在当前权益不高的前提下，一旦风险率达到50%，那么随即而来的就是"爆仓"。

二、空城计在企业知识产权中的应用

企业在知识产权经营与管理中，风险往往与机遇、利益和成功共存，"不入虎穴，焉得虎子"。空城计的奇巧之处在于：要善于正确、及时地把握对方的战略、市场环境、社会环境、企业动态等，因时、因地、因人地以奇异的谋略出其不意地进行应对。

1. 文献公开战略

企业从专利战略的角度考虑，如果认定自己开发的技术没有必要取得专利，或者由于资金原因暂时不能进行专利布局，但又担心其他企业取得这一技术的专利而给本企业带来威胁时，将该发明创造的技术内容进行防御性公开，通过"大开城门"以破坏其新颖性，使之变成现有技术，从而阻止别人获得专利对自己企业以后进行技术应用造成威胁，这就是文献公开战略。在实行文献公开战略之前，应该反复评估"技术公开空城计"对于自己的利弊得失以及对他人可能带来的竞争优势。

文献公开战略的公开形式包括：在报刊等公开出版物上公开，在本单位对外公开发行的技术公报上发行，在其他专利申请的说明书中附带公开，相关产品在展览会上展出或使用，在特定的专利公开平台上公开等方式。其中，美国专利与商标局的《防卫性公告》专栏、日本特许厅的《公开技报》、英国的

《研究公开》、IP. com 网站等，都是用于文献公开战略的专有平台。

2. 专利授权的免费开放

有的企业在不放弃专利权的前提下，会把自己的专利技术向第三方免费开放，"大摆空城计"：2005 年美国 IBM 宣布开放部分（500 多件）软件源代码专利；2014 年美国特斯拉在其官方网站上发表了一篇《我们的所有专利属于你》文章，声称开放其 600 件专利权；2015 年初，丰田汽车宣布在全球范围内开放 5680 件有关氢燃料电池技术的专利，其中包括 Mirai 在内的 1970 件关键技术，丰田汽车声明专利的免费时间被限定在 2020 年之前，并希望与使用其专利的公司签订一份专利共享互惠协议。

对于专利实力强大的公司（如 IBM、丰田汽车）而言，免费开放部分专利权，一是能够起到"抛砖引玉"的作用，能够迅速普及产品和技术、搭售相关的产品、占领行业标准制定的先机；二是能够对于试图进行专利进攻的企业进行"心理震慑"；三是把产业技术路线图纳入到自己的轨道上来，"套牢"竞争对手，以后技术升级时再逐步实行有偿使用的策略。

专利布局相对较弱的公司（如特斯拉）放开专利权，一是能够起到"抛砖引玉"的作用，打造相关行业的"生态圈"；二是能够起到"欲擒故纵"的作用，通过免费开放现有的专利权，绑定更多的企业，在进行技术升级换代后收取更多的专利许可费；三是在不掌握核心专利的情况下（特斯拉拥有的是对 8000 枚电池组的管理技术，电池制造核心技术在松下手中），使用空城计"虚则虚之"，使竞争对手迫于行业和舆论的双层压力，不敢轻易对其发起专利侵权诉讼。

但是，如果免费开放专利权的"空城计"策略使用不当，将会遭受《反不正当竞争法》和《反垄断法》的指控。例如，一面开放专利授权，一面附加搭售产品的霸王条款；再如，实施"请君入瓮"的方式，中途突然实行有偿授权策略等，都是不合理的竞争方式。

3. "337 条款"是美国的空城计

一直以来，美国宣称自己国家实施自由贸易、让国外产品自由进入美国市场的做法，充分体现美国对外经济的开放性。其实从知识产权的角度来看，因为美国"337 条款"的存在，美国贸易这种"大开城门"的做法就是典型的空城计。

其具体做法是：先通过开放性贸易允许外国产品进入美国国内，然后利用关税法第337条，通过美国国际贸易委员会（ITC）合理地拒绝一切侵犯美国知识产权的产品进入美国。ITC是一个独立的准司法行政机关，主要任务是保护美国工业，防止对美国企业有损伤力的外国产品输入及销售，一旦认定某项进口货物存在知识产权侵权的情形，涉案的美国公司会向其提出美国国门应向该货物和企业关闭的要求。

ITC对胜诉方的救济形式包括排除令（对某特定产品禁止进口）和/或拒绝令（禁止进口方进入）。可见，"337条款"会对美国企业之外的竞争对手起到牵制和限制作用，一旦美国权利人胜诉，对进口方将产生致命打击，因为一旦"337条款"调查侵权裁决成立，不仅出口国产品失去了进入美国市场的机会，而且已进入美国市场的产品也失去了继续销售的机会。对应诉企业来讲，即使有一定的专利储备，支付律师和技术专家费用的繁重财力负担也会令人望而生畏。可以说，美国关税法"337条款"简直就是试图进入美国市场但是专利实力不足的企业的"鬼门关"。

4. "专利蟑螂"的空壳计

"专利蟑螂"是流行于西方欧美各国的一个名词，专业名字叫作NPE（Non-Practicing Entity），就是非专利实施实体。NPE还有"专利怪物""专利海盗"等恶名，专门形容一些没有实体业务、自己不生产产品的空壳公司，通过抢注、从他人处购买专利等手段获得专利储备，然后专门通过专利诉讼赚取巨额和解金或者赔偿款的专业团体。由于NPE摆的是"空城计"，没有实体业务，被起诉方往往无法反诉进而无法达成交叉许可。于是，面对NPE发起的专利侵权诉讼或制造的专利障碍，大部分中小企业出于缺乏专利诉讼经验、无法承担高昂的诉讼费等原因，大企业出于举证难度大、担心诉讼周期长影响新产品推广等原因，最终的结果往往是只能与NPE达成协议支付高额专利授权费用，甚至还被迫将自己的专利授权NPE代理。

5. "专利到期"的虚虚实实

《专利法》规定，从专利的申请日算起，发明专利权的期限为20年，实用新型专利权和外观设计专利权期限为10年，专利权到期后法律不再进行保护。

产品专利尤其是药物专利一旦到期，企业依靠专利保护获得的销售额和利润会一落千丈，这也正是我们熟知的"专利悬崖"。在面对那些虎视眈眈盯着专利权到期的仿制药企时，大型制药公司有时会摆"空城计"来应对。

例 31 -1

辉瑞的立普妥，在其 20 年的专利保护期内，依靠着专利权所带来的垄断，为辉瑞创造了超过 1000 亿美元的净利润。2011 年立普妥的专利权到期，国内很多仿制药企纷纷欢欣鼓舞，以为到了自己大力捞金的时刻了，但辉瑞不动声色地做了以下几点后，令众多仿制药企不得不知难而退：第一，通过积攒的人气和口碑，立普妥进入医保系统；第二，虽然基础专利过期，还有两件相关专利到 2016 年才能过期，辉瑞开始围绕这两件外围专利从应用上做文章，申请了晶型专利、方法专利、制剂专利等后续专利进行布局；第三，立普妥专利到期后的第二天，由辉瑞授权的立普妥首仿药——美国华生制药的版本正式上市，这样辉瑞既可在仿制品市场占得一席销售，又避免和自家的原研产品直接竞争，可谓一举两得。另外，辉瑞等大型制药公司还越来越擅长利用各国法律，通过不断向法院申请延长专利期限、利用"IP 排他性"条款等各种策略延长专利保护期，这些都值得国内药企注意。

6. 专利谈判中的"做空"

专利许可谈判前，首先要做好准备工作，主要包括熟悉技术文件、做好己方需求与对方专利技术匹配度分析、法律状态分析、专利布局分析、预先制定多种应对策略等。许可谈判中的空城计，买卖双方都会使用，卖方漫天要价、买方坐地还价，双方都在设空城，但是往往在商务谈判中不仅要谈价格，还要综合考虑交易的许多附加条件。

专利许可/交易谈判中使用空城计的具体做法包括以下三点：

（1）确定"城"。原则上，在专利谈判中的任何议题均可确定为"城"，即策略的依托，如可将专利适用权限、合同价格、合同条件作为一个虚拟的"城"。

（2）让城做"空"。诸葛亮为了让西城更空，叫士兵把四个城门打开，每个城门之上派 20 名士兵扮成百姓模样，洒水扫街。专利许可/交易谈判中的

"空"，就是苛刻，要求越高、越严，就越苛刻，就越"空"。比如，作为卖家时，要的价高且其他条件严格；作为买家时，出的价低且要求其他条件还要优惠，在此基础上才会为下一步谈判中打"太极推手"创造机会。

（3）反向渲染"空城"，让对方犹豫不决。诸葛亮为渲染其空城并不空，抱琴上城楼弹奏一番，其悠然自得的神情反而让千军万马却步。专利许可/交易谈判中的"空城计"也少不了反向渲染，需要不断地论证"合理""应该""不过分"。

在专利许可/交易谈判中使用空城计应注意以下三点：

（1）避免"空"过了头。所谓过了头，就是超过了所有可以找到支持理由的条件，超过了对方所允许的最大限度。这种情况是危险的，危险在于一方会感到受辱、失望，进而产生逆反情绪，其结果必然导致谈判破裂。

（2）忌缺乏灵活性。可以设想，如果领兵的是许褚、张颌等将领，诸葛亮是绝对不会使用空城计的。在实施该策略过程中，谈判人员要审时度势，灵活调度自己位置，及时把握策略效果。如要根据对手的需求状况和交易欲望，来运用"空城"，维持"空城"状态的时间，不能把自己架在"空城"上，让对方下不来，形成尴尬局面。

（3）在专利谈判中，不论如何变，你必须在设法争取自身利益时主动换位思考能给对方带来什么？给多少？如果有一方一无所获，坐在一起谈判就是纯粹浪费双方时间。

"空城计"用的是虚虚实实、虚实相生、兵不厌诈、兵无常势、变化无穷的道理。"虚者虚之"，是使敌方产生怀疑、犹豫不前，就是所谓"疑中生疑"。此计在多数情况下，同"无中生有"之计一样，只能当作缓兵之计，还得防止敌人卷土重来。军事上使用"空城计"考验的是指挥员"大军来临之际，坐在城楼观山景"的胆量和淡定；专利战中使用"空城计"更多的是考验管理者的战略眼光，通过主动舍小利谋大利，去保全或者争取全局的、整体性的胜利。

第三十二回　论企业如何培育高质量专利——名将的炼成

一吕二赵三典韦，四关五马六张飞。

黄许孙太两夏侯，二张徐庞甘周魏。

神枪张绣与文颜，虽勇无奈命太悲。

三国二十四名将，还有邓艾与姜维。

谈及《三国演义》中的名将，一幕幕波澜起伏、气势磅礴的战争场面自会浮现在我们眼前，书中成功刻画了近四百个将领的人物形象，其中让大家耳熟能详的名将之花正是上文诗中提到的二十四位三国良将。

一、高质量专利的重要性

千军易得，良将难求。

在三国时代以冷兵器作战为主的战争世界里，一名好的将军（例如关羽、赵云、张辽、陆逊）带队的普通部队，往往要好过由廖化等普通将领带领的精干部队，也就是我们常说的"一头狮子带领一群羊，能打败一只羊带领的一群狮子"。

那么三国名将的重要性体现在什么地方呢？拥有吕布可以勇猛无敌笑傲天下，拥有赵云可以一夫当关长坂坡七进七出，拥有典韦可以以一敌百冒死护主，拥有关羽可以水淹七军独掌一方，拥有马超可以白袍银甲独挡西羌，拥有张飞可以据水断桥喝退千军，拥有甘宁可以夜袭敌营百骑无损，拥有张辽可以名震逍遥津，拥有周瑜可以羽扇纶巾赤壁称雄，拥有陆逊可以火烧连营一战成名，拥有邓艾可以偷渡阴平直捣蜀都……

现代商战中往往产品未动专利先行，企业在进行专利布局时，高质量的专利正像三国时代的良将一样，遇到机遇能够统筹全军引领创新，遇到侵权能够单骑护主保护产品，遇到诉讼能够勇冠三军以一敌百，遇到官司能够震慑对手一战成名……

根据世界知识产权组织（WIPO）的统计数据显示，中国专利申请数量已经连续第 7 年获得全球第一，2017 年国内发明专利受理量达到 138.2 万件。然而，专利申请数量的一骑绝尘，并没有令中国创新水平相应地水涨船高。究其原因后发现，现阶段中国专利申请中，对科技创新指数贡献更大的高质量专利占比不大，也就是产业创新专利池中缺少一夫当关万夫莫开的"赵子龙"和"张翼德"。

高质量专利的作用概括而言，有以下几点。

1. 高质量专利是国家创新驱动发展战略的重要支撑

创新是引领科技发展的第一原动力，而只有高质量专利才能"为创新之火浇上利润之油"①。只有在关键共性技术、前沿引领技术、现代工程技术、颠覆性技术创新等方面拥有我们自主知识产权的高质量专利，才能为建设科技强国、质量强国、航天强国、网络强国、交通强国、数字中国、智慧社会提供有力的支持和支撑。

例 32 - 1

作为闪存盘的发明者，深圳市朗科科技股份有限公司（以下简称"朗科"）凭借申请号为 99117225.6、名称为"用于数据处理系统的快闪电子式外存储方法及其装置"和申请号为 00114081.7、名称为"全电子式快闪外存储方法及装置"的高质量发明专利作为基础在全球进行专利布局，布局的相关专利已经向美国 PNY、金士顿、日本东芝等公司许可使用，向国外企业收取专利许可使用费，改写了中国企业在核心技术上"跟跑"和单向给外企交专利使用费的历史，体现了高质量专利的价值。截至 2017 年底，朗科已经提交国内外专利申请

---

① 美国第 16 任总统亚伯拉罕·林肯的名言，原文是："Next came the Patent laws. These began in England in 1624; and, in this country, with the adoption of our constitution. Before then, any man might instantly use what another had invented; so that the inventor had no special advantage from his own invention. The patent system changed this; secured to the inventor, for a limited time, the exclusive use of his invention; and thereby added the fuel of interest to the fire of genius, in the discovery and production of new and useful things."

335 件，拥有高质量专利 160 余件，专利布局区域涉及全球数十个国家及地区。通过不断的技术创新和有效的专利运营，朗科成功地将知识产权转变成了可持续性的无形资产收益。

2. 高质量专利是中国特色知识产权强国建设的重要基础

我国专利数量已经具有了相当大的基数，但只有依托于"数量布局"向"质量取胜"转型，重视培育高质量专利，打通并增值知识产权创造、运用、保护、管理和服务的全链条，才能有效提升专利的质量和效益，增强高质量专利及相关的产品、产业的国际影响力，努力推动知识产权创造由多向优、由大到强转变，才能为加快建设中国特色的知识产权强国奠定坚实的基础。

例 32 -2

2017 年 5 月 25 日 17 时 58 分，一台 3200 吨履带式起重机成功将重约 340 吨的穹顶精准落在 45 米高的核反应堆堆顶，标志着"华龙一号"核电站全球首堆示范工程——福建福清核电 5 号机组穹顶吊装圆满完成。"华龙一号"的吊装工作是目前全球核电建设中重量最大、吊装高度最高的一次作业，而承担这一光荣使命的"大家伙"是来自长沙中联重工科技发展股份有限公司（以下简称"中联重科"）具有核心专利的 ZCC3200NP 履带起重机。它集 60 余件高质量专利于一身，其关键核心技术"动力单元及其控制方法"（申请号为 201010145312.3）更是获得了 2012 年中国发明专利金奖。

"动力单元及其控制方法"这件核心专利原创性地解决了超大动力源整合与分流的技术难题，不仅能有效降低整机燃油消耗，摆脱了以往进口件的供货与维护响应周期制约，更为重要的是，奠定了中联重科在大吨位履带吊领域的全球市场领先地位。"国之重器"完美起吊，实现了国产 3000 吨级履带起重机在核电领域的深度应用，也诠释了高质量专利的力与美，验证了"中国制造"在向"中国智造"转型过程中自主知识产权的重要性。

3. 高质量专利是产业创新升级转型的强力引擎

产业中的高质量专利是指具有较强前瞻性、能够引领产业发展、有较高市场价值的基础专利和核心专利。只有将高质量专利技术与产业发展紧密结合，通过专利信息分析进行产业"导航"，通过高质量专利进行产业"护航"，才能最大限度地发挥专利在产业创新"走出去"过程中"扬帆出海"的作用。

例 32－3

2012 年深圳市柔宇科技有限公司（以下简称"柔宇科技"）在硅谷、深圳两地同步启动时，没有大手笔的启动资金，甚至连公司门牌都没有。而到 2017 年，柔宇科技已经聚集了来自 15 个国家和地区的 1000 多位创新人才，公司市值突破 30 亿美元，迅速成长为行业内的"独角兽"公司。其拥有自主知识产权的、配有厚度仅为 0.01 毫米的实现产业转型升级的柔性显示屏，已经销售到了全球 20 多个国家和地区，而为其保驾护航、让竞争对手望而却步的，正是柔宇科技在国内外提交专利申请 700 余件，其中包括涉及柔性显示屏核心技术的高质量专利 200 余件。

4. 高质量专利是企业创新发展的核心竞争力

低质量的专利只能令企业成为一只色厉内荏的知识产权"纸老虎"，遇到维权和侵权诉讼时，不但不能全面、有效、充分地保护自己的创新成果和市场，还有可能被对手"反客为主"牵着鼻子走。企业中的高质量专利一定是战略规划、技术领先、市场引导，在企业发展目标和实现路径上能够发挥支撑作用，可以起到面向未来、引领产业行业发展的作用，可以牵引企业实现战略目标，推动企业实现创新发展的专利。通过高价值专利布局可推动实现产业技术创新、产品创新、组织创新和商业模式创新。

例 32－4

美国辉瑞针对心脑血管疾病和心脏病的降胆固醇药物"立普妥"（阿托伐他汀钙片），仅依托一组高质量的核心专利保护（US4681893 中间体专利、US5273995 化合物专利、US5686134 组合物专利、US5969156 晶型专利）就实现了市场垄断，总销售额超千亿美元，2012 年一年销售额就达到了 130 亿美元，占辉瑞全年总收入的 1/4 还多。

5. 高质量专利是提高高校院所科技成果转化率的重要途径

我国高校院所科技成果转化率偏低，其主要原因之一就是高质量专利的数量少、比例低。具体可通过提高职务发明人分配占比、有效对接市场需求、加

267

强产学研合作等方式，从高校院所这座还被未大规模开采的"专利金矿"中挖掘出大量高质量专利，进而有效地提高高校科技成果转化率。

随着我国《关于修改〈中华人民共和国促进科技成果转化法〉的决定》①的发布，大部分高校规定将不低于70%的职务科技成果转化净收益划归成果完成人或科研团队所有，作为奖励和再研究基金，专利权人实施专利转化的积极性大大提高，高校的高质量专利培育、挖掘和转化工作也随之获得了巨大的发展。

例 32 - 5

2017年4月，山东理工大学毕玉遂教授领衔的研发团队创造了山东省专利许可费的新纪录：他们的"聚氨酯化学发泡剂及其制备方法"发明专利（申请号为 201310095799.2）被山东一家新材料技术公司以5亿元买断20年独占许可使用权。

从2003年起，毕玉遂教授研发团队开始着手研发新型发泡剂。2011年，经历数千次失败后，他们成功研发了无氯氟聚氨酯新型化学发泡剂。但是，无氯氟聚氨酯新型化学发泡剂的创新成果如何转化却成了毕玉遂的一块心病："在提交专利申请的时候，需要说出具体的制备方法、基本原理等详细的技术路线和过程，如果没有专业人员来帮助申请专利，只要露出'无氯氟''化学法'等关键几个字，一些有技术积累和专利布局的国际大公司，靠公开的信息就能从中获得启示，不出几年就会破解其中的关键技术，创造出新的替代技术。所以我一直不敢提交这方面的专利申请。"

但是，如果不申请专利保护，他们的研发成果就很难走向市场。直到2016年4月，国家知识产权局和山东省知识产权局的工作人员调研后，迅速协调组织了专业知识产权服务团队，围绕该技术已经提交的4件中国发明专利申请（申请号分别为 201610387866.1、201610387843.0、201710523673.9、201610392162.3）和PCT国际专利申请1件（PCT/CN2017/083948），成功构建了较为完整的专利保

---

① 2015年8月29日，第十二届全国人民代表大会常务委员会第十六次会议作了《关于修改〈中华人民共和国促进科技成果转化法〉的决定》的决议，被称为"中国的《拜杜法案》"。

护体系，为高质量专利运营奠定了基础。

经过相关部门进行专业评估后，认定具有自主知识产权的该发泡剂可广泛应用于聚氨酯、聚氯乙烯、聚苯乙烯发泡，可应用于床垫、沙发、汽车座椅、冰箱、空调、集装箱、供热管道等，既清洁环保又可降低能源消耗，经济价值巨大。此项创新成果的专利许可费用确定为5亿元，并在谈判中为被许可企业所接受。

6. 高质量专利能够避免行政和司法资源浪费

专利审查是专利保护的源头和专利工作的基础，把好专利审查授权关，避免不当技术授权，向社会公众提供保护范围清晰适当、权利稳定可期的专利权是审查质量提升的关键所在。

然而，大量的低质量专利申请让专利审查部门只有不断增加审查人员和其他相关投入，才能应付日益膨胀的申请量；低质量的专利申请产生大量不具备实施价值的专利，引起许多专利纠纷，产生诉讼和行政执法案，也会造成行政和司法的资源浪费。只有对创新有用的高质量专利占据专利申请的大多数，才能有效避免行政和司法资源浪费。

7. 高质量专利能够为发展知识产权服务业助力

专利申请撰写是将创新成果转化为专利权的重要环节，高质量的专利申请代理服务既能促进技术方案的拓展和提升，又能帮助创新者获得与其技术贡献相适应的专利权保护范围。因此，需要相关政府部门将改革专利代理行业监管模式、加强行业自律及诚信体系建设、建立专利代理质量评价和保障体系、加强行业服务规范化建设、增强专利代理人业务能力等方面作为重点来抓。

通过高质量专利培育过程中撰写高质量的专利申请文件，能够鼓励知识产权服务机构结合自身技术特长和人才优势，发展高端知识产权服务，借此能够有效规避知识产权服务行业的无序竞争和低价竞争，避免劣币驱逐良币的情况出现。

例 32 −6

广州广晟数码技术有限公司（以下简称"广晟数码"）于2007年8月17日申请了"音频解码"的发明专利（申请号为200710141661.6），其优先权日为 2006 年 8 月 18 日，并于 2009 年 5 月 20 日获得授权。该专利中使用数字音频编解码（DRA）技术代替了杜比和 DTS 等欧洲音频标准，每年能够为国家节省 80 亿~90 亿元的专利许可费支出，该专利并成功地成为我国《多声道数字音频编解码技术规范》（GB/T22726—2008）的标准必要专利，这就意味着众多彩电厂家在生产彩电时必然要支付专利许可费以使用该专利技术使其音频效果符合国家标准。

2017 年 7 月，广晟数码针对创维集团、海信集团、三星电子等厂家发起了专利侵权诉讼，索赔额达 4 亿元人民币。2017 年 8 月，三星电子针对广晟数码的"音频解码"专利，向国家知识产权局专利复审委员会提起了专利无效宣告请求。2018 年 2 月 27 日，国家知识产权局专利复审委员会就该涉案专利作出了宣告全部无效的审查决定。

那么，该专利权被宣告无效的主要原因是什么呢？正是因为专利文件的撰写质量不高。

首先，专利代理人在撰写该专利的说明书和权利要求书时没有很好地围绕改进的核心技术来进行撰写，导致专利权想要保护的内容不能由说明书中突出体现，也未能通过权利要求加以保护，最终这些创新内容并没有得到应有的保护，反而白白贡献给了公众。

其次，在广晟数码的系列专利中没有很好地体现出不断改进的技术脉络，说明书背景技术部分和发明内容部分几乎千篇一律，权利要求限定得过于笼统，并不能很好地体现各专利之间技术上的发展变化。因此，在前公开的广晟数码的专利成为现有技术之后，由于权利要求的描述上极其相似，反而对在其后申请或专利的新颖性或创造性产生了影响，即"自己的在前专利无效掉了自己的在后专利"。

广晟数码在音频编解码技术上花费了大量心血，也采用了适当的专利策略，而且还成功地将其中的专利运作成为标准必要专利，不可谓不用心良苦。但是由于其在系列专利申请文件的撰写中没有体现出技术研发的脉络，更没有在权利要求中将各技术改进点加以限定，因此系列专利之间反而产生了混乱和重叠，最终在无效程序中失去了宝贵的标准必要专利，令人唏嘘不已。

总之，我国实施创新驱动发展战略、推动经济转型升级和供给侧结构性改革、提高产业和企业的核心竞争力，都离不开高质量专利的支撑。

二、高质量专利如何培育

三国中真正的名将是怎么炼成的？是拼名气、比勇力，还是看智谋？煮酒论英雄是戏谈，真正的名将还是要靠在沙场上用真刀实枪的战绩说话！

一般而言，名将需具备以下五个特点中的多个：

第一，军事理论过硬。通过系统地学习兵法和军事理论可以获得战略视野，可以获得最基本的方法论和实战案例。吕布虽然位列三国勇力第一，但是由于没有过硬的军事理论素养，因此他不能被称为真正的统帅级名将。

第二，实战经验丰富。学以致用，才是学的最高境界。像马谡一样只会纸上谈兵夸夸其谈的人，一旦带兵上阵会败得很惨，而且在关键战役中失败对部队的自信心打击是很大的。

第三，武力勇猛过人。在冷兵器时代艰苦的战争中成长起来的成功战将，在危急时要身先士卒带头战斗，战局不利时需挺身而出安全断后，这些都要求他们有勇力有武功。关羽如果没有温酒斩华雄、斩颜良诛文丑、过五关斩六将的事迹，仅凭义气很难成为蜀汉"五虎上将"之首。

第四，获得统帅信任。如果最高统帅是一个"用人不疑，疑人不用"的人，那么统兵者获得杀伐果敢、当断则断的权力，更容易成为一位名将。无论是前孙权时期的周瑜，还是后孙权时期的陆逊，正是由于孙权赋予了统兵大将莫大的指挥权，周瑜才能火烧赤壁拒曹，陆逊才能火烧连营败蜀。

第五，性格果敢坚毅。优柔寡断导致三门三公的袁绍落得个兵败官渡郁闷而亡的下场；由于果敢坚毅，甘宁才能不折一人一马，百骑劫曹营，名震逍遥津。

低价值专利就像《三国演义》中黄巾军的乌合之众，貌似拥有声势浩大的专利储备，一旦遭遇训练有素的正规军打击就会群龙无首，土崩瓦解。

所谓高质量专利，一般是指在战略性新兴产业和特色优势产业中形成的具有较强前瞻性、能够引领产业发展、有较高市场价值的高质量高水准专利或者专利组合。从法律维度来看，高质量专利就是"经得起诉讼考验"的专利，专利文件要经得起实质审查、无效宣告请求、侵权诉讼等一系列行政授权确权和民事诉讼程序的检验和推敲。从市场维度来看，高质量专利就是"卖得出价钱"的专利，既可能是现在的市场溢价，也可能是未来的坐地收费，要立足于瞬息万变的市场进行动态估值。从技术维度来看，高质量专利就是"一夫当关，万夫莫开"的专利，如果说专利的数量是跑马圈地的话，那么高质量专利就是占住了易守难攻的关隘，尽显地利之势，是基础性的不可替代技术专利，是承接性的关键节点专利，是前沿性的技术制高点专利。

培育高质量专利，要从以下"六高"特点中的一个或多个来出发：一是技术的研发创新度要高，即要求有高技术含量的技术方案；二是专利申请文件的撰写水平要高，能够对发明创造作出充分保护的描述；三是专利权的稳定性要高，经过了高质量审查或经受过多次无效考验的专利权稳定性自然更高；四是专利产品的市场认可度要高，产品市场占有率高或者有很好的市场控制力；五是专利的技术壁垒要高，即该专利技术没有可替代技术；六是专利交易的价格要高，当然专利交易价格的高低是评价专利价值高低的充分不必要因素。

既然高质量专利需要具备以上多方面条件，那就应当以"高水平创造、高质量申请、高效率审查、高效益运用"为目标，从以下多个方面入手去提升和培育专利。

第一，要高质量创造。高质量创造是提升专利质量、培育高质量专利的源头和基础，在技术研发之初和研发过程中，都要高度重视运用专利信息进行分析评议、风险把控和精准导航，从而找准研发的起点、重点和方向，避免低水平研究和创新资源的浪费。

第二，要高质量申请。对于一些涉及高新产业重大技术的专利申请，一定要认真研究，由高水平的专利代理人与研发人员充分沟通后撰写专利申请文件，保证专利申请质量。

第三，要高标准授权。审查人员要按照法律规定高水平检索、审查和复审，严把授权确权关，使授予的每一项权利具有较高的稳定性。

第四，要高眼光布局。由于专利的地域性特点，一件专利要成为高质量专利，必须从市场和战略布局层面做好国内外的专利布局，在有市场前景的所有国家和地区做好专利布局，使其价值最大化，使其不可轻易被取代，才有可能为市场竞争力最大化奠定基础。

第五，要高精准扶持。专利是市场的产物，任何政策的支持都要向着市场规律、市场轨道和市场方向发力。因此需要明确政策导向，制定或调整现有政策，使所有法律法规和政策向着高水平、高质量专利共同发力。

第六，要高水平运营。培育若干业务精、信誉好的专门知识产权服务机构，专门负责高水平、高质量专利的遴选和推荐。研究确立客观评估评价标准，在高水平、高质量专利培育过程中认真负责地做好评估、评价和遴选，在此基础上做好专利运营和专利金融服务，使高质量专利培育更加精准和富有成效。

第三十三回 论游戏的知识产权保护——笑谈三国

"古今多少事,都付笑谈中。"杨慎的《临江仙·滚滚长江东逝水》的最后一句词在当今一语成箴,现代的人们能够通过各种游戏梦回三国、笑谈古今。

近年来,游戏行业正逐渐成为中国经济发展的新的增长点,三国题材的游戏层出不穷,例如单机版的《三国志》《卧龙吟》、网游版的《三国群英传》《三国无双》、桌游版的《三国杀》《三国斩》、页游版的《热血三国》《真龙霸业》、手游版的《博弈三国》《三十六计》等。

一、三国题材游戏众多的原因

第一,题材普及广,玩家容易上手。《三国演义》的故事在中国家喻户晓,游戏玩家对人物题材耳熟能详,不用过多地了解故事背景,无须二次培养就能直接上手。比如吕布、关羽、张飞、赵云、魏延这些大家都知道是作为"武将"类型,诸葛亮、郭嘉、庞统、周瑜是作为"谋士"类型,曹操、刘备、孙权是作为"帝王"类型等。

第二,剧情完整度好,素材特别丰富。三国故事拥有完整的剧情,在情节设计中无须投入过多的精力,且没有著作权侵权的风险存在。另外,三国故事中素材丰富,且素材符合游戏概念——阵营、装备、人物、战争、战斗、坐骑、兵法、地图、爱情等故事素材应有尽有。

第三,无须情感负担,人物角色多。游戏玩家往往都有个人英雄主义梦:有人想做疾恶如仇的大侠,有人想做运筹帷幄的谋士,有人想做纵横捭阖的将军,有人想做号令天下的帝王,有人想做不让须眉的巾帼英雄等,这些在三国游戏中均能找到切入点,并且三国故事在道德观上没有好坏之分,在价值观上没有正邪之分,在地位上没有主次之分,玩家在角色扮演时可以从时间、空间上进行多元化选择，从而能够增加游戏的体验感。

二、游戏的知识产权保护

2015 年以来，随着我国"互联网＋"产业的快速发展，国产原创游戏尤其是网络游戏的推出力度不断加大。但与此同时，国产游戏的知识产权侵权现象已成为困扰游戏行业健康发展的顽疾。许多游戏运营商为了节约开发成本和推广成本，重复推出类似产品或是直接模仿、抄袭他人产品从中牟利。这就需要原创游戏开发商和运营商从创造、运用和保护等环节加强对自身知识产权的保护。

一般而言，与游戏有关的受知识产权保护的客体和保护方式为：

第一，游戏的客户端、音乐、图片、源代码和游戏相关的开发文档等内容通过著作权来进行保护。

第二，游戏的名称，游戏中的人物名称、道具、特定场所名称、技能名称、图形标志等内容通过商标权进行保护。

第三，不便于公开的游戏源代码和开发文档、与游戏相关的需要保密的各种商业信息等内容通过商业秘密的形式进行保护。

第四，游戏的开发系统、游戏进程控制技术、游戏设备、收费与交易技术等内容通过专利权进行保护。

1. 游戏的著作权保护

《著作权法》规定，作品自创作完成之日起就可以获得保护，不需要申请，只要符合《著作权法》所要求的作品的特征就可以获得保护。所以说对于游戏的故事情节和角色形象来讲，只要具有独创性，并且可以复制和传播，就可以依法获得《著作权法》的保护。

以网络游戏为例，对其进行著作权保护的具体做法分为以下三种：

第一种做法是将网络游戏的计算机软件源代码申请软件著作权保护。游戏开发者可依据《计算机软件保护条例》到国家著作权行政管理部门对软件作品进行登记，国家著作权行政管理部门会对登记的软件作品给予重点保护。

第二种做法是将网络游戏作为整体作品进行保护。游戏开发者可将网络游

275

戏作为一个作品，从整体上进行"实质性相似+接触"的侵权判定，来推断和判定他人的复制、剽窃、假冒等特殊侵犯著作权行为。

第三种做法是将网络游戏的各个元素拆分开来进行保护。凡是符合"独创性+可复制性"特点的元素均可以单独作为作品进行保护，如游戏界面、地图场景、技能及动画特效、角色装备、游戏音乐、游戏道具、任务进程、人物形象、游戏怪物等。网络游戏各元素的著作权侵权比对方式主要从元素内容、图形布局、色彩、形状及构造五个方面综合判断、整体考量，进而判断双方是否构成实质相似性。

例 33 −1

2017 年 11 月 7 日，北京知识产权法院对被告 3DGAME 网站经营者北京三鼎梦软件服务有限公司破解传播原告日本光荣特库摩游戏公司《三国志 13》《真三国无双 7 – 帝国》《战国立志传》《信长之野望创造》《战国无双 4 –2》五款游戏软件（以下简称"涉案游戏软件"）著作权纠纷系列案件作出一审宣判，认定北京三鼎梦软件服务有限公司由于明确宣传并提供涉案游戏软件的下载链接，直接侵犯了涉案游戏软件著作权的信息网络传播权。

北京三鼎梦软件服务有限公司一审被判赔偿日本光荣特库摩游戏公司合计约 102 万元人民币：针对《三国志 13》游戏软件判决赔偿原告经济损失 50 万元人民币，另四款作品各赔偿原告经济损失 20 万元人民币，该系列案件另赔偿原告合理支出共计 32 万余元人民币。

2. 游戏的商标权保护

商标保护的是产品的商誉，所以要获得商标权保护，必须把这个角色形象用于特定的商品或者服务上。游戏类产品在注册商标时，常见的注册类别包括第 9 类的电子游戏软件、第 41 类的提供在线游戏等。

游戏类产品在注册商标时，还应当注意在其经常涉及的周边产品领域申请注册，比如第 14 类的装饰品、第 18 类的箱包、第 25 类服装、第 28 类的游戏机产品、第 38 类通信服务、第 42 类的软件服务以及第 45 类的社交网络服务等。

即使游戏公司自身暂时并不经营相关的商品，也要尽量在首次注册时尽可能全部涵盖品类申请商标，一是避免被他人抢注影响自身商誉，二是可以在注册商标后通过将商标许可给其他生产商使用，进而获取商标许可费。

《例 33 - 2》

北京游卡桌游文化发展有限公司（以下简称"北京游卡公司"）于 2008 年初开发以三国历史为背景的卡牌类杀人游戏《三国杀》，并将 PC 端的使用权授权给杭州边锋网络技术有限公司（以下简称"杭州边锋公司"）。《三国杀》因为简单有趣易玩，在国内得到快速发展，到 2009 年底活跃用户高达 400 万人。

从 2008 年 3 月 12 日开始，杭州边锋公司先后就"三国杀"商标针对 45 大类都进行了商标申请，并将注册成功的"三国杀"商标均授权北京游卡公司使用。在此后的几年间，面对盗版产品，杭州边锋公司和北京游卡公司举起了注册成功的"三国杀"商标大棒，作为原告发起了上百起商标侵权诉讼进行维权。

2014 年，杭州边锋公司分别状告淘宝公司和淘宝店"爱薇商城"侵犯了其第 6592067 号注册商标"三国杀"的商标权。杭州市余杭区人民法院经过审理后判决：（1）被告淘宝公司经内部审核给予下架处理，淘宝公司不存在明知或应知侵权行为存在而未及时采取措施的情形，不构成帮助侵权；（2）被告淘宝店"爱薇商城"店主朱平文赔偿原告杭州边锋公司 7500 元。

2015 年，北京游卡公司状告郑州市二七区乖乖洋日用百货店（以下简称"乖乖洋百货店"）侵犯了其第 6592067 号注册商标"三国杀"的商标使用权。郑州市中级人民法院经过审理后判决：（1）被告乖乖洋百货店立即停止销售侵犯北京游卡公司第 6592067 号注册商标使用权的商品；（2）被告乖乖洋百货店赔偿原告北京游卡公司 7000 元。

3. 游戏的专利权保护

（1）发明专利保护。根据《专利法》第二十五条第一款第（二）项的规定，智力活动的规则和方法不授予专利权。因此，游戏的规则和方法，是不会得到专利授权保护的。

但是，2017 年 4 月 1 日起修改的《专利审查指南 2010》明确规定：计算机软件专利的保护主体可以包括"计算机程序本身"，并允许"介质 + 计算机程序流程"的权利要求表达方式。通过国家知识产权局本次对《专利审查指南2010》的修改，进一步增加了对网络游戏的计算机程序进行专利保护的可行性。

在游戏开发过程中涉及解决技术问题的计算机程序、游戏系统，是可以获得发明专利保护的，比如一种基于网络游戏道具的掉落控制方法、一种能够提高网络游戏界面清晰度的方法、一种能够去除网络游戏图像噪声的方法、一种用于多点触摸终端的触摸控制方法和设备等。

（2）外观设计专利保护。在游戏领域，游戏机、游戏手柄、游戏币、游戏显卡等游戏辅助设备当然可以获得外观设计专利保护。

2014年3月12日，国家知识产权局通过修改的《专利审查指南2010》规定：图形用户界面（GUI）可以获得外观设计专利申请的授权及相应的保护。图形用户界面外观设计专利授权需要同时满足两个条件：一是人机交互，即人与机器之间，通过一定的交互方式（点击、触摸、滑动等），完成信息（指令、反馈等）传递的过程；二是实现产品的功能，即产品能发挥有利作用，包括实现产品自身功能和借助应用程序实现的功能，但不包括链接网站网页。

例 33 -3

以腾讯公司申请的游戏专利为样本，在德温特专利数据库中进行检索后发现，截至2018年4月26日，摘要或标题中包含"游戏"关键词的授权发明专利有132件，外观设计专利23件，发明专利申请有229件。

上述专利和申请涉及游戏的各方面，既包括游戏本身软硬件资源的优化，也包括面向玩家的游戏过程控制，还包括游戏界面等。

其中，优化软硬件资源类专利包括外接设备、图像系统、通信系统等内容。例如，申请号为201510611073.9的"智能硬件的操作方法及装置"发明专利涉及外接智能硬件，主要解决智能硬件与客户端应用进行游戏操作的技术问题；申请号为201310437118.6的"游戏应用的画面播放方法和客户端"发明专利涉及游戏应用对应的用户界面与画面播放速度的匹配程度；申请号为200810220019.1的"显示3D动画的方法及装置"发明专利涉及图像系统，通过在渲染动画过程中优化CPU资源，使游戏运行流畅；申请号为201210584776.3的"游戏数据通信方法及终端"则涉及在无2G或3G等通信网络的环境下实现多人游戏。

游戏过程控制类的专利包括游戏操作方法、玩家互动、交易系统、防作弊等内容。例如，申请号为201610838804.8的"数据处理方法和装置"发明专利涉及获取游戏应用客户端执行事件的样本数据，对样本数据执行预处理，得到多层数据组合；申请号为201510392116.9的"一种用户群组建立方法及装置"发明专利，应用于支持第三方授权登录的游戏应用中，玩家互动并创建用户群组，方便玩家的交流沟通，提升玩家的游戏体验度；申请号为201210519580.6的"线上应用虚拟资源交易监控方法及装置"发明专利，对在游戏交易系统中出售的虚拟资源设置公示期，以实现玩家对交易的申诉请求等；申请号为200510105905.6的"一种在网络游戏中防止用户作弊的方法"发明专利，通过游戏数据录像来防止作弊，维持游戏的均衡性。

4. 游戏的反不正当竞争法保护

《反不正当竞争法》一般可作为知识产权法的兜底，其立法目的即"鼓励和保护公平竞争，制止不正当竞争行为，保护经营者和消费者的合法权益"，承担了除有名知识产权客体之外的维权功能，特别是在国内鼓励双创的大背景下，新的事物、新的模式、新的游戏规则不断出现，在相关法律存在明显滞后性的弊端下，权利人需要寻求《反不正当竞争法》的保护。

2018年1月1日起开始实施的新修订的《反不正当竞争法》第六条规定："经营者不得实施下列混淆行为，引人误认为是他人商品或者与他人存在特定联系：（一）擅自使用与他人有一定影响的商品名称、包装、装潢等相同或者近似的标识；（二）擅自使用他人有一定影响的企业名称（包括简称、字号等）、社会组织名称（包括简称等）、姓名（包括笔名、艺名、译名等）；（三）擅自使用他人有一定影响的域名主体部分、网站名称、网页等；（四）其他足以引人误认为是他人商品或者与他人存在特定联系的混淆行为。"

在网络游戏权利人遭遇到"山寨"游戏侵权时，如何利用《反不正当竞争法》维权呢？

第一，网络游戏的权利人可以主张在先网络游戏构成"知名商品特有的名称、包装、装潢"，起诉对方不正当竞争。在"山寨"游戏开发者和运营商擅自使用在先网络游戏的各个要素开发设计自己的网页游戏或手机游戏时，足以使相关公众对游戏的来源产生误认，包括误认为与在先网络游戏的经营者具有许可使用、关联企业关系等特定联系，即构成不正当竞争。

第二，网络游戏的权利人可以主张"山寨"游戏开发者和运营商在广告宣传过程中使用了自己的游戏名称、角色名称和形象、装备名称和形象、场景地图、技能名称和效果，对游戏的提供者作引人误解的虚假宣传，让消费者认为该"山寨"游戏亦由在先网络游戏运营商提供，损害了权利人的合法权益，而构成不正当竞争。

第三，网络游戏的权利人可以主张"山寨"游戏的开发者和运营商违反了自愿、平等、公平、诚实信用的原则，背离了公认的商业道德，其在广告语、游戏中所使用的图片、短语等素材的虚假宣传、搭便车行为既侵犯了在先网络游戏经营者的合法权益，也损害了消费者的利益，从整体上可以认定"山寨"网络游戏开发者和运营商具有不正当竞争行为。

第四，网络游戏的权利人如果遭遇到侵犯商业秘密的行为，也可以通过反不正当竞争法来维护自己的合法权益。《反不正当竞争法》中的以下规定可以作为网络游戏权利人进行商业秘密维权的法律依据：其一，确认了商业秘密权利人的员工、前员工作为侵权人的情形；其二，规定国家机关工作人员、律师、注册会计师等专业人员对其履职过程中知悉的商业秘密的保护义务；其三，加大了对侵犯商业秘密行为的处罚力度，侵犯商业秘密最高处罚额达到300万元。

例 33 -4

广州网易计算机系统有限公司（以下简称"网易公司"）发现广州华多网络科技有限公司（以下简称"华多公司"）通过其经营的 YY 游戏直播网站等平台，直播、录播、转播网易《梦幻西游2》（以下简称"涉案电子游戏"）游戏内容，经交涉未果，于2014年11月24日提起诉讼。

网易公司诉称，涉案电子游戏属计算机软件作品，游戏运行过程呈现的连续画面属于类似摄制电影创作方法创作的作品，被告窃取其原创成果，损害其合法权利，构成不正当竞争。

华多公司辩称网易公司并非权利人，涉案电子游戏的直播画面是玩家游戏时即时操控所得；且游戏直播是在网络环境下的个人学习、研究和欣赏，属于个人合理使用。

历经 3 年后，该案在 2017 年 11 月由广州知识产权法院作出一审判决：华多公司侵害了网易公司对其游戏画面作为类电影作品之著作权，构成了不正当竞争，依法判决被告华多公司停止传播，并赔偿原告网易公司经济损失 2000 万元。

参考文献

［1］董新蕊. 专利三十六计［M］. 北京：知识产权出版社，2015.

［2］董新蕊，朱振宇. 专利分析运用实务［M］. 北京：国防工业出版社，2016.

［3］段庆. 商战三国［M］. 昆明：云南大学出版社，2009.

［4］袁真富. 专利经营管理［M］. 北京：知识产权出版社，2011.

［5］胡丽娘. 三国小人物［M］. 深圳：海天出版社，2007.

［6］马伯庸. 三国配角演义［M］. 南京：江苏文艺出版社，201.

［7］国家知识产权局专利局实用新型审查部. 中国专利典型案例启示录：实用新型篇［M］. 北京：知识产权出版社，2011.

［8］蔡吉祥. 无形资产学［M］. 深圳：海天出版社，2002.

［9］黄贤涛. 专利：战略管理诉讼［M］. 北京：法律出版社，2008.

［10］国家知识产权保护协调司. 知识产权维权获赔技能提升案例指引集［M］. 北京：知识产权出版社，2016.

［11］赵玉平. 曹操的启示［M］. 北京：电子工业出版社，2013.

［12］赵玉平. 跟司马懿学管理［M］. 北京：电子工业出版社，2011.

［13］孔祥靖. 商战三国［M］. 济南：山东人民出版社，2013.

［14］罗贯中. 三国演义［M］. 长沙：岳麓书社，2012.

［15］陈寿. 三国志［M］. 上海：上海古籍出版社，1982.

［16］凌蒙初. 二刻拍案惊奇［M］. 北京：华夏出版社，2013.

［17］刘友华. 高新技术企业专利战略探析［C］//中国高校知识产权研究会. 知识产权研究：中国高校知识产权研究会第十三届年会论文集. 西安：西安交通大学出版社，2006.

［18］王干. 知识产权继承制度初论［J］. 知识产权，2005，15（4）：41 - 45.

［19］吴汉东. 试论知识产权的无形资产价值及经营方略［J］. 南京理工大学学报（社会科学版），2013，26（1）：1 - 6.

［20］曾小娥，肖谋文. 我国民族传统体育非物质文化遗产的法律保护：以知识产权保护为视角［J］. 体育与科学，2013（5）：83 - 86.

［21］牛爱军，虞定海．传统武术的知识产权保护：从非物质文化遗产的视角［J］．山东体育学院学报，2008，24（3）：12 - 14．

［22］黄辉．五禽戏［J］．中医药临床杂志，2013（2）：134 - 135．

［23］岳贤平．专利组合的存在价值及其政策性启示［J］．情报理论与实践，2013，36（2）：35 - 39．

［24］林笑跃．中国第二届外观设计专利大赛暨外观设计专利保护及发展研讨会专家发言：工业设计知识产权保护与企业发展［J］．中国发明与专利，2007（1）：18 - 20．

［25］谢顺星，高荣英，瞿卫军．专利布局浅析［J］．中国发明与专利，2012（8）：24 - 29．

［26］何春晖．实用新型价值何在［N］．经济日报，2014 - 07 - 16（015）．

［27］董新蕊，朱振宇．"舌尖"上的专利分析之美［N］．中国知识产权报，2014 - 05 - 21（5）．

［28］空城计中的管理哲学思想［EB/OL］．（2013 - 06 - 20）［2016 - 08 - 01］．http：//www. 21ccom. net/articles/sxwh/gxxc/2013/0620/86015. html．

［29］新锐创业者梁利兵收购关公商标域名［EB/OL］．（2015 - 11 - 07）［2016 - 08 - 01］．http：//news. 163. com/15/1107/06/B7Q3L4JN00014Q4P. html．

［30］张飞牛肉品牌介绍［EB/OL］．（2015 - 11 - 07）［2016 - 08 - 01］．http：//www. maigoo. com/maigoocms/special/chi/233zf. html．

［31］令申请人"苦不堪言"专利服务市场乱象盘点［EB/OL］．（2015 - 08 - 17）．http：//www. sipo. gov. cn/wqyz/dsj/201508/t20150818_1162200. html．

［32］专利造假，害了谁［EB/OL］．（2015 - 10 - 20）．http：//tech. gmw. cn/ newspaper/2015 - 10/20/content_109602694. htm．

［33］豹变！中国百余家知识产权机构裂变历程大揭秘［EB/OL］．［2016 - 08 - 23］．http：//blog. sina. com. cn/s/blog_ 6dbbdd290102wih9. html．

［34］详解诸葛亮的"木牛流马"原理［EB/OL］．（2014 - 09 - 23）［2016 - 08 - 23］．http：//www. iw168. cn/jixiesheji/jixiechangshi/4793/．

［35］诗歌——三十六计之美人计［EB/OL］．（2012 - 09 - 21）［2016 - 08 - 23］．http：//blog. sina. com. cn/u/294146931/．

［36］今天你摩拜了吗？［EB/OL］．［2016 - 09 - 20］．微信公众号：IP 创新赢．